ホリスティック臨床教育学

教育・心理療法・スピリチュアリティ

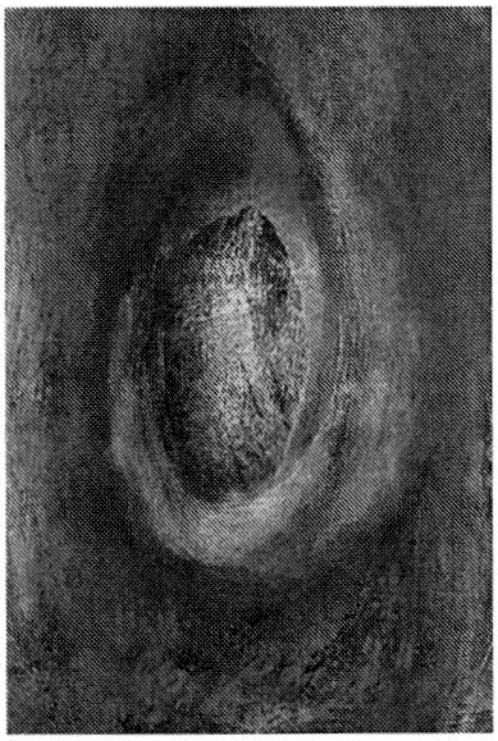

Education
Psychotherapy
Spirituality

中川吉晴

せせらぎ出版

ホリスティック臨床教育学　目次

装画　斉藤祝子
装丁　濱崎実幸
写真　中川吉晴

第Ⅱ部　ホリスティック臨床教育学の実践

まえがき

本書は、ホリスティック教育の立場から臨床教育学のひとつのモデルを示そうとする試みである。ホリスティック教育も臨床教育学も、ともに近年になってあらわれてきた分野であるが、それらは互いに重なりあうところも多く、ホリスティック臨床教育学は、予想されるひとつの新しい統合形態である。ホリスティック臨床教育学の構築は、ホリスティック教育と臨床教育学の双方にとって実りあるものになると思われる。それは、いまだ草創期にある臨床教育学に対しては理論面および実践面で貢献し、また、同じく生成途上にあるホリスティック教育にとっては、ひとつの実際的な可能性を開いていくものである。

今回、私はホリスティック臨床教育学を構想するにさいして、北米を中心に成立してきた各種のホリスティック教育論とともに、これまで長年にわたって親しんできた人間性心理学やトランスパーソナル心理学の知見を積極的にとり入れることにした。また、トロント大学大学院オンタリオ教育研究所に留学したさいにおこなった、東洋哲学から見たホリスティック教育についての研究も、今回の作業に少しばかり組み入れた。

第1章では、私が思い描いているホリスティック臨床教育学の輪郭を示してある。第2章では、ホリスティック臨床教育学の核となるスピリチュアリティについて概観した。第3章では魂のケアをとりあげ、第4章ではケアリングを慈悲と結びつけて理解することを試みた。第5章では、ホリスティック教育の世界観について考察した。以上が第Ⅰ部「ホリスティック臨床教育学の理論」であり、第Ⅱ部「ホリスティック臨床教育学の実践」では、ホリスティック臨床教育学の実践的方法論についてとりあげた。第6章では、身体に関する考察をおこない、第7章では、ホリスティック臨床教育学の中心的方法である自覚の技法をとりあげ、それを受けて、第8章では感情の変容について、第9章では教師教育について考察した。なお、本書で提案するホリスティック臨床教育学のモデルは、教育と心理療法とスピリチュアリティを統合するかたちをとっているが、それは決して完成したものではなく、形成途上におけるひとつの到達点として理解していただきたい。

ところで、本書ではスピリチュアリティが中核的な概念となる。この用語の表記の仕方については、日本においていまだ統一をみていない。この言葉の日本語訳が、鈴木大拙のいう日本的霊性にならって、「霊性」であるという点では大方の一致をみているが、霊性という言葉が定着しているわけではなく、むしろスピリチュアリティというカタカナ表記が用いられることのほうが多い。西平直氏のように、ルビ書きを用いることで両者の統合をはかる提案をしている人もいるが、私としては、この厄介な問題に対して、ひとつの試みとして、あえて用語を統一しないで、文脈に応じて比較的自由なかたちで、スピリチュアリティ、霊性（スピリチュアル、霊的）などと使い分けることにした。それによって、むしろ両方の用語になじみやすい状況がつくりだされるのではないかと思われる。

中川　吉晴

第Ⅰ部

ホリスティック臨床教育学の理論

第1章　ホリスティック臨床教育学がめざすもの

――教育と心理療法とスピリチュアリティの統合へ向けて

1　教育と心理療法とスピリチュアリティ

ホリスティック教育におけるスピリチュアリティへの視点

ホリスティック臨床教育学は、教育と心理療法《サイコセラピー》とスピリチュアリティ（霊性）の三領域を統合しようとする試みであり、それによって臨床教育学のひとつのあり方を提起しようとするものである。

臨床教育学は、わが国の昨今の教育問題（いじめ、少年犯罪、不登校、引きこもり、学級崩壊、学力低下など）に対処することを期待されて一九九〇年代に登場してきたが、それは、既存の教育学や教育実践ではそうした問題に有効な対応をすることが難しいと認識されはじめたからである。今日、臨床教育学を希求する声のなかには、新しい教育学や教育実践を求める声が響いている。そうした期待のなか、臨床教育学においては、教育学と臨床心理学（心理療法）が相互に歩み寄っている。人間形成のなかで人が傷つくことやその回復が大きな関心事となり、教育学もこうした臨床心理学的現象を無視しては成り立たなくなったのである。実際、心理的な傷を負った人たちに、ただ健全な成長や発達の必要性を訴えてみても無意味であり、まずもって治療的なかかわりが必要である。さらに危惧されるのは、現代社会では多くの子どもや大人たちが大なり小なり心の問題をかかえ、何らかの心のケアを必要としているという点である。それゆえ臨床教育学の課題は、治療的で、ケアリング的な教育のあり方を追求していくことである。

ところで、臨床心理学や臨床教育学では主として人間形成や教育における病理的な側面に光があてられるのだが、それらの大半の議論や取り組みにおいてスピリチュアリティへの視点は欠けている。これに対して、一九八〇年代後半以降、北米でおこってきたホリスティック教育のなかで「教育におけるスピリチュアリティ」(spirituality in education)は——エコロジーや社会変革の問題と並んで——もっとも重要なテーマとなっている。現代教育に対するホリスティック教育からの主要な問題提起は、既存の宗教教育や道徳教育とは異なるかたちで、教育のなかに霊性の次元を回復してゆくということである。この観点から見ると、現代教育のかかえる問題の多くは、社会や教育が人間の霊性を認めず、スピリチュアルな欲求に適切にこたえていないことから生じていると考えられる。教育におけるスピリチュアリティの議論は臨床教育学に対して新たな課題を提起しているのである（ホリスティック教育については、本章の末尾に補遺として、その概略を示した。教育におけるスピリチュアリティについては第2章で詳述する）。

図1　ホリスティック臨床教育学

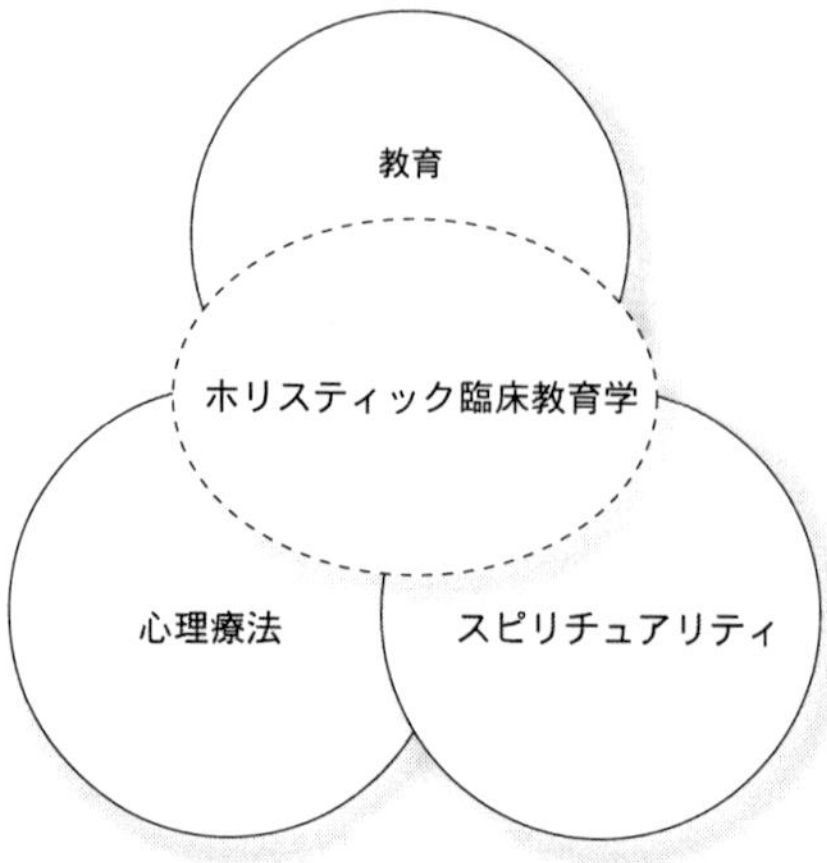

したがって、臨床教育学は、三つの領域、すなわち教育と心

理療法とスピリチュアリティを結びあわせることで、生の全体性にいっそうふさわしいホリスティックな教育のかたちをつくりだしてゆくことができる[1]。そのさい心理療法やスピリチュアリティは既存の教育にたんに接ぎ木されるのではなく、教育の不可欠な領域として位置づけられなくてはならない。とりわけスピリチュアリティはその中核にすえられる。というのも、霊性の次元は人間存在の核心部分をなし、ホリスティック臨床教育学をその中心において方向づけるものだからである[2]。

図2　3つの源流

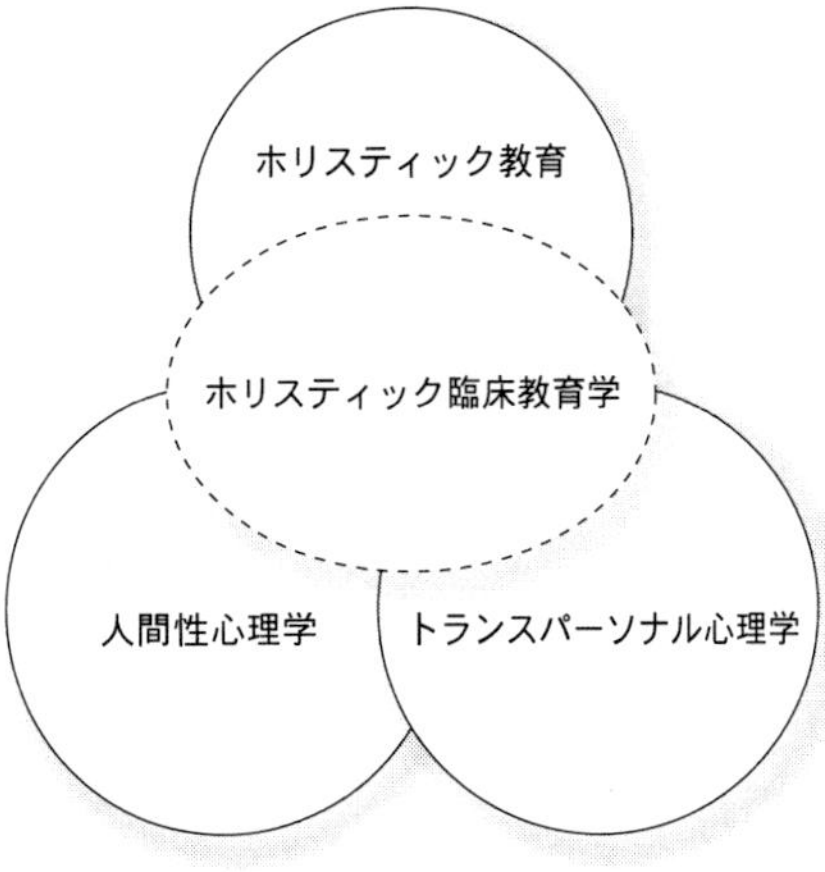

人間性心理学とトランスパーソナル心理学

ところで、教育と心理療法とスピリチュアリティの統合は、ホリスティック教育の源流にもなっている人間性《ヒューマニスティック》心理学やトランスパーソナル心理学のなかで部分的に先取りされていた。人間性心理学のなかで心理療法的手法が教育のなかに流れこみ（合流教育、サイコシンセシス、センタリング、各種のボディワークなど）、トランスパーソナル心理学のなかでは心理療法と霊性が結びつけられた。しかしながら、人間性心理学ではスピリチュアリティへの関心が十分に育っておらず（この部分がトランスパーソナル心理学の登場を促した）、また人間性教育自体も大きく発展するにはいたらなかった。一方でトランスパーソナル心理学は、霊性と心理療法の統合には熱心であるが、教育に対してはほとんど見るべき関心を払っていない。またホリスティック教育においては、教育と霊性の統合が探求されているが、教育と心理療法の統合については目立った展開が見られない。

したがって、ホリスティック臨床教育学を構築しようとする本書の作業は、具体的にはホリスティック教育と人間性心理学とトランスパーソナル心理学の三者に軸足を置いているが、それらの成果を組み入れつつも、それぞれに見られる限界をのり越えようとするものである。

2 人間存在の五つの次元

人間の多層的次元

ホリスティック臨床教育学は、教育と心理療法とスピリチュアリティを結びあわせるような一定の理論（人間観や存在論）をもち、この理論的枠組みに対応する実践方法をもっている。理論としては、人間と世界を重層的・多層的な存在としてとらえるモデルが採用される。たとえば、ホリスティック教育の創始者の一人であるロン・ミラーは、以下のように述べている。

ホリスティックな教育者たちが信じているのは、人間存在は多様な意味の層が重なりあってできた複雑な実存的全体である、という点である。私たちは生物学的な生き物である。私たちは生態系のなかに生きるものである。私たちには心理学的次元や感情の次元がある。私たちはイデオロギーの渦巻く環境、社会的・文化的な環境のなかで生活する。私たちにはスピリチュアルな核心がある。これらすべての異なる意味の次元が相互に作用しあうので、私たちはとても複雑な存在である。これらのなかからどれか一つを抜きだし、「これが私たち

の本質だ」と言うことなどできるものではない。(Miller, 1999, p.193)

人間は多次元的な重層的存在である。人間はその人格次元において生理的・情動的・認知的な統合体であり、同時に人格は社会的・文化的条件に規定されている。さらに人格の深層には魂やスピリットといった霊性の次元が認められる。ホリスティック教育論のもう一人の代表的理論家であるジョン・ミラーは、簡潔に自我・魂・スピリット (ego, soul, spirit) という三つの次元から、そうした人間モデルを提示している (Miller, 2000)。

図3　人間モデル

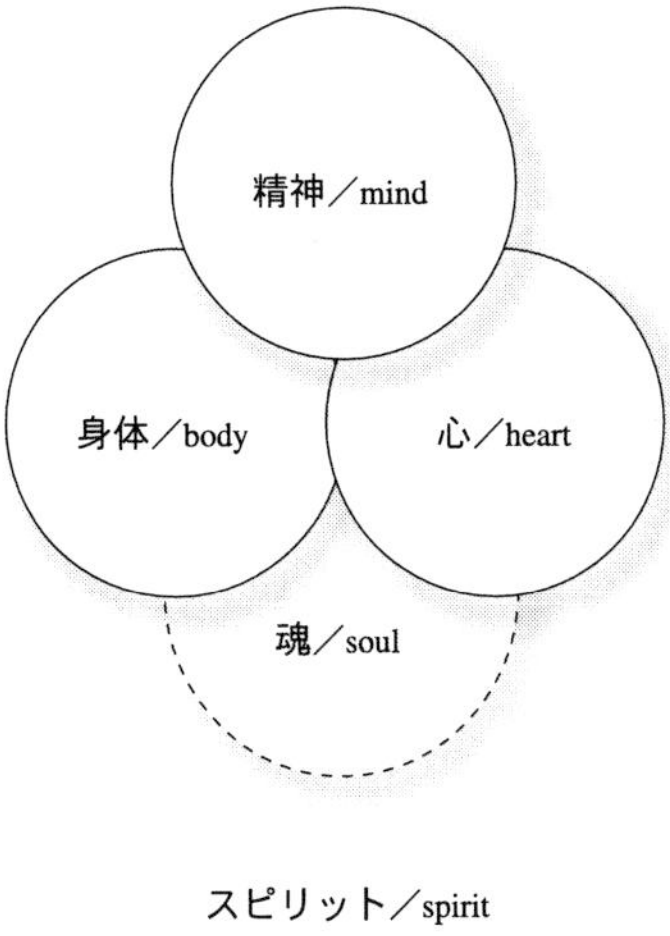

身体・精神・心・魂・スピリット

本書で私は、身体・精神・心・魂・スピリット (body, mind, heart, soul, spirit) という五つの次元からなる人間モデルを採用する。このうち身体・精神・心が個人の人格を構成するものであり、魂とスピリットが霊性の次元を指している。人格のうち精神《マインド》は主として思考の働きに、心《ハート》は感情の働きにかかわる部分である。魂《ソウル》は個人の内奥部分であると同時にスピリットへとつながるところである。ここでいうスピリットは、人間と世界の無限な深みを意味している。

この図式はさまざまな理論や考えを集約したひとつの仮説的なモデルであり、最終的な定義として掲げられているわけではない。類似のモデルもいくつもあり、今後の修正にも開かれている。ここで参考にしたのは、著名な宗教学者であるヒューストン・スミスや、ケン・ウィルバー（トランスパーソナル心理学の代表的理論家にして近年は統合理論の洗練につとめている）が、「永遠の哲学」(perennial philosophy)、すなわち世界の叡知の伝統に見られる人間観として描きだした図式である。スミスの議論では、身体・精神・魂・スピリット(body, mind, soul, spirit) からなる人間存在のモデルがあげられ(Smith, 1992)、ウィルバーでは、物質から身体、精神、魂をへてスピリットへといたるモデルが用いられている（Wilber, 1998, 2000)。

図4　ウィルバーによるモデル

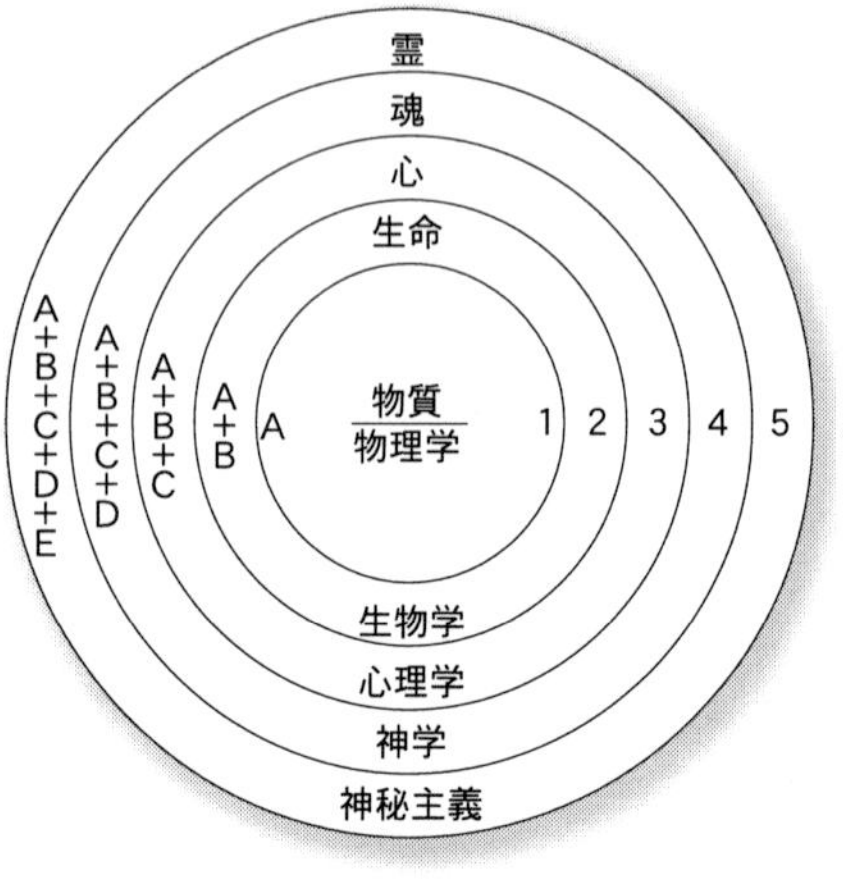

ウィルバー『科学と宗教の統合』春秋社 p. 10

スミスやウィルバーの考えをもとに、私はさらに、ルドルフ・シュタイナー、G・I・グルジェフ、ウスペンスキーなどの考えをとり入れ、感情や情動のセンターである心《ハート》を加え、個人の人格が身体・精神・心の三者からなることを示すことにした。つまり個人の人格は大きく分ければ、身体による行動と、精神による思考と、心による感情という三つの働きから成り立っていると考えられる。もちろんこれら三者の働きは分離されているのではなく、有機的に統合されている。ここで感情の座である心を加えたのは、それが人間形成や心理療法の過程において重要な要因となるからである。

子どもの教育とは、身体と心と精神（シュタイナーでは意志と感情と思考）が順次バランスよく発達していくことを助ける営みである。現代の教育システムは、これら三者の内的成長のリズムに従うよりも、むしろ社会の要請に従っているので、必ずしもバランスのとれた発達を促すものではなく、実際にはさまざまな不調和をもたらしている。これはとくに、社会の価値観を内面化する精神《マインド》が身体や心（その機能である行動や感情）を過剰に管理するというかたちで起こりやすい。ホリスティック臨床教育学の実践において身体技法《ボディワーク》や心理療法、あるいは芸術活動が不可欠なのは、身体や心をそうした状態から解放するためである。

スピリチュアリティの次元

身体・精神・心（body-mind-heart）という人格の統一体に、魂やスピリットといった超人格的次元が加わって、人間の重層的な自己存在が成り立つ。魂やスピリットは霊性の次元を意味している。それらは人間の「高次」領域であるという表現がしばしば用いられるが（そうした用法を否定するつもりはないのだが）、本書では、それらを自己存在の「深層」領域として語ることにする。人格層はおもに社会文化的環境との相互作用のなかで形成され、人間存在の「表層」次元を構成している。これに対し、魂は人格の深層次元にあり、その存在基盤をなしている。そして魂は、より深層にあるスピリットの次元へとつうじる中間的な層でもある。スピリットは無限な存在そのものを意味している。それは何らかの超越的実体ではなく、人間における限りない深みである[3]。したがって、人間は、その表層次元においては有限な個的人格であり、その根底には魂という微細な中間的次元をもち、さらに究極的には無限な存在に開かれているのである（第3章を参照）。

人間の全体的な成長とは、意識レベルが人格を超えて魂からスピリットの次元にまでおよぶことである。それは魂やスピリットの「覚醒」（awakening）として語ることができる。霊性の次元へと覚醒することによって、自己をふくめた存在世界の体験が根底から変容され、ありのままの現実が無限な広がりと深みをもって経験される。これは神秘学の伝統では、往道から還道への転換として語られる。つまり、霊性へのアプローチで重要なのは、自己がスピリットへと超え出ていくことと同時に、変容した意識をもって日常的な現実世界へと還り、現実世界をその無限の深みにおいて生きることである。

次章で述べることになるが、「教育におけるスピリチュアリティ」の議論は、魂やスピリットの次元をふくんだ人間形成のあり方を重視している。それを受けて言えば、臨床教育学は、それが身体や精神や心だけでなく、魂やスピリットといった霊性の次元にまでおよばないかぎり、全体的なものにはならない。というのも、魂はそれをとおして人間の生きがいや存在意味が開示されてくる次元であり、スピリットは人間の究極的な根源と考えられるからである。しかし今日の教育は、こうした深層次元をほとんど顧みることなく排除しており、逆に産業社会の科学主義的・物質主義的な価値観の影響を受け、人間を物質的で社会関係的な存在としてとらえる傾向がつよい。多くの人たちが深い生きがいの喪失や存在感の欠如に苦しんでいる一因には、こうした世界観の問題があるのではないだろうか。これはかつてマズローが、高次な存在価値の欠乏から生じる「高次な病理」(metapathologies)と呼んだものに相当する(Maslow, 1971, pp. 316-319)。霊性の抑圧は、身体や心の抑圧と同様に病理をもたらすのであり、臨床教育学は人間存在の多様な次元の解放を視野に入れていなくてはならない。

オーロビンドとマザーの統合教育

教育はその本来の姿では、身体・精神・心・魂・スピリットという、すべての次元の実現にかかわるものである。「統合哲学」を展開したインドの偉大な思想家シュリ・オーロビンドと、その後継者マザー(本名ミーラ・アルファサ)は、これとほぼ同じ内容の統合教育(integral education)を論じているので、参考までに紹介しておく(Aurobindo & The Mother, 1956)。

マザーは人間存在と教育に五つの次元を見てとる。「教育が完全なものになるには、人間の五つの基本的活動に関連した五つの基本的側面をもたなくてはならない。つまり、身体的側面（the physical）、生命的側面（the vital）、精神的側面（the mental）、心的側面（the psychic）、そして霊的側面（the spiritual）である」（Ibid., p.96）。統合教育はこれら五つの次元をふくみ、人格の教育と霊性の教育に大別される。「〔最初の〕三つの教育――身体の教育、生命力の教育、精神の教育――は人格形成の手段とみなされるものにかかわっている」（Ibid., pp.121-122）。

霊性の教育のうち「心的教育」（psychic education）は、魂レベルの教育に相当する。「心的教育にいたって、私たちは、人生の真の動因という問題、地球上における自分の存在理由、人生が導くべき発見と、その発見がもたらす成果にかかわる」（Ibid., p.122）。さらにマザーは「心的教育」と「霊的教育」（spiritual education）を区別する。前者は「地上における高次の実現」を目指すのに対して、後者は「あらゆる地上的な現象形態から離脱し、宇宙全体から離れ、現象以前のもの（the unmanifest）へと立ちかえること」（Ibid., p.127）を目指している。「スピリチュアルな意識は……無限で永遠なるものを生きること、自己をあらゆる創造から、時間と空間を超えて投げだすことを意味する」（Ibid., pp.127-128）。オーロビンドの教育論に注目しているデイヴィッド・マーシャクとともに言えば「心的教育、つまり魂すなわち心的存在の教育は、自分のなかに神性が内在していることを知ることにかかわる。霊的教育、つまりスピリットの教育は、超越的な神性に人が完全に従うことをふくんでいる」（Marshak, 1997, p.111）。このように人間を五つの次元からとらえ、人格次元の教育と霊性の教育をあわせもつ統合教育は、ホリスティック臨床教育学をほぼ完全なかたちで先取りしている。

3　ホリスティックな人間観の必要性

ホリスティックな見方の特徴

ホリスティック臨床教育学が採用する人間モデルを見てきたが、こうした人間モデルは決して、ある種のイデオロギーや宗教的ドグマのようなものとして受けとられてはならず、むしろひとつの仮説的な概念地図として役立てられるべきである。たしかに、ここでは魂やスピリットといった宗教的な用語も使われているが、それらはもっぱら非宗教的な哲学的意味で、人間の深層次元をあらわすために用いられている。

こうした地図をもつことで、私たちはより広い視野から個々の教育理論や教育実践を位置づけ、実践方法を工夫することができる。そうした地図がなければ、教育が特定の部分や次元にのみかかわっていたとしても、それを的確に認識できず、その他の可能性も簡単に無視されてしまうことになる。ホリスティックな人間観の特徴は、理論や実践における排他的で閉鎖的な還元論を回避することにある。

これまでわが国の臨床教育学の試みにおいて、こうした人間観が提示されることは少なかったと思われる。しかし、そのことはかえって臨床教育学の立場を曖昧なものにしてきたのではなかったか。実際どんな教育活動においても、つねに何らかの人間観がもち込まれているのであり、重要なのは、そうした暗黙の前提となっている人間観に対して意識的になることである。さもなければ、私たちは無意識のうちに特定の人間観に導かれていることになる。その暗黙の人間観が狭隘なものであるとき、それに導かれた実践は広がりや深みを欠くものになってしまう。暗黙のうちに起こりやすい単純化や断片化を避けるために、臨床教育学は人間観の問題に意識的になり、できるだけ包括的な人間観を採用するべきである。

ところで、身体・精神・心・魂・スピリットからなる人間モデルについて、いくつかの点を補足しておくと、これら五つの層は決してバラバラに存在するものが重なりあっているわけではなく、実際にはすべてが有機的に一体化している。むしろ、つながりあった全体を、これら五つの層に抽象化して、ひとつの概念地図として提示しているのである。

この人間モデルは決して自己に閉ざされた人間論ではない。自己の重層的な存在次元は、世界の存在次元と対応しており、相互につながっている。世界もまた重層的なのであり、それは自己の存在次元が深まるとともに開示される。したがって教育の核心は、人が自己を知ると同時に世界を知ることである。たとえば人が自分の人格をさぐるとき、自分の内面を見ると同時に、人格を規定している社会や文化の構造を見ることになる。また魂やスピリットに目覚めるとき、それをとおして自然や世界の深層との一体性に目覚める。ホリスティック臨床教育学は、たんなる心理主義ではなく、また環境論に与するものでもない。それは自己と世界を切り分けたり、その一方のみを実在視したりするのではなく、自己と世界の相即性を見る。これもまたホリスティックな見方のひとつの特徴である。

ホーリズムと全体主義のちがい

こうしたホリスティック（全体論的）な考えは決して全体主義的（totalitarian）なものではない。ホリスティックな人間論は、たしかに人間を包括的な存在次元とのつながりのなかで見てとる。人間は、集団、組織、社会、地域、文化、民族、国家、地球などの諸世界に不可分に帰属しているが、全体主義が生じるのは、自己と特定の世界とのつながりを絶対視し、それ以外のつながりの可能性を排除するときである。民族や国家、宗教やイデオロギーとのつながりを絶対視すると、政治的な全体主義が生まれるが、自然、地球、生命といった世界とのつながりを絶対視しても、生命論的な全体主義が生まれる。しかし、これはホリスティックな見方ではない。というのも、ホリスティックな理論では何重にもおよぶつながりの層を見ていくので、特定の次元だけを絶対視することはない。むしろ、そうした排他的同一化からつねに脱同一化してゆく動きこそが、ホリスティックな開かれた見方の特徴である。

ホリスティック臨床教育学の人間モデルでは、スピリットを無限性の次元として置いているが、それは有限世界から分離した特定世界としての無限領域ではなく、むしろあらゆる同一化からとどまることなく脱同一化していく、限りない運動として理解される。ホリスティック理論が全体主義を回避するためには、どんな次元からも脱同一化していく運動をふくんでいなくてはならない。この意味で人がスピリットを実現するというのは、限りない脱同一化の運動をとおして、あらゆる条件から離脱し、自由になることを意味している。

4　変容の技法

教育的変容・治療的変容・スピリチュアルな変容

ホリスティック臨床教育学が関心を寄せるのは「変容」(transformation) という現象である。ここでいう変容は、教育と心理療法とスピリチュアリティの領域のなかで個別にとりあげられていた変化の諸相をふくんでいる。教育は陶冶・成長・発達・自己実現といった形成的変化を、心理療法は治癒・癒し・回復といった治療的変化を、そしてスピリチュアリティは覚醒・解放・悟りといった超越的変化をとらえてきた。これら三様の変化を包括するものとして、ここでは変容という概念を用いるが、言いかえると変容には三つの下位様態、すなわち教育的変容、治療的変容、霊的変容が認められるということである。このうち教育的変容は潜在的可能性の全体的形成を求めるのに対して、治療的変容や霊的変容は、生の断片化をもたらす阻害要因を解消し、全体性を回復してゆくプロセスとしてとらえられる。ホリスティック臨床教育学は、教育的変容だけでなく、治療的変容や霊的変容もまた人間の生における本質的な現象や経験としてとり入れていくのである。

ところで、社会の教育システムのなかで個人の精神《マインド》は支配的な価値観や信念体系を内面化する。このこと自体はどんな社会においても起こることだが、現代社会においては、とりわけ物質主義的で科学主義的な信念体系を内面化した精神がほかの次元を強く管理するようになる。精神は身体行動と感情の働きを社会化し、みずからの基準から逸脱する身体表現や感情表現を抑圧する。さらに物質主義的な信念体系は霊性を抑圧する。したがって変容のプロセスは、このようなかたちで社会的・物質的な次元へと断片化された生を、ふたたび存在の全次元へと開いていくものとなる。治療的変容や霊的変容というのは、抑圧された諸次元が解放され、他の次元と統合されていくプロセスである。このような変容が生じるためには、さまざまな方法による働きかけをとおして、表層次元への排他的な同一化をゆるめていかなくてはならない。

ホリスティック臨床教育学の実践では、教育的方法に加えて、心理療法や霊性修行（spiritual practices）の方法が重要な働きを担うことになる。ここでいう教育的方法は多様な体験的学習の手法をふくんでいる。たとえば、協同学習、物語、ドラマ、ボディワーク、イメージワーク、芸術活動、野外活動などである。これらの方法は、身体行動・思考・感情に働きかけ、教育的変容を促進する。心理療法的方法については、利用できる技法が多数開発されているが、ここには人間性心理学やヒューマン・ポテンシャル運動などのなかで開発された多様な身心相関的アプローチもふくまれる。また霊性修行の伝統からは、現代人にも有効な観想や瞑想の技法がとりあげられる（本書で主としてとりあげるのは「自覚」や「マインドフルネス」と呼ばれている基本的な技法である）。三つの領域にわたる方法は多種多様であり、実際、私たちはすでに豊かな宝庫を手にしている(4)。私たちは基本的な人間モデルをふまえ、個別の実践課題に照らして、それらの方法を組み合わせ、臨床教育学の実践プログラムをつくりだしていくことができる。

このようにホリスティック臨床教育学のアプローチは、教育と心理療法と霊性修行の技法を統合的に組み合わせることによって成立するが、それは言いかえれば、そのなかに身体にかかわる技法と、感情にかかわる技法、精神にかかわる技法、そして霊性にかかわる技法を合わせもつということである。これらの実践技法については、本書の第Ⅱ部のなかで論じていくことにする。

統合的な実践の必要性

人間性／トランスパーソナル心理学者であるクラウディオ・ナランホは、ホリスティック臨床教育学の試みと共通する「統合的教育」(integral education) という考えを提案している。それは身体・感情・精神・霊性を包括し、教育と心理療法と霊性修行を統合するものである。そうした統合の必要性について、ナランホは「ただ人為的にのみ、教育と心理療法と霊性修行の領域を切り離すことができる。というのも、実際には成長—癒し—悟り (growth-healing-enlightenment) という、ひとつのプロセスが存在しているだけだからである」(Naranjo, 1994, p. 56) と述べている。同様に、エサレン研究所の創設者であり、現在も人間性／トランスパーソナル心理学のなかで重要な仕事をつづけているマイケル・マーフィは、こうした総合化の試みを「統合的実践」(integral practice) と呼んでいる。それは「人間の身体的・生命的・感情的・認知的・意志的、そしてトランスパーソナルな機能を統合的な仕方で開拓する訓練である」(Murphy, 1992, p. 588)。マーフィは、同僚のジョージ・レオナードとともに、その実践技法としてのＩＴＰ (Integral Transformative Practice) を提唱している (Leonard & Murphy, 1995)。

ところで、教育と心理療法とスピリチュアリティのあいだに橋を架ける仕事は、人間の潜在的可能性の開発に深い関心をよせたオルダス・ハクスレーが意欲的に取り組んでいたことであり、エサレン研究所を中心とするヒューマン・ポテンシャル運動も、そうしたハクスレーの先駆的な考えを少なからず反映したものである。私自身もこれまでハクスレーから多くのことを吸収してきたが、晩年のハクスレーが永遠の哲学、心理療法、身体技法、霊性修行などを統合しながら構想していたことは、ホリスティック臨床教育学の構築にとっても重要な意味をもっている（第7章でハクスレーの教育論をとりあげる）。

5　ホリスティック臨床教育学の四つの視点

これまでホリスティック臨床教育学は、教育と心理療法とスピリチュアリティを統合するものだと述べてきたが、以下では、その姿をより具体的にとらえるために、それをつぎの四つの視点から見ていくことにする。その四つとは「ホールパーソン」「グローバル」「ケアリング」「スピリチュアリティ」といった視点である。ホリスティック臨床教育学の実践は、理想的にはこれら四つの視点を配慮していることが望ましい。これらは決して個々別々のものではなく相互に重なりあっているが、ホリスティック臨床教育学への四つの入口というようにとらえられる。

私は一九九六年から二〇〇〇年にかけてホリスティック教育の研究のため、トロント大学オンタリオ教育研究所に留学したが、その四年間にトロントやそのほかの場所でおこなわれているさまざまな教育実践にふれる機会を得た。それらの体験は、私がホリスティック臨床教育学を構想するうえで貴重な資源となっている。以下の議論には、私自身が見聞したものを一部ふくめておきたい。

図5　ホリスティック臨床教育学の4つの視点

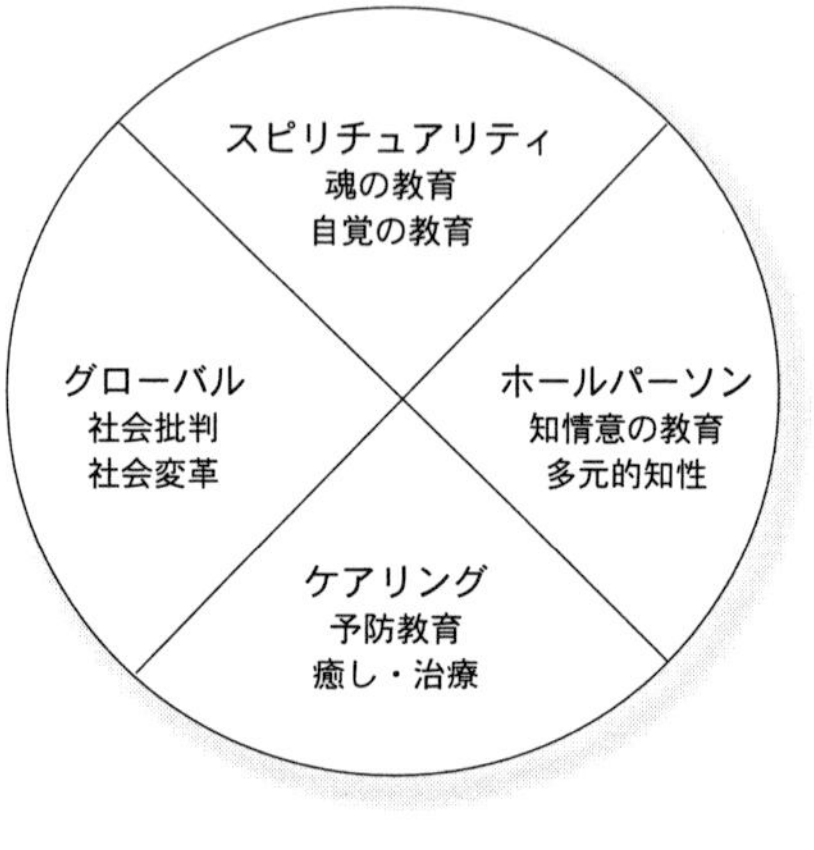

ホールパーソンへの視点

ホリスティック臨床教育学は、学校における通常の学習活動と臨床教育実践のあいだに明確な境界線を引くことはない。学校教育の大半を占める授業のなかにも臨床教育学的視点がとり入れられるべきである。通常の授業はその分量からいっても学校教育の主要な部分を占めており、ここで人格の分裂や抑圧をもたらさない統合的なアプローチを試みることは、予防的な意味に加え、望ましい人間形成を促すという意味で重要である。

そのさい「ホールパーソン」(全人)という視点が求められる。教育が知性のなかでも、その一部の能力だけを重視していれば、それは人間の全体性に配慮したものにはなっていない。学びは知性の全体に広がることが重要であり、それが感情や身体の働きとも結びつくことが必要である。人間は身体・精神・心の不可分の統一体である。しかし、知的学習が感情や身体の動きを無視し押さえこむようなことをしていると、精神《マインド》と心や身体は相互に対立するようになる。このようなことが日常的になされていれば、それは深刻な内的葛藤を引き起こすことになりかねない。それゆえ臨床教育学は、知情意の全体に働きかけるような授業のあり方を問わなくてはならない。

こうした点については、シュタイナー教育や多元的知性の教育が参考になる。すでによく知られているので指摘するにとどめるが、シュタイナー教育は、意志(身体)・感情・思考を発達論的にとらえ、それらが有機的に成長していくことを助けるような教育方法を豊富にもっている。シュタイナー教育は、人間を全体として認識する視点から個々の教科活動を具体的に構成している点で、学校における臨床教育学の実践にとって重要な導きとなる。本書をつうじてシュタイナーの思想や教育に対する組織だった言及はなされないが、それは、ケアリングやスピリチュアリティの面もふくめて、ホリスティック臨床教育学のもっとも充実した理論と実践を備えた体系である。なお、ホリスティック教育との関連では、ダグラス・スローン（コロンビア大学）がシュタイナーの考えをとり入れた「洞察＝想像力」に関する理論を展開している（Sloan, 1993）。

多元的知性（multiple intelligences）というのは、ハーバード大学のハワード・ガードナーが提唱した、知性にはいくつもの類型があるという考えである。ガードナーがあげているのは、言語的知性、論理数学的知性、空間的知性、身体運動的知性、音楽的知性、対人関係的知性、内面的知性という七つの知性であり、最近では、これに博物学的知性が加わり、さらにスピリチュアルな実存的知性（これについては次章で言及する）が組み入れられようとしている（Gardner, 1999）。このリストを見てもわかるように、多元的知性は、思考にかかわる知性だけでなく、感情や身体にかかわる多様な知性をふくみ、さらには魂レベルの知性にもふれようとしている。ガードナーの考えは教育界では広く受け入れられており、それぞれの知性にふさわしい教育方法も工夫されている。

トロント市内のある小学校を見学に行ったさい、私は一人の教師がこの方法を用いて環境教育の授業をおこなっている場面に出くわしたことがある。教室のなかには、七つの知性にあわせて七つのコーナーが設けられ、それぞれの場所でどれか一つの知性にかかわる作業がおこなわれていた。生徒たちは、言語的知性については詩をつくり、音楽的知性のところでは楽器を使って曲づくりをし、論理数学的知性のコーナーでは資料をもとに計算をしていた。また別の学校では、学校のカリキュラム全体を、この多元的知性の考えにもとづいて編成しているところもあった。知性を多元的にとらえることで学習活動は多彩なものになっていくとともに、より総合的な視点のもとに整理される。また、それぞれの生徒のすぐれた面をより公平に評価できるようになる。これまで学校教育のなかでは言語的知性や論理数学的知性がもっぱら重視され、そのほかのものは二次的な位置しか与えられていなかったが、多元的知性という考えは、こうした狭い見方を根底からくつがえすものである。

ところで、ホールパーソンという視点は、同時に個人の個性をふまえていなくてはならない。人間を全体的にとらえる視点においても、個人の特性を無視した全体はありえず、その特性から当の個人の全体をとらえなくてはならない。そのさい、さまざまなタイプ論のなかで試みられてきた人間の類型的把握は有益な手がかりとなる。オルダス・ハクスレーは教育を論じた箇所で、個々の子どもについて解剖学、生化学、心理学など、多くの面から個性やタイプを調べる必要があることを主張し、具体的にはシェルドンのいう気質と体型の三類型、外向性と内向性、視覚型と非視覚型、ヴィジョン体験の有無、栄養状態、呼吸や姿勢の特徴、音楽や数学や言語能力などの素質、被暗示性などを調べることが重要であるとしている（Huxley, 1972, chap.13）。なかでもハクスレーはシェルドンの類型を高く評価していた。シェルドンの三類型とは、内胚葉型（感情的内蔵人間）、中胚葉型（行動的筋肉人間）、外胚葉型（頭脳的神経人間）のことを指しているが、ハクスレーの考えでは、子どもたちを最初は同じ類型どうしでグループにし、徐々にほかの気質の子どもと混ぜるようにして、子どもたちが人間の多様性を受け入れられるようにしていくのである。

類型の中身は異なるが、これは、シュタイナー教育で四つの気質（憂鬱質、粘液質、多血質、胆汁質）に関して実際に用いられている手法と同じものである。シュタイナー教育では気質の把握が個性的なものへの通路として用いられている。ほかにも教育にとって有用なタイプ論には、ユング心理学でいう四つのタイプ（思考、感情、感覚、直観）、野口晴哉が見いだした十二種の体癖、エニアグラムの九つのタイプなどがある。言うまでもなく、そうした類型に合わせて人間を類別し、型に合わせた教育をすることは避けられなくてはならないが、個人の複雑な存在様式をとらえるうえで、それらは有用な手がかりを与えてくれる。

グローバルな視点

ホールパーソンという全人的視点は、たしかにホリスティックな見方を示しているが、それ自体はとくに目新しいものではなく、ホリスティック教育に端を発するものでもない。むしろホリスティック教育の特徴をなすのは、そうした全人的存在である人間が社会や自然環境や宇宙と不可分につながりあい、その内面においてもスピリチュアルな次元とつながっているという視点である。それゆえホリスティック教育に対しては、しばしば「エコロジカル」とか、「グローバル」とか、「スピリチュアル」といった形容がなされる。ホリスティック教育をひとつの臨床教育学として展開しようとする本書の試みにおいても、これらの視点がとり入れられるが、以下ではエコロジカルでグローバルな視点を一括して「グローバルな視点」と呼んでおく。

臨床教育学においてもグローバルな視点を強調する必要があるのは、かりにそうした視点がなければ、臨床教育学が著しく個人の内面に偏った取り組みに見えてしまうからである。もちろん内面性への取り組みは決して没社会的なものではなく、十分に社会変革的な意義をもっていることが認められなくてはならない。クリシュナムルティは「あなたは世界である」と述べることで、個人に取り組むことがすでに全人類的な意味をもっていることを強調していた。こうした側面の究明はたしかに重要であるが、しかし他方で、社会的次元それ自体を扱う問題解決型の取り組みも重要である。そうした面を欠くなら、臨床教育学は個人の自己修正をとおして、多くの問題をはらんだ社会の現状に適応することを促すだけの矮小化された実践を招くことになりかねない。個人のかかえる問題は個人の資質に起因するだけでなく、構造的問題をかかえる社会とのつながりのなかで起こるのであり、社会の構造的問題に対して批判的な目を向けることは臨床教育学の必須の課題である。

そうしたグローバルな視点は、すでにホリスティック教育の隣接領域であるグローバル教育のなかで幅広く教育実践に組み入れられている。グローバル教育では、環境、開発、人権、平和、動物愛護、メディアといった現代社会の焦眉の問題がとり扱われるが、そこで目指されているのは、知識や情報をとおして社会認識を高めるだけでなく、社会問題に対する積極的な関心や態度を養い、問題解決力や行動力を身につけ、社会正義の実現にかかわろうとする人間を育てることである。臨床教育学との関連で注目されるのは、グローバル教育が社会性の形成に資するという点である。とくにグローバル教育は、多様な参加体験型のアクティヴィティをとおして、参加者の社会的認識、社会的技能、そして問題解決力を高めていく。たとえば、ゲームや協同作業や話しあいをふくむ活動をつうじて、参加者たちは自己主張の仕方を学び、他者の話を傾聴し、協力して問題解決をする訓練をつむことになる。

オンタリオ教育研究所に留学中、私は、グローバル教育の第一人者であるデイヴィッド・セルビー教授（現イギリス、プリマス大学）のクラスに顔を出していたが、セルビー教授が言ったことのなかで印象的だったのは、かつて同じトロント大学で教えていたマクルーハンの有名な言葉「メディア・イズ・メッセージ」を引いて、どんな教育方法（メディア）を用いるかで効果も大きく左右されるということであった。たとえば民主主義を教えるのに非民主的で権威的な方法をとっていたのでは、そこで実際に伝わるのは非民主的な権力関係である。つまり、伝えられるべき当の内容如何にかかわらず、それを伝える方法のほうが受け手に働きかけるのである。表面的なメッセージは、平和が重要だというものであっても、それが権威主義的に一方的に教えられるのであれば、そのメディアをとおして伝えられるのは、双方向の話しあいといった平和を実現するための手法は重要でない、というものになる。セルビーは「教師の意図がより効果的に実現されるのは、そのメディアが学習プログラムの表面的メッセージとひとつに統合され、それを強化するように構成されているときである」（Selby, 1996, p.50）と述べ、教育方法や教室の雰囲気《エートス》がメッセージと一致することの重要性を指摘している。

セルビーを引き合いにだしたので、グローバル教育とホリスティック教育の密接な関係についてふれておきたい。セルビーはこれまでグローバル教育の哲学を深めてきた人物であるが、最近の論文では、定説となっている

「ウェブ・モデル（網目モデル）」を越える「ダンス・モデル」を提唱し、よりホリスティックな世界観に定位しようとしている（私事にわたるが、セルビー教授は私の博士論文の審査委員の一人であった）。これまでセルビーは、機械論的世界観における分離や断片化の様相を表現するのに「ビリヤードボール・モデル」を採用し、これに対してグローバル教育がウェブ・モデルによって、ものごとのエコロジカルな相互関連性や相互依存性や循環性をとらえていると主張していたが、このウェブ・モデルは、現象の背後にある安定した関係性（エコシステム）を意味し、ものごとが生成変化する最深の現場にまでは達していないというのである。これに対してダンス・モデルは、「存在の第三のレベル」である「根源的なつながり」（radical interconnectedness）を意味する。それは「あらゆるものがそこから生まれ、そこへと返っていく豊穣な無（a fertile no-thing-ness）」（Selby, 2002, p.82）であり、セルビーが好んで援用するデイヴィッド・ボームの概念では「ホロムーブメント」と呼ばれている存在次元である。

> このように、網目のメタファーが不十分なものとなる、より深い、存在の第三のレベルでは、私たちはものごとを、全体の動的展開、すなわち存在と生成の表現として考えなくてはならない。私たちは実体的なもの——私たち自身、動物、岩、国家、政治集団など——を「もの」としてではなく、何よりもまずプロセスないしダンスとして見る必要がある。さまざまな現象（人、人間以外の生命、場所、国など）は、このレベルにあっては、内的および外的な諸関係が交錯しあう多レベル・多次元的なダンスの多様なあらわれである。グローバル教育や環境教育に携わる者は、関係の網目というメタファーに取り組みつつも、ダンスのメタファーを受け入れ、それが理論と実践においてあらわす不可分な全体という存在レベルを受け入れる必要がある。（Ibid., p.83）

セルビーの論文では言及されていないが、ダンスのメタファーは、ヒンドゥー思想のなかでリーラと呼ばれる神の踊りを想起させる。この第三の存在レベルを認めることで、セルビーはグローバル教育に対していくつかの実際的な提案をしているが、とくに注目されるのは「内なる旅」の強調である。グローバル教育は多くの場合、外向きの活動であり、内面性への視点が不足している。これに対してセルビーは、第三の存在レベルにまでふれるには、芸術や身体技法や瞑想といったスピリチュアルな方法をとり入れる必要があることを力説している。この意味でグローバル教育はホリスティック教育から多くの実践技法をとり入れることができる。

ケアリングの視点

ホリスティック臨床教育学の第三の視点としてケアリングをとりあげたい。ケアリングはホリスティック教育において、もっとも重要な考えのひとつとして提起されている。北米の著名な教育哲学者であるネル・ノディングスは、ケアリング（いたわり、世話、気づかい）という観点から学校教育全般の見直しをすすめているが、彼女によれば、ケアリングの不足こそがさまざまな教育病理的現象を引き起こす要因になっており、学校教育はケアリングを土台にすえなくてはならないのである。ノディングスは、教科中心のカリキュラムを解体再編するとともに学校教育の核としてケアリングの活動をとり入れることを提唱し、著書『学校におけるケアへの挑戦』（Noddings, 1992）のなかでは、独自のカリキュラム案を展開している。それは以下のケアの領域を軸とするものである——自己へのケア、身近な人へのケア、見知らぬ他者・遠方の他者へのケア、動物・植物・地球環境へのケア、人工的世界へのケア、そして学芸へのケアである（図6）。

「自己へのケア」には、身体へのケア、スピリチュアルな生へのケア、職業生活へのケア、余暇の生活がふくまれる。「身近な人へのケア」には、対等な人間関係（伴侶、恋人、友人、同僚、隣人など）におけるケアと、対等ではない関係（親子、師弟、治療的関係など）におけるケアがとりあげられる。「見知らぬ他者や遠方の他者へのケア」というのは、遠方の地にいる他民族、地理的には身近にいるマイノリティ、歴史的に差異・差別化されてきたジェンダー・世代、障害者などへのケアをふくんでいる。ノディングスは、身近でない他者へのケアリングにはさまざまな困難がともなうとしながらも、ひとつには自己理解（自分の属する集団や社会についての理解）の必要性を指摘し、そのうえで異質な他者とのつながりをもつように努めるべきだという。「動物・植物・地球環境へのケア」では、動物や植物に直接ふれ、それらをめぐる現代の問題をとりあげ、生き物や地球環境へのケアをうながす。「人工的世界へのケア」では、人間と道具との関係・道具の使用・科学技術をふくんだ道具の発展・生活環境の設計などについての学習や、実際のモノづくり、手仕事の実習、道具の手入れや修理など、モノや道具へのケアをとおして現代の物質文明や消費社会のあり方をふり返る。最後に「学芸へのケア」ということで、ノディングスは数学や芸術の学習を例としてとりあげるが、ここでも力点は、学業の結果ではなくケアリングに置かれ、生徒が学芸に興味をもってふれ、そのケアリング力を高めることが求められる。このようにノディングスが提唱するケアリングとは、自己、他者、自然、文化、文明といった多様な領域や世界との関係を豊かにつくりだし、それによって自己存在が育まれ培われるような営みである。

　こうしたケアリング中心の教育はたしかに重要な提案であるが、それをいますぐ実行に移すにはやはり困難が予想されるので、実現可能な代案としてノディングスが示しているのは、学校のカリキュラムを

図6　ケアリングの教育

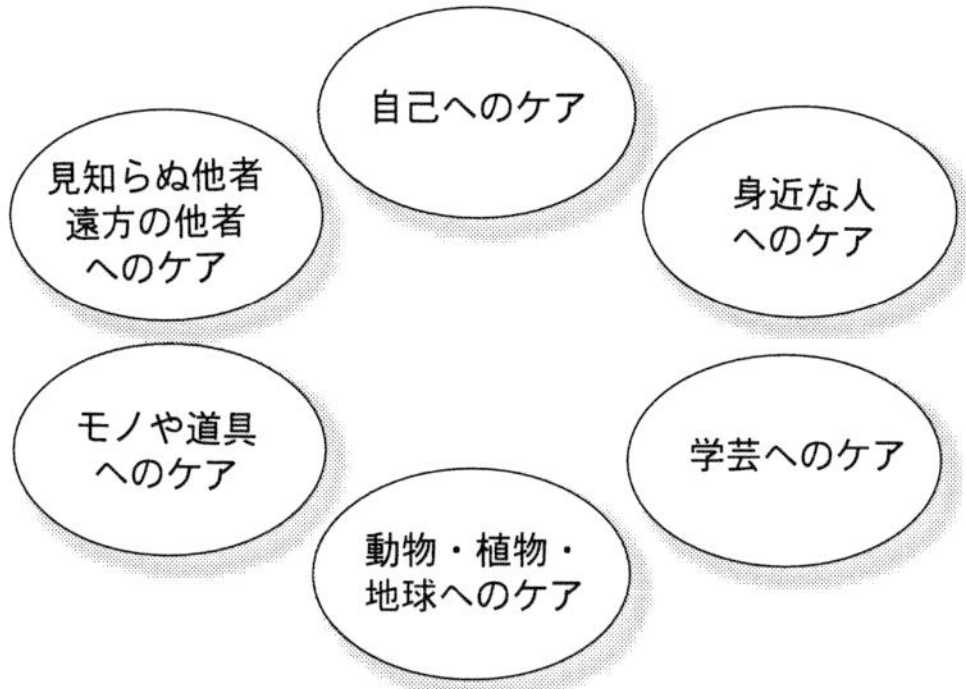

二つに分け、一方を従来どおりの教科学習にあて、もう一方をケアリング中心のコースにするということである。一日に八時間の授業があれば、そのうちの四時間は教科学習にまわし、残りの四時間をケアリング中心の活動にふりあてるようにする。そのうちの一時間はランチタイムの会話にあて、残りの三時間がケアリングの学習活動になる。ここでは、健康、性、子育て、家事、交通、栄養、薬、環境問題、老人問題、スピリチュアリティ、道徳、義務、抑圧、戦争と平和など、現代生活のなかでもちあがるトピックをとりあげることができる（ノディングスのケアリング論については第4章でさらに見ていくことにする）。

ノディングスが提案するケアリング中心の教育は、学校におけるホリスティックな臨床教育の実践に多くの示唆を与えてくれるが、ここでは彼女の提案に加えて、ケアリングのなかに、治療や癒しといった心理療法的な面や、各種の予防教育、健康教育などもふくめておきたい。なぜなら、わが国の教育状況においては、心理療法や癒し、予防教育や健康教育までもふくめたケアリングの必要性が高まっているからである。

感情面の教育を一例としてあげておきたい。これはダニエル・ゴールマンの言葉をかりれば「感情的知性」の教育、感情リテラシーの教育である。ゴールマンは、ガードナーの多元的知性にふくまれていない感情的知性をとりあげ、その内容として、感情への気づき、感情の管理、感情の積極的利用、共感力、人間関係力の向上といった点をあげている。アメリカでは、ゴールマンの考えにもとづき「社会的・感情的学習」(social and emotional learning)、通称SELという包括的な予防教育のシステムづくりが進んでいる（詳しくは第8章でとりあげる）。

この関連で「対立解決法」(conflict resolution) について少しふれておく。このアプローチは、人びとのあいだの対立や争いを解決するための多様な方法をふくんでおり、北米の学校では対立解決法のさまざまなプログラムがとり入れられ、生徒指導のなかで重要な役割を果たしている。対立解決法では、争いはどうして起こるのか、争いが起こったときどうすれば暴力的で破壊的な結果をまねくことなく建設的な解決にいたることができるのか、ということを具体的なスキルとともに学べるようになっている。生徒たちはそのスキルを身につけることで、自分たちで問題を解決していく力を高める。そのさい興味深いのは、争いが起こったとき身心のなかに起こる感情的反応を子どもに気づかせ、どうすればそれが破壊的な行動に結びつかないようにできるのかを教える点である。自分の怒りや傷ついた感情を行動化して相手を攻撃するのではなく、それを言葉にして伝え、たがいに相手の気持ちを理解したうえで、ともに納得のゆく解決策を話しあいのなかで見いだしていこうというのである。

私はトロント市の教育委員会が開いていた教師向けのワークショップに一年間参加して、こうしたやり方に少しふれることができた。またいくつかの学校を見学にいったが、そこでは対立解決を助ける仲裁役として「ピースメーカー」と呼ばれる生徒たちをトレーニングしていた。彼・彼女らは、喧嘩やもめごとが起こると、その場におもむき当事者間のやりとりを助ける。まず話しあいのルールを説明し、当事者たちに了解をとりつける。そして双方から何があったかを話してもらう。そのとき、どんな感情を体験したかを言葉にして話してもらう。ピースメーカーは、一方が他方の話を中断することなく、しっかり聞くようにうながす。その作業が終わった段階で、今度は「あなたたちはこの問題をどうしたいのか」と問う。ここで具体的な提案が双方から出され、たがいに納得のいく解決策が得られたところで、問題は解決したとみなされる。問題が深刻な場合は先生がサポートをするが、簡単な問題は子どもたちのあいだで解決するように励まされる。この方法で重要なのは、感情への配慮がなされ、言葉による感情表現がうながされることである。対立解決法は臨床教育学にとって注目すべき実践であり、日本において

対立解決の場面

トロントのシュタイナー学校

も今後の展開が期待されるが、ホリスティック臨床教育学の観点からすれば、いまだ限界をふくむものであり、その点もふくめて、感情の変容について論じる第8章で再度とりあげる。

ところで、ケアリングの成否は決して特定のカリキュラムや教育プログラムにのみ還元されるものではない。それはむしろ教育空間の雰囲気や、その場所にふくまれる癒しと成長を育む力に大きく左右される。私はトロント市内にある二つのシュタイナー学校をたびたび見学に行っていたが、訪れるたびに感じていたのは、学校の雰囲気がやわらかく人を包みこみ、いたわるようなエネルギーにみたされていたことである。それは、人が庇護されて育っていく空間のように感じられた。もちろん、これには個々の教師の気づかいやエネルギーの質が関係しており、そのためにも教師自身がケアリングを体現できていなくてはならない。シュタイナー自身も「ヴァルドルフ学校のなかでは、心のかもしだす雰囲気が第一に重要であり、教師たちの内から語りかける生き生きとした〈いのち〉が重要である」(Steiner, 1972, p.174) と述べている。

スピリチュアリティの視点

最後の視点は「スピリチュアリティ」である。これまでとりあげた三つの視点にかかわる各種の取り組みのなかでは、たしかに身体性や感情や社会性など、臨床教育学的にみて重要な問題群が扱われているが、スピリチュアリティの問題は前面にあらわれていない。したがって、たとえば感情の教育を中心に臨床教育学の実践体系がつくられるなら、人格の一面にかかわるだけの臨床教育学が生まれることになる。これに対しホリスティック臨床教育学では、このような断片化を避けるために、霊性の次元を明確にとり入れ、それが他の次元と結びつくような教育のあり方を求める。「ホリスティック」という言葉はwhole（全体的な）だけでなく、holy（神聖な）をふくんだ概念であり、これを、吉田敦彦は人間形成における「水平軸」と「垂直軸」と呼んでいるが、ホリスティック臨床教育学においては、スピリチュアリティという垂直軸を中心に、ホールパーソン、ケアリング、グローバルな視点といった水平軸が組織されるのである。

スピリチュアリティの教育は、通常の意味での宗教教育、すなわち特定の宗教や宗派を背景として、その教義や儀礼や行動規範を教えるような教育形態とは異なるものであり、「自己を知る」という意味で、自己の内面を探究する活動であり、また世界の不思議さや無限性にふれるような活動である。それは、共同主観的に構成される日常生活の現実の背後に広がっている自己と世界の深層をさぐり、それが無限な存在に開かれてあることを知ることである。今日の社会では、こうした自己と世界の無限な深みを覆い隠すような日常的現実が唯一の現実としてとらえられ、人びとをいわば窒息させているようにみえる。子どもの場合、そうした日常的現実観に圧迫されて息苦しく感じ、その代表的な機関である学校を閉じた空間として感じているのではないか。この意味で教育に必要なのは、自己や世界の無限な深みを感じられるような「開け」をふくむことである。

スピリチュアリティの教育については、つぎの第2章で詳しく見ていくことになるので、ここではそのなかに三つの段階、すなわち、世界のさまざまな宗教的伝統についての知的教育、生きる意味にかかわる魂の教育、自覚の訓練にかかわる観想や瞑想の教育という三段階があることを指摘するにとどめておく。

ホリスティック臨床教育学の多様な取り組みを求めて

以上、ホリスティック臨床教育学の四つの視点について見てきた。ここでは学校教育と結びつく例を多くとりあげたが、ホリスティック臨床教育学そのものは学校教育のなかでのみ用いられるアプローチではなく、あくまでも教育のひとつの原理として提案されている。したがって、その実践は基本的な原理の表現形態として、対人援助にかかわるさまざまな分野や場面で具体化できる。現在の日本社会においては臨床教育学的な働きかけを必要としている場はいくつもある。ホリスティック臨床教育学の特徴は、そのつどの目的に合わせて多様な方法を組み合わせ、効果的なプログラムをつくりだすことにある。またそれは対人援助の専門家たちの養成教育や再教育にも利用できるものであり、この点は本書をしめくくる第9章で論じることにする。くり返すが、本書で意図されているのは、多種多様な新しい教育のかたちが学校教育の内外につくりだされることによって、全体としての教育状況が変化していくということである。

注

（1）伊藤隆二（2002）のいう「臨床教育心理学」は、ホリスティック教育、トランスパーソナル心理学、スピリチュアリティ論をふくんでいる点で注目される。

（2）スピリチュアリティ／霊性という概念は、多様な文脈に応じてさまざまな意味内容をふくんで語られ、それらが互いに矛盾する場合もあり、いまだ論争的な概念である。西平直（2003）は、スピリチュアリティの位相として、とくに宗教性、全人格性、実存性、絶対受動性という四つをあげ、それら相互の矛盾点をとりだす作業をおこなっている。このような状況にあって、あえてスピリチュアリティということを掲げてホリスティック臨床教育学の議論を開始しようとするのは、臨床教育学に対してスピリチュアリティという概念が指し示す問題圏の中心的な重要性を喚起したいがためである。本書では、スピリチュアリティ／霊性という概念が一定の意味内容をもって語られるが、そのさい、この概念がもつ豊かな内容をできるだけ損なうことなく、いくつかの位相に焦点をあてつつも、それらを統合的にとらえることを試みている。

葛西賢太（2003）は調査をつうじて、今日「スピリチュアリティ」という用語を用いる人たちがヒューマンケアにかかわる専門家たちのあいだに多く見られ、この言葉が宗教との対比のなかで、宗教の普遍的本質を指し示すことを意図して用いられている点を明らかにしている。しかし同時に葛西は、実際にはヒューマンケアの専門家たちは、諸宗教に共通する普遍的本質ではなく、むしろ「ヒューマンケア専門職が理想として説く〈成長〉のモチーフなどの特定の価値観」（143頁）を、この概念に託して表現していると指摘する。言いかえると、スピリチュアリティは、個々の論者の立場や信念や期待を強く反映したものになっているというのである。この用語の意味の広がりを考えると、この指摘は妥当なものである。私自身はどうかと言うと、教育について論じている本書では、たしかにスピリチュアリティということで宗教の普遍的本質について論じているわけではなく、そこには一種の〈成長〉の理念が重ねあわされている。しかしながら、それは恣意的に持ち込まれているわけではなく、本書の議論は永遠の哲学に依拠し、とくに井筒俊彦を経由して私自身が取り組んだ、東洋哲学の視点から得られた人間学的な理解にもとづいている（詳しくは第5章を参照）。

（3）ここでいうスピリットは、東洋思想のなかで用いられる無相ブラフマン、無、空、道、理、無極といった概念とほぼ同義である。またそれは「絶対無」（西田幾多郎）、「東洋的無」（久松真一）、「意識と存在の窮極的ゼロ・ポイント」（井筒俊彦）、「限りない開け」（上田閑照）といった概念でも置きかえることができる。私自身は「無窮的現実」という概念を提起しているが、本書では（英語圏をはじめとする）昨今の一般的用法にしたがい、スピリットという用語で統一することにした。

（4）ホリスティック臨床教育学独自の方法が存在しているわけではないが、これまでに考案されてきた数多くの方法はホリスティック臨床教育学の目的に添うものであり、その実践に活用できる。参考までに、ホリスティック臨床教育学のアプローチにふくまれうる方法を以下に列挙しておく。なお、このまとめは暫定的なものであり、さらに多くの方法をふくみうるし、一箇所に分類するのが困難な方法も多くある。重要なのは「ホリスティック臨床教育学」というひとつの閉じた体系をつくりだすことではなく、体系の開放性を保ちつつ、個々の方法の独自性は保持したままで、それらを結びあわせていくことである。それによって、それらの方法はホリスティックな視点のもと、それ自体の排他性や硬直化を免れ、より開放的で柔軟になることができる。

(1) **身体のワーク**――ムーブメント、ダンス、オイリュトミー、アレクサンダー・テクニーク、フェルデンクライス・メソード、センサリー・アウェアネス、ロルフィング、野口体操、竹内レッスン、ニューカウンセリング、臨床動作法、タッピング・タッチ、ヨーガ、気功、武道ほか

(2) **感情のワーク**――バイオエナジェティックス、ゲシュタルト療法、プライマル・セラピー、インナーチャイルド療法、感情リテラシーほか

(3) **精神のワーク**――ストーリーテリング、日記法、一般意味論、論理療法、ホール・ランゲージ、セルフ・エスティーム、催眠ほか

(4) **イメージワーク**――イメージ療法、アクティブ・イマジネーション、ドリームワーク、サイコシンセシス、表現アートほか

(5) **スピリチュアル／トランスパーソナル・ワーク**――アウェアネス、マインドフルネス瞑想（ヴィパッサナ瞑想）、ホロトロピック・セラピー、ネオ・シャーマニズムほか

(6) **総合的なアプローチ**――シュタイナー教育、センタリング、フォーカシング、プロセスワーク、ハコミ、ドラマ教育、野口整体ほか

各方法は、実際には身体・精神・心・魂・スピリットのいくつかの面に同時に働きかけるものである。たとえば、ボディワークをおこなうと、身体の不適切な条件づけが解除され、それに連動して感情状態や思考様式も変化し、気づきのレベルも高まる。イメージワークでも、身体の治癒、感情や思考の変容などが起こり、自己の深層とのつながりも生まれる。そして瞑想の場合も、気づきや直観を高めるだけでなく、同時に身体や感情の浄化、思考の平静化、創造性の向上などが起こる。

ここでひとつの統合的な実践体系として、野口晴哉が提唱した「整体」をあげておきたい。野口の体系は、わが国にあらわれた臨床教育の取り組みとして高く評価できる。それは、身体については「体癖」に関する理論や、「活元」や「愉気」といった技法をもち、精神や心に対しては催眠の原理を生かした「潜在意識教育」をふくみ、さらに霊性については「天心」の涵養というかたちで、その次元をふくんでいる。近年になって野口の仕事に対する関心が以前にもまして高まっているが、これまで主流の教育のなかでほとんど注目されることのなかった野口の思想と実践は、ホリスティックな視点をもった臨床教育学の展開として位置づけられる必要がある（永沢、２００１）。本書のなかで野口晴哉の整体について立ち入って議論をすることはないが、私のなかでそれは臨床教育学を考えるとき、ひとつの導きの糸となっている。

補遺　ホリスティック教育とは何か

本書ではじめてホリスティック教育に接する方のために、その概略を述べておきたい。ホリスティックな見方（ホーリズム）は、ものごとを全包括的・全連関的に見ることを意味しているため、とくに「ホリスティック」という言葉が用いられていなくとも、ホリスティックな教育思想や実践は、洋の東西を問わず、古くから存在してきた。ちなみに「ホリスティック」という言葉は、アトムの反対語であるギリシア語の「ホロス」（全体）に由来し、ホロスは英語ではheal, health, holy, whole などのルーツにあたると言われている。

暫定的に定義しておくと、ホリスティック教育とは、全体性を志向する教育であり、人間、世界、教育をできるかぎり広く深くとらえようとするものである。それは人間を、身体、感情、思考、魂、スピリットなどの複雑に連関した全体とみなし、従来の教育的人間像を拡大しようとする。また全体としての世界を、自己、他者、共同体、社会、国家といった従来の視点においてだけでなく、自然、地球、宇宙、無限といった広がりのうちにも見てゆき、教育的世界像を拡大しようとする。人間の重層的な自己形成は、こうした幾重にも広がり深まっていく世界のなかで、それらとの不可分なつながりのなかでとらえられる。ただし個々のホリスティック教育論では、論者の傾向におうじて、それぞれ強調点が異なっている。

「ホリスティック」や「ホーリズム」という言葉が思想界で用いられるようになったのは、南アフリカの思想家で政治家であったジャン・スマッツが『ホーリズムと進化』を一九二六年に著してからである（吉田、1999、2部3章を参照）。その後一九六〇年代以降、とくに人間性《ヒューマニスティック》心理学の分野で、ゴールドシュタイン、マズロー、アンギャル、パールズなどによって、「ホリスティック」という概念がよく用いられるようになった。その後はホリスティック・ヘルスをはじめ、さまざまな領域で、この概念はキーワードとして多用されるようになった。最近では国連やユネスコでも、ホリスティック・アプローチという表現が用いられている。またホリスティック思想という点では、ケストラー、ボーム、ベイトソン、ヤンツ、ラズロ、レムコウ、カプラ、ウィルバー等をはじめ、機械論的な世界観をのり越えようとした多くの思想家の仕事を、それにふくめることができる。

ホリスティック教育の成立に中心的な役割を果たしてきたロン・ミラー（Miller, 1992）によれば、「ホリスティック教育」という言葉が使われはじめたのは一九七〇年代の北米においてである。当時は人間性心理学が大衆化したヒューマン・ポテンシャル運動が盛んな折りで、教育の世界でもその流れをくむ人間性教育が展開されていた。人間性教育の分野で重要なのは、オルダス・ハクスレーの非言語的教育、エサレン研究所のマイケル・マーフィやジョージ・レオナードの心身教育、カール・ロジャーズの生徒中心・個人中心の学習、ジョージ・ブラウンの合流教育、クラーク・ムスターカスの本来的教育、ロベルト・アサジョーリのサイコシンセシスなどである。

また一九七〇年代に入ると、人間性心理学のなかからトランスパーソナル心理学が登場してきた。トランスパーソナル心理学では自己実現よりも自己超越に力点が置かれ、「トランスパーソナル教育」という考え方も生まれた（Hendricks & Fadiman, 1976）。この分野で重要なのは、ゲイ・ヘンドリックス、クラウディア・ナランホ、ロバート・オーンスタイン、ジェイムズ・ファディマン、フランシス・ヴォーン、チルトン・ピアスなどの仕事である。しかしトランスパーソナル教育の試みは萌芽的な段階でたち切れになり、その後大きな進展をみせることなく中断されている（中川、１９９６ａ）。実際にはトランスパーソナル教育は八〇年代にホリスティック教育のなかに受け継がれ、そのなかで大きな進展をみせている。ホリスティック教育のなかには、トランスパーソナルな志向をもつ教育論者が結集していたのである。たとえば、ロン・ミラーと並ぶもう一人の立役者であるジョン・ミラーは、もともと人間性教育から出発し、トランスパーソナル教育をへて、ホリスティック教育を打ち立てるにいたっている。

ロン・ミラーによれば「一九七〇年代の中葉に〈トランスパーソナル教育〉の運動が起こり、既成の教育に異を唱えたこの教育者のグループのあいだで、七〇年代の末までに、ホリスティック教育という名称が実際に使われはじめた」（Miller, 1997, p.199）という。一九七九年と八〇年、このトランスパーソナル／ホリスティック教育の運動にかかわった人たちによって、カリフォルニアで二度の会議がもたれ、ホリスティック教育の重要性が確認されている。なお彼らは「ホリスティック教育ネットワーク」を組織したものの短命に終わっている。この初期のホリスティック教育の胎動はいまだヒューマン・ポテンシャル運動の圏内にとどまっており、教育のそのほかの大きな流れと結びつくものではなかった。

こののちホリスティック教育の第二の本格的な波が押し寄せたのは一九八〇年代後半であり、その転機となるのは一九八八年である。この年にトロント大学オンタリオ教育研究所のジョン・ミラーが『ホリスティック・カリキュラム』を刊行し、またロン・ミラーを編集主幹とする季刊の学術誌「ホリスティック教育レヴュー」(現在は「エンカウンター」と改称)が創刊されている。こうした動きによって、ホリスティック教育は主流の教育と結びつくようになる。ジョン・ミラーは『ホリスティック・カリキュラム』のなかでホリスティック教育の歴史を論じ、そのなかに「ヒューマニスティック／トランスパーソナルな教育の潮流」と「社会変革的な教育の潮流」の二つがあるとし、前者にはソクラテス、プラトン、アウグスティヌス、ルソー、ペスタロッチー、フレーベル、トルストイ、ニールなどの名を、後者にはフェリエール、カウンツ、ブラメルドなどの名をあげている。また彼自身は永遠の哲学、エマーソン、シュタイナーなどの教育論に多くを負っている。

ロン・ミラーが創刊した「ホリスティック教育レヴュー」は、教育のさまざまな流れをひとつにまとめていくという目的のもとにつくられた。「私にとって——ジョン・ミラーにとっても同じように——ホリスティック教育は、一九七〇年代のヒューマン・ポテンシャル運動から派生した一現象にすぎないのではなく、モンテッソーリやシュタイナーの洞察をふくむものであり、進歩主義教育の原理をふくみ、フレイレやその仲間たちのラディカルな社会批判をふくみ、サマーヒルをはじめとするフリースクール運動の自由主義的な脈動をふくむものである」(Miller, 1992, p. 21)。ロン・ミラーはこのように述べているが、ホリスティック教育は、ホリスティックな教育観のもとに、それまで個別に存在していた多様な教育運動を互いに結びつけていくものとして登場してくるのである。

「エンカウンター」誌(*Encounter: Education for Meaning and Social Justice*, Holistic Education Press)は、ホリスティック教育に関する充実した学術誌として現在も重要な役割を果たしているが、そのほかにもロン・ミラーは *Paths of Learning* という雑誌を発行し、その誌上でホリスティックなオルタナティヴ教育を広くあつかっている。教育史家であるロン・ミラーは

『学校は何のためにあるのか――アメリカ文化のなかのホリスティック教育』（初版一九九〇年、未邦訳）という著書のなかで、ホリスティック教育の視点からアメリカの教育思想史を読み直すという重要な仕事をおこなっている。

過去の伝統を受け継いでいる点とともに、ホリスティック教育のもうひとつの特徴は、同時に進行している他の教育運動および思想動向とも連携している点である。ロン・ミラーによると「ホリスティックな教育はまた、ホールランゲージ運動、〈ホールブレイン〉および学習スタイル研究、〈多元的知性〉論、加速学習など、一九八〇年代にあらわれた革新的なアプローチのなかにもあらわれている」（Miller, 1992, p.21）。このほかにもホリスティック教育は、グローバル教育、環境教育、先住民教育、オルタナティブ教育運動などとも結びついている。また教育以外の分野では、ディープエコロジー、トランスパーソナル心理学、東洋思想、行動する仏教、ホリスティック・ヘルス、ニューサイエンスなどともつながりがあり、これらの背景をもってホリスティック教育に取り組んでいる人たちも多い。

ホリスティック教育はたんに雑多な理論や方法の寄せ集めではなく、なによりもホリスティックな世界観を基盤にするものである。ロン・ミラーによれば、ホリスティック教育のなかでは「産業化時代」から「ポスト産業化時代」への世界観の移行があるという（Miller, 1991, pp.1-3）。産業化時代の世界観として彼は四点をあげる。それは、(1)機械論的であり、(2)還元主義的であり、(3)人間を経済的な存在とみなし、(4)人びとの分断を強調するようなものである。「従来の教育は、この世界観を永続化させることに奉仕してきた。そのカリキュラム、学習教材、教授方法、学校経営の手法、規律、評価――これらはすべて、こうした産業化時代の基本的前提を反映しており、それをより強固にすることに奉仕してきた」（Ibid., pp.1-2）。これに対して「ホリスティックな世界観」は以下のように特徴づけられる。それは、(1)「生命への畏敬」にもとづき、(2)地球を「聖なるもの」とみなすエコロジカルな見方をとり、(3)人間を本質的にスピリチュアルな存在とみなし、(4)グローバルな見方をとる。ホリスティックな世界観は「生命への畏敬」「エコロジカルな見方」「スピリチュアルな観点」、そして「グローバルな視点」によって特徴づけられる。

現代社会の基本的な問題は、物質主義、還元主義、機械論（原子論）、およびそれらに結びついた近代合理主義、経済成長主義、近代個人主義、人間中心主義、男性中心の家父長主義などの近代的世界観・価値観が広範に浸透し、それにもとづく社会システムが世界を制圧していることにある。これに対してホリスティックな世界観のなかで強調されるのは、全体性、多元性、統合性、関係性、力動性、プロセス、変容、自己組織化、エコロジー、フェミニズム、スピリチュアリティ、トランスパーソナルといった概念群である。ホリスティック教育もまた、こうした世界観に立脚しているのであり、それゆえ、それは一個の教育運動にとどまらず、文明や社会のあり方をとらえ直していく広範な作業の一翼を担うものとして位置づけられる。

ホリスティック教育が教育思想のなかに位置づけられるうえで、ジョン・ミラーやロン・ミラーが果たした役割は大きいが、それがひとつの教育運動として確立されていく過程で、GATE（Global Alliance for Transforming Education）という国際的なネットワークが組織され、これがホリスティック教育運動の初期の発展において大きな推進力となった。ロン・ミラーは、フィル・ギャングやエドワード・クラークたちとともに、「ホリスティック教育の共通のヴィジョンを見いだす」というテーマのもとに、一九九〇年六月「シカゴ会議」（第一回ホリスティック教育国際会議）を開催している（参加者は八〇名）。この会議ではホリスティック教育に関する「シカゴ教育宣言」が出され、同年八月GATEが発足した。翌年六月にはコロラドで第二回ホリスティック教育国際会議が開かれ、「シカゴ教育宣言」はさらに煮詰められて、『エデュケーション2000――ホリスティックな見方』（Flake, 1993, pp. 240-247 に所収）という小冊子にまとめられ、同年八月に発表された（この文書の起草はロン・ミラーによる）。『エデュケーション2000』のなかで、ホリスティック教育は以下の一〇原則に整理されている。(1) 人間の成長発達のための教育、(2) 学ぶ人を個人として尊重すること、(3) 経験的学習の重視、(4) 全体性を求めること、(5) 教師の新しい役割、(6) 選択の自由、(7) 参加型民主主義、(8) 地球市民、(9) 地球への気づかい、(10) スピリチュアリティ。この宣言を一読するだけで、ヒューマニスティックな原理、経験主義的教育、グローバル教育、エコロジー、スピリチュアリティなど、いくつもの糸がより合わされて、ホリスティック教育が登場してきたことがわかる。現在ではGATEのような組織はないが、これは、ホリスティック教育がより着実に根づいてきたことを物語っている。ホリスティック教育の研究や実践は、アメリカやカナダ以外でも、オーストラリア、ニュージーランド、南アフリカ、ブラジル、イギリス、メキシコ、日本、韓国、タイなどに広がっており、各地で定期的に国際会議が開かれるような状況が展開している。

これまでに提起されてきた数々のホリスティック教育論は、私の見るところ、少なくともつぎの八つの主要な方向に区別できる。その主要な研究者名とともにあげておくと、(1) 永遠の哲学およびスピリチュアリティを中心にすえる方向（ジョン・ミラー、ロン・ミラー、パーカー・パーマー、エオストロ・ジョンソン、リチャード・ブラウン、デイヴィッド・マーシャク、レイチェル・ケスラー、ジェフリー・ケーン、ダグラス・スローン、トビン・ハートなど）(2) 先住民の世界観にもとづく方向（グレゴリー・カヘーテ）、(3) いのち論（吉田敦彦）、(4) エコロジー思想（デイヴィッド・オー、C・W・バウワーズ、カプラ、ジョアンナ・メイシーなど）、(5) システム論的宇宙論（フィル・ギャング、エドワード・クラーク、トーマス・ベリー、ラモン・ガレゴス・ナヴァなど）、(6) フェミニズム（ネル・ノディングス、リアン・アイスラーなど）、(7) 批判的教育（デイヴィッド・パーペル、キャスリン・ケッソン、ベル・フックスなど）、(8) 東洋思想（西平直、金田卓也、中川吉晴など）。なお、ここにあげた研究者たちの仕事は実際には複数の方向にまたがっている。これらのホリスティック教育論の動向を見ていくと、ひとつには個人の内面性の探究が重視されていることがわかる。しかし一連の議論をつうじて、それが過度に主観主義的な自己硬直に陥ることがないようにするために、批判的な検討もなされてきた（ケッソン、ケーンほか）。そのなかで内面性の重視は、エコロジー思想や社会批判と結びつけられている。

ホリスティック教育にかかわっている研究者や実践家は多くの機関に散らばって存在しているが、比較的充実した機関として、トロント大学オンタリオ教育研究所、ナローパ大学（コロラド州ボールダー）、ゴダード・カレッジ（ヴァーモント州）、カリフォルニア統合学研究所（サンフランシスコ）などをあげることができる。オンタリオ教育研究所（Ontario Institute for Studies in Education of the University of Toronto）、通称ＯＩＳＥ／ＵＴには、ジョン・ミラーが主任をつとめる「ホリスティック／エステティック教育」というコースがあり、またミラーは一九九七年から隔年で「ホリスティック・ラーニング会議」を主催している。著名なチベット仏教者チョギャム・トゥルンパによって創設されたナローパ大学（Naropa University）では、「観想的教育」学部のなかでホリスティックな教師養成が試みられている。アメリカの進歩主義的オルタナティブ・カレッジの草分けであるゴダード・カレッジ（Goddard College）では、キャスリン・ケッソン（現在はロングアイランド大学へ移籍）とロン・ミラーが中心となって教師教育プログラムが組まれている。サンフランシスコの大学院大学カリフォルニア統合学研究所（California Institute of Integral Studies）は「インテグラル・スタディーズ」という理念のもとに、ホリスティックな諸研究の拠点となっている。この「インテグラル」という言葉は、この研究所を創設したインド人哲学者ハリダス・チョードリィがシュリ・オーロビンドから受け継いだものである。重要なことであるが、今日「インテグラル」は、さまざまな論者（マイケル・マーフィやケン・ウィルバーなど）によって、「ホリスティック」と置きかえ可能な、同義の用語として用いられるにいたっている。

日本に眼を転ずると、手塚郁恵は一九九一年に「ホリスティック教育研究会」を設立し、同年、新潟県の小学校校長であった山之内義一郎の教育実践をまとめた『森と牧場のある学校』（春秋社）を刊行している。山ノ内は、学校に森をつくる活動をつうじて学校と家庭と地域を結びつけた総合活動を展開したが、これが日本におけるホリスティック教育の実践例として紹介されたのである。その後、手塚の著書は韓国語と英語に訳され、それぞれ韓国とアメリカで出版された。特筆すべきは、その韓国語版をとおして日本と韓国の教育者たちのあいだで現在にまでおよぶ交流が生まれたことである。一九九二年には『エデュケーション２０００』の日本語版が、デイル・ベセルと吉田敦彦を中心に作成された。ベセルは米国国際大学の日本校（京都）の元代表であり、日本のなかにホリスティック教育を紹介するうえで重要な役割を果たした人物である。

一九九四年は、日本のホリスティック教育にとって画期的な年となった。この年、ジョン・ミラーの『ホリスティック・カリキュラム』が『ホリスティック教育』（春秋社）というタイトルで邦訳され、その直後ミラー自身が神戸親和女子大学の招聘教授として来日した。ミラーは大学で講義を受けもつかたわら日本各地で講演活動をおこない、それは新聞や雑誌等でも報じられ、ホリスティック教育の名は一躍広まることになった。この来日のさいミラー教授は新潟の小学校を訪れ、山之内の教育実践を『ホリスティック・カリキュラム』の改訂版のなかでとりあげている。一九九五年にはホリスティック教育研究会編で『ホリスティック教育入門』と『実践ホリスティック教育』という論集（ともに柏樹社、絶版）が、日本人の手になるものとしてはじめて刊行された。またこの年「ホリスティック教育レヴュー」の二代目編集長で、ロングアイランド大学のジェフリー・ケーンが大阪女子大学の招きで来日し、シュタイナー教育について講義をした。一九九七年四月には、ふたたびジョン・ミラーが神戸親和女子大学の招きで来日したが、この間、韓国の仁川教育大学校では「極東アジア・ホリスティック教育国際セミナー」が開かれ、ミラー教授も基調講演者として招かれた。そのさい韓国では仁川教育大学校（金顕宰教授）を中心に「韓国ホリスティック教育実践学会」が組織された。そして一九九七年六月一日には「日本ホリスティック教育協会」が正式に旗揚げした。この協会は、日本におけるホリスティック教育への関心の高まりに呼応して有意義な研究と交流の場を開くために設立された。一九九九年には吉田敦彦が『ホリスティック教育論』（日本評論社）を刊行し、二〇〇一年には山ノ内義一郎が『森をつくった校長』（春秋社）を著している。日本ホリスティック教育協会は二〇〇一年以降「ホリスティック教育ライブラリー」として年に一冊、単行本を刊行し、広く社会にホリスティック教育を提案する活動をつづけている。このシリーズのうち、ホリスティック教育に関する入門的な文献として『ホリスティック教育ガイドブック』『ホリスティック教育入門――復刻・増補版』（せせらぎ出版）を推薦しておく。

最後に私自身の研究についてふれておくと、私ははじめ人間性教育やトランスパーソナル心理学を背景にしてホリスティック教育論にかかわっていた。その後一九九六年から二〇〇〇年にかけてトロント大学オンタリオ教育研究所に留学し、ジョン・ミラーのもとで*Eastern Philosophy and Holistic Education*（東洋哲学とホリスティック教育）という博士論文を仕上げた。それは若干の変更をへて*Education for Awakening: An Eastern Approach to Holistic Education*（覚醒への教育――ホリスティック教育への東洋的アプローチ）というタイトルで、ロン・ミラーの助力によって、ホリスティック教育関連の文献を刊行している彼の出版社（Foundation for Educational Renewal）から刊行された（amazon.com および www.great-ideas.org で入手可能。筆者からも入手可能）。現在も私は東洋哲学の視点からホリスティック教育論やスピリチュアリティ研究を深めることに関心を抱きつつ、同時にホリスティック臨床教育学を構築することにたずさわっている。

第2章　教育におけるスピリチュアリティ

――一九九〇年代以降の北米における議論から

1　「教育におけるスピリチュアリティ」をめぐる議論

本章でとりあげる「教育におけるスピリチュアリティ（霊性）」とは、一九九〇年代頃から北米の教育界のなかで登場してきた一連の議論や研究や実践を指している。その動向のなかから注目すべきトピックを、まずいくつか拾いだしてみたい。

ホリスティック教育の主要学術誌である「エンカウンター」（「ホリスティック教育レヴュー」から改称、一九八八年創刊）は、これまで数回にわたってスピリチュアリティを特集としてとりあげているだけでなく、スピリチュアリティに関する論文をほとんど毎号のように掲載している。これに加えて現在では、ホリスティック教育の研究者たちによって、教育におけるスピリチュアリティをめぐる論集や著書がつぎつぎと刊行されている。(1) こうした出版状況にあって注目されるのは、北米最大の非営利教育組織のひとつＡＳＣＤ（Association for Supervision and Curriculum Development）が刊行している有力誌 *Educational Leadership* が、一九九八年の暮れに「教育のスピリット」と題する霊性教育の特集号を組んだことである（ASCD, 1998/1999）。そこでは公立学校のなかでスピリチュアリティをどう扱っていくのかが、さまざまな立場の人たちによって議論されている。この特集号は、その画期的な試みが評価されて、全米出版協会の優秀賞を獲得した。これまで教育界は、こうした争点の多い問題を避けて通ってきたのだが、教育におけるスピリチュアリティという重大な問題を看過できなくなり、真剣な議論が始まったのである。

パーカー・パーマーの主張

この分野の指導的思想家であるパーカー・パーマーは、この雑誌のなかでも巻頭に登場する。彼の立場を見ておくと、パーマーはまず教会と国家の分離（政教分離）という憲法の立場を擁護し、学校に特定の宗教をもちこむことに強く反対し、「いわゆる〈学校での祈り〉もふくめて、私は公教育のなかにどんな形の宗教をもちこむことにも反対する」（Palmer, 1998/1999, p.6）と述べている。そして、この一文につづけて「しかし、教えること・学ぶこと・生きることにふくまれるスピリチュアル（霊的）な次元を探究するための、どんなやり方にも賛同する」（Ibid., p.6）と述べ、霊性と宗教を明確に区別する。霊性の意味について、パーマーは以下のように言う。

〈スピリチュアル〉ということで、私は、どんな信仰の伝統にもある信条を意味しているのではない。……私が意味しているのは、古代から今につづく人間の探究心、つまり自我よりも大きな、もっと信頼できる何かとのつながりを求めることである。それは、自分自身の魂とのつながり、他の人とのつながり、歴史や自然とのつながり、スピリットの見えない息吹とのつながり、生きていることの神秘性とのつながりを探究することである。（Ibid., p.6）

パーマーのいう霊性は、個を超える存在次元とのつながりであり、それは私たちの生活のなかでは、深い問いとなってあらわれる。「スピリチュアルな問いとは、私たちが、そして生徒たちが、大いなる生につながりたいと望むとき、日々の生活のなかで問うているような問いのことである」(Ibid., p.6)。そうした問いとは、人生に意味や目的があるのか、私は世の中に貢献できるのか、不安や恐れをのりこえられるのか、苦しみにどう立ち向かうのか、死とは何かといったものである。パーマーによれば、霊性教育とはこうした問いを大切にすることであり、実際のところ、それらは教育の日常的営みのなかに埋め込まれているのである。「スピリチュアルな問いは、それに気づこうが気づくまいが、公教育のなかにいつも存在している。スピリチュアルなものは、あらゆる教科のなかに埋め込まれている……。霊性――つながりを求める人間の探究――は、カリキュラムのなかにもちこまれたり、つけ加えられたりする必要のある何かではない。それは、あらゆる教科の中核にあり、引き出されるのを待っている」(Ibid., p.8)。教科の学習を生徒の現実の生と結びつけることによって、教育はこうした問いにかかわってゆくことができるのである。

「教育におけるスピリチュアリティ」会議――ダライ・ラマの考え

教育におけるスピリチュアリティについては、国際会議もたびたび開かれている。コロラド州ボールダーにあるナローパ大学は、一九九七年以降「教育におけるスピリチュアリティ」と題する国際会議を開催してきた[2]。ナローパ大学は、欧米にチベット仏教を広めたことで知られるチョギャム・トゥルンパによって創設され、仏教をとり入れた幼児教育や教師教育のプログラムをもっている（第９章を参照）。一九九七年の第一回会議は、ホリスティック教育や宗教学の分野の著名人を招いて開かれたが、ダライ・ラマ一四世も参加し、めずらしく教育について語っている。参考までに紹介しておくと、ダライ・ラマは、西洋の教育制度のすぐれた点を指摘しつつも、そこに「欠けているように見えるのは、心を高め、発達させる次元である」（His Holiness the XIV Dalai Lama, 1999, p. 87）と述べ、それを個別の宗教によってではなく、むしろ本質的な人間の価値をあつかう「世俗的倫理」によって教育することを求めている。「世俗的倫理」とは、「あたたかい心」や「他者をいたわる心」や「慈悲・共感」（compassion）に価値を見いだすもので、個別の宗教にかかわりなく重要なものである。ダライ・ラマは、宗教間の摩擦や葛藤を考えると、教育には世俗的倫理のほうが望ましいという。このように、世界の代表的な宗教者が、宗教教育ではなく世俗的倫理という名の霊性教育を主張しているのは興味深い。

スピリチュアルな知性について

もうひとつ注目すべき例をあげておくと、第1章でもとりあげた多元的知性の研究で有名なハワード・ガードナーは、「スピリチュアルな知性（霊的知性）」（spiritual intelligence）の可能性について、慎重な態度をとりつつも肯定的な見方をとり、彼が「実存的知性」（existential intelligence）と呼ぶ狭義の意味での霊的知性を、おおよそ認めるにいたっている（Gardner, 1999, chap. 4）。ガードナーはまず「スピリチュアル／霊的」という言葉の意味を、自己や宇宙の存在の意味に対する探究心、ある種の霊的存在状態の達成、そして霊的人物による他者への感化という三点からとらえる。このうち知性として見るとき、後者二つの特徴には問題が多いとして、一番目にあげた特徴についてのみ知性との関連でとりあげ、それを（「霊的知性」ではなく）「実存的知性」と呼ぶ。「実存的知性、すなわち〈究極的〉なことがらをめぐる関心は、スピリチュアルなことに関するもっとも曖昧性の少ない認知的指標である」（Ibid., p.60）。ガードナーの定義では、実存的知性とは、自己を宇宙にかかわらせる力であり、人生や死の意味、物理的・心理的な世界の行く末、他者への愛、芸術への没頭といったことに自己をかかわらせる能力である。ガードナーは、みずからが定めた知性の基準に照らしてみて、実存的知性はひとつの知性としておおむね承認できるとする。ただし、その他二つの特徴もふくめた「霊的知性」というのは成り立たないとしている。ガードナーは現時点では、実存的知性を多元的知性のリストの九番目に加えることを、この現象の複雑性を考えると慎重にならざるをえないという理由で回避しているが、厳密な研究方法を採用する認知心理学者が霊性の問題にアプローチしている点は注目に値する。

霊性の教育をめぐる議論において特徴的なのは、それが人間存在のなかに、心理的機能（感覚、感情、思考など）とは次元を異にするスピリチュアルな次元（魂やスピリット）を認めていることである。たとえば、教育におけるスピリチュアリティの議論を先取りして一九六一年にロンドンで開かれた、ある会議のなかで、主催者であるＪ・Ｇ・ベネットは「心的な欲求」（psychic needs）と「霊的な欲求」（spiritual needs）を区別して、こう述べている。「私たちの霊的な欲求というのは、心的な本性とはまったく異なる何かに属している。それは、感じたり、欲望したり、想像したり、思考したりする能力とは異なる何かである」（Bennett, 1984, p. 4）。霊的な欲求は、思考や感情や感覚といった心的な働きよりも、自己存在の本質的な次元にかかわる。ベネットによれば、それは、人が個的な心的次元を超えた現実に帰属し、そのなかに場所をもち、そこで人生の意味を感得したいとする欲求である。

２　霊性教育と宗教教育のちがい

スピリチュアリティの教育の重要性

北米の教育界においてスピリチュアリティが語られるようになったのは、困難な教育状況や若者の病理的現象の増加に対して、人間の内面の教育が求められるようになったからである。そのさい一方には、若者の心の荒廃に対して宗教教育（および道徳教育）の重要性を唱える人たちがいて、他方には法律の定めるところに従って宗教と教育を切り離しておくべきだという立場の人たちがいる。これに対して第三の道として霊性の教育が主張されているのである。というのも、教育から宗教を切り離す過程で、宗教と霊性を同一視して人間のスピリチュアリティにかかわる教育がすべて排除されてしまうと、若者の探究心は充たされず、彼らの意味喪失感を助長することになり、ひいては彼らがカルトのようなものに惹きつけられる原因にもなりかねないからである。とはいえ、これは宗教教育の導入を促すものではない。宗教教育はそれ自体が特定の世界観や価値観を注入することになり、信仰の自由を妨げるからである。

霊性教育の提唱者たちが宗教と霊性を区別して語るのは、そうした区別がないなら、霊性教育の名のもとに特定の既成宗教が台頭して、みずからの宗教的立場を教育に導入する恐れがあるからである。この点で彼らは宗教教育に反対するリベラルな立場に立っている。しかし、いわゆるリベラルで進歩主義的な教師たちも、霊性を宗教と同一視して、霊性教育を拒否する傾向がある。ホリスティック教育のすぐれた論客の一人であるキャスリン・ケッソンは、これに対して「私が望んでいるのは、リベラルで、進歩的で、ラディカルな教育者たちを説得して、霊性の問題に、意味ある仕方で、ねばり強くかかわってもらうことである」（Kesson, 1994, p. 4）と主張する。

霊性教育の主張者たちは、教会（特定の宗教）と国家の分離を定めた法律条項（米国憲法修正第一条）の解釈をめぐって、宗教と霊性を同一視することから生じる誤解や混乱が見られるという。たしかにそれは公教育における特定の宗教教育を禁止しているが、レイチェル・ケスラーによれば「同時に修正第一条は、子どもが自分の信条を自由に表現する権利を擁護している」（Kessler, 2000, p. xiv 強調は原著者、以下同様）というのである。この権利は、子どもが自分の信仰や霊性を探究することをふくんでいるため、特定の宗教教育を排除するなかで宗教的多様性についての学習や、霊性にかかわる一切の教育が排除されるなら、逆にこの権利は侵害されるのである。この点で、ネル・ノディングスも、この条項は学校で宗教について教えることを何ら妨げるものではないとしている（Noddings, 1993, p. xv）。

人間性としてのスピリチュアリティ

教育におけるスピリチュアリティの議論では、宗教と霊性、ならびに宗教教育と霊性教育は区別して語られる。ジェームズ・モフェットは「教育を霊性と結びつけるうえで、どんな宗教の教義を教えることも、道徳的な説教をする必要もない」（Moffett, 1994, p. xix）と主張する。いわゆる宗教教育は特定の宗教（およびそれらの宗派）を背景として、教義や儀礼や行動規範を教えるような教育形態であるのに対して、霊性は個人のなかで体験されるトランスパーソナルな存在次元であり、それは必ずしも宗教や宗教教育を媒介としなくても体験される。リンダ・ランティエリが言うように、「宗教は実際のところ、人の霊的な本性のひとつの表現でありうるが、多くの人は彼らの人生のスピリチュアルな次元を、特定の宗教に寄りかかることなく育んでいる」（Lantieri, 2001, p. 7）。人生の意味、創造性、美、愛、慈悲、叡知、正義などの諸特性は、霊性への通路であると同時に霊性の表現である。そうした霊性は、自然、芸術、内省、社会活動など、日常生活のさまざまな場面で育まれる。つまり霊性は人間の潜在的可能性のひとつであり、その開花には教育が重要な役割を果たすのである。

誤解のないように言っておくと、霊性と宗教を区別する議論は決して宗教や宗教教育そのものを否定しているのではない。事実、伝統的な宗教や宗教教育のなかで霊性を育む人たちがいる。問題となるのは、霊性が伝統的な宗教や宗教教育の領分にのみ属しているとみなすような排他的見方である。霊性を主張する人たちも、一方で宗教や信仰や宗教教育の存在を認め、多様な宗教のなかで培われてきた深い人間理解や自己変容の技法を十分に尊重し、そこから多くを学びながらも、他方で宗教から一定の距離をおいて霊性の問題に取り組んでいるのである。

スピリチュアリティの教育学

さらに指摘しておくと、霊性教育は、宗教や宗教教育との関連ではなく、むしろ神秘主義（永遠の哲学）との関連で理解されなくてはならない。これまで霊性を伝えてきたのは、主として神秘主義の伝統である。第一に西洋の教育思想のなかには、神秘主義の流れを汲むものが多くある。ピュタゴラス、ソクラテス、プラトンに始まり、コメニウス、フレーベル、エマーソン、シュタイナー、モンテッソーリ等におよぶ教育思想のなかには、神秘主義の影響が濃厚にあらわれている。第二に霊性教育は、主流の哲学や教育学では無視されてきた神秘家や霊性の教師たち（たとえばクリシュナムルティのような人物）の思想や教育実践のなかで豊かに表現されている。(3) そして第三に世界の神秘主義の伝統――ヴェーダンタ哲学、スーフィズム、禅、シャーマニズムなど――には、すぐれた霊性教育のかたちが見られる。今後「スピリチュアリティの教育学」が構築されるさいには、少なくともこれら三つのルーツ――神秘主義的な教育思想、霊性の教師たちの思想と活動、さまざまな神秘主義の伝統――がとりあげられなくてはならない。(4)

3 霊性と宗教の区別

宗教と霊性をめぐる言説には、さまざまな立場がある。一方には、明確に伝統的宗教と関連づけて霊性をとらえる立場がある。たとえば、キリスト教的霊性論（金子、２００３）や日本仏教的霊性論（鈴木、１９７２）などが、それにあたる。その一方で、宗教と霊性を区別する立場がある。このなかには、論者が特定の宗教的伝統に属しながらも、それとは切り離して霊性をとらえる立場と、そのような背景をもたない論者が宗教と一線を画して霊性をとらえる立場がある（筆者はこの最後の立場に属す）。本書は、宗派的な霊性論からホリスティック臨床教育学を構築することを試みるものではない以上、基本的に宗教と霊性を区別する立場にたっている。以下では、現代の霊性論を展開している幾人かの代表的論者の見解を参考にしながら、宗教と霊性の区別についてあらためて見ておきたい。

「宗教的な人間」と「スピリチュアルな人間」

議論を明確にするために単純化して言うと、宗教と霊性を区別する文脈のなかで、宗教というのは、教義、儀礼、道徳的行動規範、象徴体系、組織等を備えた制度的な信仰のシステムのことを意味している。これに対して霊性を構成するのは、個人の内的体験、体験をとおした自己の存在様式の変容、そして変容を導く修行プロセスなどである。霊性とは、人が自己探究をとおして、自己の存在次元を深め、魂やスピリットの覚醒へといたるプロセスである。宗教が外的な制度への適応過程をふくんでいるのに対して、霊性は個人の内なる次元の探究過程に目を向けている。

ウェイン・ティーズデールによれば、「宗教的」というのは、人が特定の宗教的伝統に属し、その実践をおこなっていることを意味するが、それに対して「霊的」というのは、人が「内的発達の過程に個人的に専心していること」（Teasdale, 1999, p.17）を意味する。宗教は、人が霊的になるためのひとつの通路であるが、「必ずしも宗教的人間がすべて霊的というわけではなく……、霊的な人間がすべて宗教的というわけでもない」（Ibid., p.17）。宗教は社会を構成する文化的制度であり、宗教的人間とはそれによく適応した人のことである。これに対し霊性は個人の内的次元を探究してゆくことである。

霊性とは、観想的な姿勢、深みのある人生へとむかう性向、究極的な意味・方向性・帰属性を探究することである。霊的な人は、成長を人生の本質的な目標とし、それに専心する。霊的であるためには、私たちは自分自身の足で立たなくてはならない。もし幸いにも伝統をもっているなら、それに養われ支えられる。(Ibid., pp. 17-18)

これに対し、ティーズデールは「宗教的な人間」を以下のようにとらえる。

宗教的な人間の多くは、みずからの決定をするのに制度――教会、シナゴーグ、寺院、モスク――に頼る。内なる方向に目を向けるというよりも、むしろ彼らは外的な信心に自己を合わせることで、その霊的生活をかたちづくる。彼らには自分の足で立つ力も欲望も欠けているようにみえる。霊性は、私たちを存在の深みに引き込む。そこで私たちは、自分自身に、自分の弱さに、究極の神秘に直面する。もっともなことだが、多くの人はこうした恐ろしい可能性を避けるために、外的な宗教性や、典礼や儀礼といった安全な日常作法に身をゆだねる。真にスピリチュアルな人間は、熱心に内的発達に専心する。彼や彼女は、人生が霊性の旅であり、愛する人たちに囲まれていようと、誰もがこの旅を独りでするしかないことを知っている。(Ibid., p. 18)

気鋭の批評家であるマイケル・ラーナーは、宗教と霊性の対立的関係により多く言及している。「宗教のいくつかは霊性を具現しているかもしれない。多くは何らかの時点で霊的な瞬間や霊性の修行法をふくんでいた。しかし多くの宗教は、それらの伝統の片隅を除いては、霊性という点でほとんど何も提供していない」(Lerner, 2000, p. 6)。そして「宗教は霊性が存在しなくても存在できる。霊性は宗教的組織なくしても、またそうした組織と訣別しても発生できる」(Ibid., p. 6) と述べている。(5) ラーナーも言うように、宗教権力はしばしば、霊性の探究者である神秘家たちを抑圧してきた。真の霊性は、その解放的な力と自由さのゆえに既存の組織には脅威となるのである。

しかし宗教の起源をたどってゆくと、宗教と霊性は決して対立しあうものではないことがわかる。多くの場合、宗教の源流には卓越した霊性を示した人物がいる。そうした人物のスピリチュアルな体験や教えをもとにして特定の宗教が組織される。ただしマズローが言うように、宗教の祖となる人物が「至高体験者」であるのに対して、宗教を組織する人物は「非至高体験者」であることが多い（Maslow, 1964）。その後、その宗教に加わる人たちは始祖と同様の霊的体験を得るわけではなく、教義や儀礼は形骸化しやすい。この点にかかわって、キャスリン・ケッソンは「ダイナミックで探究的なプロセス」としての霊性と「構造化された形式」としての宗教を区別し、前者を「プロセス・スピリチュアリティ」と呼ぶ。「プロセス・スピリチュアリティには個人的なものに向かう傾向があるが、宗教には社会的なもの・制度的なものに向かう傾向がある。プロセス・スピリチュアリティは、探究を強調することによって、ドグマや硬直化した信仰システムを覆す力を保っている」（Kesson, 2002, p. 56）。プロセス・スピリチュアリティを喪失した宗教は、創造的変化に抵抗し、現状を維持し再生産する保守的な文化装置になる。

非宗教的なスピリチュアリティ

今日、現代人の霊性への関心の高まりに対して、形式化した宗教は対応することが難しくなっている。その一方で私たちの前には、さまざまな霊性の道が開かれはじめている。これらが相乗作用して「非宗教的な霊性」（nonreligious spirituality）が台頭しつつある。このような状況を分析して、デイヴィッド・エルキンスは以下のように述べる。

霊性の革命が私たちの社会で静かに起こっている。何百万人ものアメリカ人が伝統的宗教を離れ、それに代わるスピリチュアルな発達への道を求めている。彼らは、自分が宗教的であることなくして霊的でありうること、また教会や寺院に行くことなしに自分の魂を養うことができるということに気づきはじめた。宗教からの霊性の分離は、この時代の大きな社会学的変化のひとつであり、西洋における宗教改革以来、最大の霊性革命の核心をなしている。（Elkins, 1998, p.9）

伝統的宗教は依然として霊性発達への有力な道として残っているが、それはもはや唯一の道ではなく、その一方で現代人は主体的に霊的生活を選ぶようになり、宗教以外にも多くの道があることに気づきはじめたのである(6)。エルキンスはこれを「個人的霊性」と呼ぶ。「個人的霊性は、そのもっとも徹底したかたちでは、私たち自身の霊性の発達に責任を負い、自分自身の魂の養い方を学ぶことを意味する」（Ibid., p.15）。エルキンスの定義では「霊性とは、魂を養い、自分のスピリチュアルな生を発達させるプロセスと、その結果である」（Ibid., p. 26）。霊性は、魂の深みで聖なるものを体験することによって発達する。「魂が聖なるものによって揺り動かされ、養われ、そして感動させられるとき、そこに霊性がある」（Ibid., p.31）。それは典型的には、人生の意味や目的や使命といった意識を生みだし、世界の神秘性に対する畏敬や驚きの念を生み、そして社会正義や理想主義への動機づけを引き起し、慈悲にもとづく行為を生みだす源になる。人は宗教的であろうとなかろうと、誰しも、その魂の深みで聖なるものの体験をとおして霊性を発達させることができる。

ウィルバーによる「変換」と「変容」の区別

ここで宗教と霊性の働きについて、ケン・ウィルバーのいう「変換」（translation）と「変容」（transformation）の区別を導入して検討しておきたい（Wilber, 1999, pp. 26-33）。ウィルバーは、宗教に変換と変容という二種類の機能を認めているが、本章の文脈においては、このうち変換が宗教に、変容が霊性に相当する。実際ウィルバーのいう変容の機能は神秘主義的な霊性修行にかかわるものである。

変換とは、自己に対して新たな意味を付与する機能である。「変換とともに、自己はたんに現実についての新しい考え方や感じ方を与えられるだけである。自己には新しい信念が与えられる」(Ibid., pp. 27-28)。個々の宗教はその特定の宗教的世界観をつうじて自己の存在を新たに意味づけ、その儀礼や行動規範によって自己の生き方を規定する。それは新しい視点から自己と世界の存在を解釈する可能性をもたらすが、ウィルバーは、そのこと自体が自己を根底から変容させることはないという。それは自己の新たな意味づけをとおして、分離した自己が抱いていた不安や恐れを緩和し、むしろ自己を安定的に維持するものであり、その意味で「水平的」な変換運動である。

このように変換ではいまだ自己が維持されているのに対して、「徹底した変容では、自己そのものが問われ、深くさぐられ、喉もとをつかまれ、文字どおり絞め殺される」(Ibid., p. 28)。この意味で変容は、根底的な変化をもたらす「垂直的」な動きである。ウィルバーの定義に即して言えば、宗教は世界観の変換をもたらし、自己をそのなかに新たに位置づけるが、霊性は垂直的変容によって自己そのものを無限な存在次元へと開いていくのである。

現代人のための霊性修行

霊性の実現には、ふつう何らかの霊性修行を必要とする。修行を伴わなくとも深い霊性を体現する人は例外的に存在しているが、通常は自己の存在変容をとおして霊性は目覚める。トランスパーソナル心理学の代表的研究者の一人であるロジャー・ウォルシュが言うように、「誰しも、期せずして起こる〔霊性の〕一瞥を与えられうるが、私たちの聖なる深みを明瞭に持続して見てとるには、相当の修行をつみ、自覚を十分にとぎすまさねばならない。これが霊性修行の目的である」(Walsh, 1999, pp.7-8)。ウォルシュは二〇年以上におよぶ研究をへて、それを大きく七つの「永遠の修行」（perennial practices）にまとめている。[7] もちろん修行が必ず超越的変容をもたらすという保証はどこにもなく、クリシュナムルティが言うように、瞑想修行そのものが一種の条件づけになるおそれもある。しかし個々の修行法は、多くの人たちによって身をもって確証されてきた、変容のための方法である。

今日、霊性探究を試みる人たちの前には、さまざまな道が用意されている。そこには、伝統のなかから甦った瞑想法、シャーマニズムの技法、各種の心身技法、スピリチュアルな心理療法、自然体験、芸術、仕事、日常生活など、多種多様な修行の道がある。このこと自体は望ましい傾向であるが、逆に言うと、情報の多さや方法の多様さによって混乱や方向喪失をまねきかねない。それゆえ今日の霊性論は、あらためて各種の方法を整理して示す必要がある。[8]

4 霊性教育の三つの段階

つぎに霊性教育（スピリチュアリティの教育）の形態として、どのようなものが考えられるかを検討していきたい。「教育におけるスピリチュアリティ」にかかわるこれまでの議論を総合すると、霊性教育には少なくとも以下の三つの形態がふくまれる。すなわち、⑴世界のさまざまな宗教についての知的教育、⑵生きる意味にかかわる魂の教育、⑶瞑想の実践である。

さまざまな宗教についての知的教育

すでに述べてきたように、特定の宗教や宗派にもとづく宗教教育は霊性教育と明確に区別されるが、その一方で、さまざまな宗教についての学習は、霊性教育の一部となる。それはいくつかの理由から大切なことである。まず社会の多文化共生化が急速にすすんでいる今日、私たちは異なる宗教的価値観が混在する社会のなかに生きることになる。そこでは無益な対立や葛藤を避け、有意義な対話をすすめるうえで、人びとのあいだに互いの価値観を尊重する寛容な態度を生みだすことが求められる。このような意味での多様な宗教（世俗的な唯物論や無神論もふくむ）およびそれに結びついた文化についての学習は、どのような教育現場においても求められている。

デール・スノワートとジェフリー・ケーンは、スピリチュアリティのひとつの面が「世界観」であるとし、「霊性の教育は、世界の主要な宗教的伝統や叡知の伝統のなかで表現されてきた聖なる世界観にふれることをふくむ」（Snauwaert & Kane, 2000, p.3）と言う。人類が存在と生の神秘について熟考してきた叡知の深みにふれることで、人はみずからの思想を深め、霊性への関心を高めることができる。もしこのような教育の機会がないなら、子どもが実際に学校で学ぶのは、ラーナーが指摘するように「経験的物質主義に結びついた特定の価値観や世界観」（Lerner, 1996, p.263）にほかならない。教育から宗教についての学習を排除することは、決して中立的なことではなく、現代社会を支配している物質主義的な世界観を間接的に教えることになるのである。

ただし宗教的世界観の提示にさいしては、教師はいつでも慎重でなくてはならない。特定の世界観に偏ることなく、多様な世界観をとりあげることはもとより、そのとりあげ方についても配慮が求められる。トーマス・ムーアが「スピリチュアルな人生にとって、固まった教義ほど有害なものはない」（Moore, 2002, p.261）と指摘しているように、教師は宗教的知識を教え込むことを避けなくてはならない。「ここでの課題は、智恵を提示するとき、どんな特定のやり方であれ、生徒にそれを無理やり受け入れさせないということである」（Ibid., p.259）。

宗教について学ぶことは、一面では批判的な知性を養うことに通じている。宗教について理解を深めるなかで、一方では宗教全般をすべて否定するような頑迷な態度を改めるとともに、他方では危険なカルトや教団に無防備にまきこまれることを防ぐことが可能になる。ケッソンが言うように「特定の信条や修行法を教えることは、たしかに公教育にたずさわる教育者の役割ではないが、生徒のなかに識別する能力を養い、彼らが現在あるいは将来直面するスピリチュアルな選択を吟味できるようにすることは、教育者の職分のうちにある」(Kesson, 2002, p. 49)。

生きる意味と魂の教育

しかしながら、霊性は決して外から教えられ与えられるような知識ではなく、人が自分自身を深く知るなかで、みずから気づいていくものである。ムーアが言うように「私たちが霊性という観点から学ぶとき、私たちはより生き生きと、自分とは何か、この人生とは何かということに気づく」(Moore, 2002, p. 259)。それについて教師にできるのは、何かを教えることではなく、本人が自分のなかにあるものに対して気づきを深めるような機会を用意することである。この意味でムーアは、ソクラテスのいう産婆術や、プラトンのいう想起や、禅に、霊性教育の典型を見いだしている。

スノワートとケーンは、世界観とならぶスピリチュアリティのもうひとつの側面として「自己」実現のプロセスをあげる。この場合の「自己」は、魂やスピリットの次元をふくんでいる。こうした「自己」実現のプロセスこそ、霊性教育が真にかかわるものである。ここにはいくつかの段階がある。第一段階は「生きる意味・生きがい」(meaning) にかかわる実存的問いをとりあげることである。これは多くの論者が一致してあげている霊性教育の課題である。生きる意味の教育は学校教育のなかでも重要な実践課題となる。パーマーは、人生の本質にかかわるスピリチュアルな問いが教科学習のなかでも追求できる点を強調しているが、生きる意味を問うことは、生徒指導や進路指導の本来的課題でもある。それはまた、シュタイナー教育が重視しているような芸術体験や、エマーソンが強調する自然体験のなかでも追求できるものである (Geldard, 1993)。

ノディングスは、生徒たちが心の底ではいつも「宗教的問い」（神は存在するか）や、「形而上学的問い」（宇宙はどのように始まったのか）や、「実存的問い」（人生の意味は何か、死とは何か）を抱えており、それゆえ学校で宗教について教えることは正当で必要なことであり、学校の責務であるという。「どんな生徒も、強制的でなく支援的な環境のなかで、人生にとって中心的な事柄にかかわる機会を与えられてしかるべきである」（Noddings, 1993, p.133）。ただし、ノディングスは、その方法として知的な教育――彼女の言葉では「知性ある信仰あるいは不信仰についての教育」――を重視している。つまり、彼女は、こうした問いについてさまざまな角度から議論するような、対話による教育がもっとも重要であると言う[9]。ここで教師は「教育的中立性」を保ちつつ、ともに問いを探究する仲間となる。「宗教的・形而上学的・実存的な問いにかかわる議論のなかでは、教師と生徒はともに探究者である。教師は話をし、議論を導き、本を紹介し、批判的思考と寛容さの見本となり、その開放的な構えで、知性ある信仰あるいは不信仰が意味するものを示すのである」（Ibid., pp.134-135）。ノディングスは、どんな教科でもこれは可能であるとし、カリキュラムの全体をつうじた取り組みを強調している。

生きる意味の教育は、今日「魂の教育」（soul education, soulful education）という言葉で語られるものに属している。トーマス・ムーアの一連の著作によって魂に対する意識が高まったことを受けて（第３章参照）、ジョン・ミラーやレイチェル・ケスラーといったホリスティック教育の主導者たちのあいだで、魂を鍵概念とする教育論が提唱されている。ムーアは、ミラーの『教育と魂』に寄せた序文のなかで「私たちの社会にとって、教育のなかに魂をとりもどすことほど重要なことを私は思いつかない」（Miller, 2000, p.viii）と述べ、子どもの魂をケアし、魂の素質が展開することを「真の教育」の課題としている。ミラーは、魂に目を向けない現代社会の問題を指摘したうえで、「魂とは、深い生命エネルギーであり、私たちの人生に意味と方向を与えるものである」（Ibid., p.9 原文イタリック）と述べ、「教育に魂をもってアプローチすることは、教室に生命力と、深い目的と意味の感覚をもたらす」（Ibid., p.10）

図7　魂への7つの入口

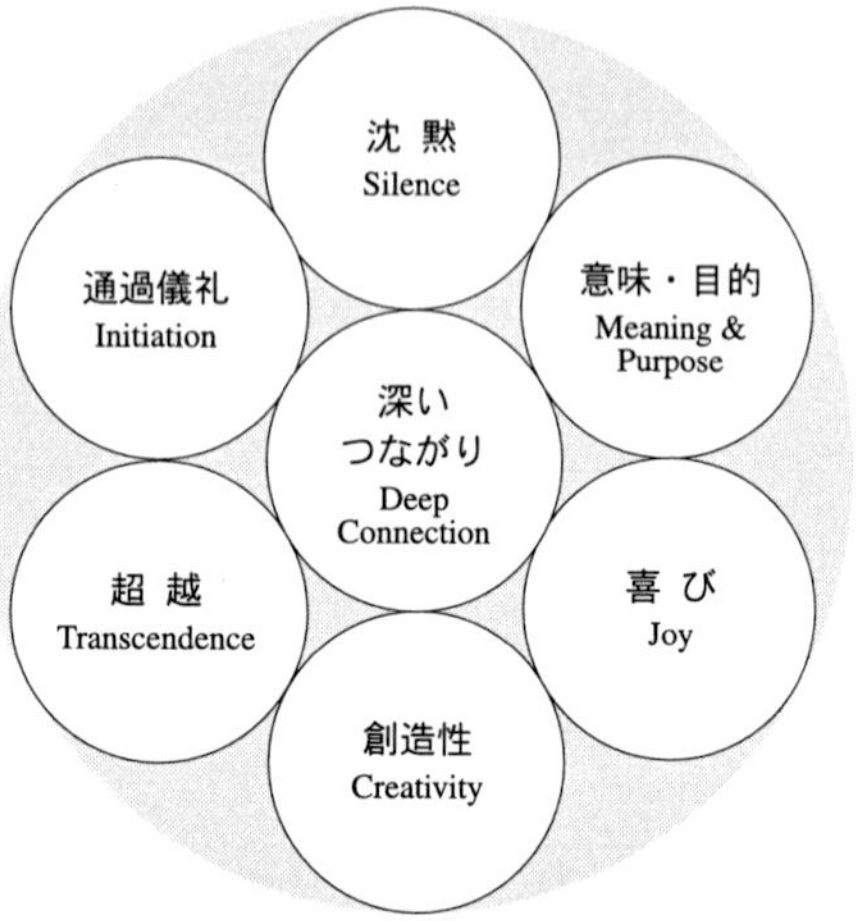

Kessler, *The Soul of Education*, p.17

と言う。「スピリチュアルなものは、生活のあらゆる面に浸透するのだから、それを教室から排除しておくことは不可能である」(Ibid., p.140) として、ミラーは、魂を養うカリキュラム・学校・教師のあり方を論じる。

ホリスティック教育のすぐれた実践家であるケスラーは、大人たちがいかに議論を闘わせようとも、子どもがいつも自分の魂とともに学校に来ているという事実から出発する。[10] ケスラーによれば、現代の若者は、その魂が養われないことで起こる「霊性の空白状態」にあり、それが暴力、薬物依存、摂食障害、自殺、うつ的症状といった現象の要因になっているという。しかし教育から霊性が排除されているために「多くの教室は偶然にではなく、その仕組みからして〈霊性の空白地帯〉となっている」(Kessler, 2000, p.xii)。それゆえ「魂を教室に迎え入れることは、あらゆる病理の万能薬ではないとしても、若者の苦しみに取り組むうえで決定的に重要である」(Ibid., p.xii)。ケスラーのいう魂の教育は、若者のスピリチュアルな渇きにこたえようとするものである。

ケスラーは長年、暴力防止教育に携わり、感情リテラシーの分野を代表する実践家でもあるが、その彼女が多くの若者の声に耳を傾けるなかで見いだしたのは、若者の魂が求めている七つの面である。彼女はそれを「魂への七つの入口」と呼んでいる(図7)。その七つとは、深いつながり、沈黙、意味、喜び、創造性、超越、通過儀礼であり、これらの入口をとおして若者のスピリチュアルな成長が促される。魂の教育はこれらの経験のまわりにかたちづくられる。簡単に説明すると、深いつながりを求めるとは、自分・他者・自然・大いなるものに結びつくことで人生の意味や帰属感を得ることである。沈黙と孤独への希求は、日常の忙しさから離れ、内省や瞑想のための時間や空間をもつことである。意味と目的の探求は、生きるとは何か、私はなぜ存在しているのかといった実存的な問いを追求することである。喜びの切望は、遊び・祝い・感謝のような充足感や、美・優雅さ・愛などの高揚感を体験することである。創造的衝動は、新しい発想であれ芸術であれ、新しい目でものごとを見、何かを生み出すことに驚きや神秘性を感じることである。超越への衝動は、神秘的次元だけでなく学芸やスポーツにおいても日常経験を超えるものを求めることである。通過儀礼を求めるとは、若者が大人へと移行していくことを助ける何らかの儀式を体験するということである。

コロラド州ボールダーで彼女のワークショップに参加したさい私自身も体験したことであるが、さまざまな手法のうち、ケスラーはカウンシル（集会）というアメリカ先住民の伝統的な方法を重視している。やり方は簡単なのだが、深い体験をもたらすものである。カウンシルでは参加者全員が輪になって座り、ロウソクに灯をともしてから、一人ひとりが心のなかからわき起こる話をする。とくに強制されるわけでもなく、話したい人が話したいことを口にする。それをまわりの人たちは聴きとる。そこでは一人ひとりの心のうちが語られ、共有され、そして深い静けさにみたされる。彼女はこれを若者たちとおこない、魂がケアされる場をつくりだしている。(11)

ここで霊性の教育としてつけ加えておきたいのは、先住民の教育である。私がトロントにいたとき参加した先住民の集まりは、どれもつよく印象に残っている。私の住んでいた建物の数軒隣にはネイティブ・カナディアン・センターがあり、私はそこで毎週開かれるドラミングの集まりに顔をだしては、地鳴りのようなドラムの音と男たちの歌を聞いていた。大学院のコースにも「先住民の世界観」というものがあった。講師のラーラ・フィツノア（現マニトバ大学）はカナダ北部のクリー族の出身で、クラスのメンバーの半分は先住民に属し、残りの半分も先住民に

オンタリオ教育研究所における先住民の催し

かかわる仕事をしてきた人たちであった。そのクラスはいつも小さな儀式から始まり、セージが焚かれ、歌がうたわれた。私たちは輪になって座り、一人ひとりがゆっくりと語り、みんなでそれを聴きあった。クラスが終わるときにも小さな儀式があった。このクラスは、心のうちを表現することが許される場であり、参加した学生たちはそれぞれに深い体験をあじわった。私にとっても、このクラスはもっとも印象に残る講義であった。ほかにもパウワウという踊りの集まりや、長老を囲んで話をきく集まりや、部族の集会などに参加してみて感じたのは、先住民の生活のなかでは、スピリチュアルなもの、自然とのつながり、人びとの暮らし、癒し、子育てや教育などがひとつに結びあわされているということである。彼らの世界観にもあるとおり、何ひとつとして切り離せるものはないのである。とくにホリスティック教育との関連では、グレゴリー・カヘーテ（ニューメキシコ大学）が先住民の教育を研究しており、注目される（Cajete, 1994）。

自覚と瞑想の教育

霊性教育は、自己探究の手法として、さまざまな霊性修行をモデルにすることができる。このかたちの霊性教育は、瞑想の実習をふくんでいるため、子どもを対象とする教育よりも、むしろ青年を対象とする教育や成人教育のなかで課題となる。しかし瞑想の基本である自覚の訓練については、子どもを対象とするレベルでも十分に可能である。クリシュナムルティは、子どもとの対話のなかで自覚の重要性をつねに説いており、またオルダス・ハクスレーは、アレクサンダー・テクニークのような心身技法をとおした自覚の訓練が学校教育のなかに導入されるべきだと言っている[12]。自覚の技法は、ホリスティック臨床教育学の実践においてもっとも重要な方法であるが、第7章で詳しくとりあげるので、以下では、自覚の教育との関連で、イギリスのブロックウッド・パークにあるクリシュナムルティの学校について、私がそこを訪れたときの記録を紹介しておきたい[13]。

5　ブロックウッド・パーク、クリシュナムルティ学校

クリシュナムルティとホリスティック教育の結びつき

一九九九年一〇月九日と一〇日の両日、ロンドンの南西、ハンプシャー州にあるブロックウッド・パーク・スクールで学校創立三〇周年を祝う会議が開かれた。クリシュナムルティの学校は世界に九校あるが、この学校は欧米でもよく知られている。この会議のテーマは、クリシュナムルティの基本思想にちなんだ「自由と教育」であり、「ホリスティック教育会議」と銘打たれていた。会議の講演者には、ネル・ノディングス、デイヴィッド・パーペル、ジャック・ミラー、ロン・ミラー、キャスリン・ケッソン、サンバヴァ・ルヴモアなど、北米のホリスティック教育を代表する人たちが招かれていた。このほかにも、ブロックウッド・パーク校の元校長スコット・フォーブス（彼はオックスフォード大学にホリスティック教育に関する博士論文を提出した）、オーク・グローヴ校（カリフォルニアにあるクリシュナムルティ学校）の元校長デイヴィッド・ムーディも講演者として参加していた。私はこの会議に参加した後、数日間、学校の見学、授業やプログラムへの参加、および学校に隣接するクリシュナムルティ・センターの見学などをおこなった。

クリシュナムルティはホリスティック教育の重要な先駆者であるが、この会議でもっとも驚いたのは、ブロックウッド・パーク校自体がホリスティック教育の会議を、学校創立三〇周年記念行事として開いたという事実である。ディレクターの一人レン・ピータース氏にうかがったところ、彼自身がクリシュナムルティの教育とホリスティック教育の関連性に気づき、そのことを内外に知ってもらうために、この会議を企画したという。彼は、モンテッソーリ教育やシュタイナー教育がホリスティック教育との関連で語られるのにくらべて、クリシュナムルティの教育はほとんど話題にならないことに気づき、それをホリスティックな教育のひとつのかたちとして確認していきたい、と考えていたのである。クリシュナムルティの仕事をふりかえるこの特別な機会に、それがホリスティック教育と結びつけられたということは、クリシュナムルティの教育にとってだけでなく、ホリスティック教育にとっても重要なことである。

なだらかな丘のうえにある（築三〇〇年は経ているという）大きな屋敷が、この学校の建物として使われている。学校は広い芝生のグラウンドに囲まれ、そのなかに立派な巨木が何本もあった。建物の正面のグラウンドには、大きなベンチが置いてあり、そこにすわると眼のまえには絵のような田園風景が広がっている。学校の周辺に家はほとんどなく、たくさんの羊が飼われていた。

この学校は男女共学の全寮制で、約六〇人の生徒（当時の数）は世界各地から集まってきていた。生徒の年齢は一三歳から二〇歳くらいまでである。スタッフは二〇～三〇人いて、みんなで教え、生徒とともにコミュニティの仕事を分担する。彼らの一部は学校のなかに、一部は学校の隣にある教員住宅に住んでいる。学校の雰囲気は、生徒と教師が一体となったコミュニティといった感じである。そこでは学業だけでなく、いつもさまざまな活動がおこなわれていたが、その動きのなかに騒がしさではなく静けさがただよっていたのが印象的だった。

日課をみると、朝七時四〇分から一〇分間「朝の集会」という時間があり、広いダイニング・ルームに集まった人たちが静かに沈黙のときを共有する。そのあと朝食と掃除があり、授業がはじまる。午前中に五つの授業があり、昼食をはさんで、さらに授業があり、五時にティータイム、七時に軽い夕食があって、そのあと自由時間、九時半には部屋にもどり、一一時消灯である。この学校は来客が多いという理由から、土日も平日同様に授業があり、いわゆる週末は月曜日で、火・水曜が休日になっている。月曜日の夕方に全校集会があり、その週に起こった問題などが話しあわれる。

ブロックウッド・パーク校

　カリキュラムは公立学校のそれに従ったものではないが、大学入学に必要な共通試験に準拠した理数、言語、芸術、社会・人文などのコースがあり、そのなかがいくつもの科目に分かれている。また試験対象外の科目も多く、木工、陶芸、音楽、ダンス、ドラマ、ライティング、スピーチ、コンピュータなどがある（教科数が多いので非常勤の先生も多い）。このほかに環境哲学やエコロジーにも力が入れられている（校庭の一角には広い農園がある）。生徒は、これらの科目から各自の希望にそって学習プログラムを組み立てるので、時間割は一人ずつちがっている。各クラスは少人数で、五人前後である。ドラマのクラスに顔を出したが、そのとき生徒は一人で先生が二人いた。先生の一人はプロの俳優であった。また週に三回体育の時間が午後か夕方にある。

　クリシュナムルティの教育の特徴は、人間の全体性を強調する点にあり、学校のカリキュラムも、全体として人間の精神、感情、身体にかかわるものになっている。そして重要なのは、クリシュナムルティの言うように、「学び方」を学び、最終的には「生き方」を学ぶということである。この学校では授業や生活をつうじて各自（生徒と教師の両方）が自分とは何かをよく知り、自分を発見することに最大の力点が置かれている。これはクリシュナムルティの教育観の中心にあるものである。もともとブロックウッド・パーク校は、一九六九年に、クリシュナムルティの強い希望でつくられたもので、彼は生徒や教師と話し合い、学校のカリキュラムについても、さまざまな助言をしたという。存命当時、クリシュナムルティは長期にわたってブロックウッド・パークにとどまり、生徒たちと対話をつづけ、食事もみんなと同じテーブルでとっていた。彼は週二回、学校の生徒と話し合っていたそうである。彼はカリキュラム自体をつくったわけではないが、その全体が彼の考えを反映しているという。ただし、クリシュナムルティの思想が教条的に教えられることはなく、それは「探究の時間」という週一回のプログラムのなかで、ときどきふれられる程度だという。

「自己観察」のクラスに参加していた生徒たち

クリシュナムルティの思想との関連から興味深かったのは、「自己観察」や「内なる旅」という自由選択のプログラムである。クリシュナムルティはいつも自覚や自己観察の重要性を強調していた。「自己観察」のクラスでは、生徒はただ自分の脳裏にうかぶ考えや気持ちを観察し、三〇分間ひたすら書きとめていく。私の見学したクラスでは、床に六人の生徒が思いおもいの姿勢ですわり、ノートに向かっていた。これは週二回一年間にわたってつづけられる。クリシュナムルティは、学校の生徒との対話のなかで、思考の観察について以下のように述べているが、ここには、およそ自覚の技法のすべてが語られている。

まず初めに、とても静かに坐りなさい。無理やり静かに坐らせようとするのではなく、どんな無理もしないで、ただ坐るか、横になります。わかりますか。そして、あなたの思考を見つめなさい。あなたが何を考えているかを見つめなさい。すると、靴やサリーについて考えていたり、自分が言おうとしていることを考えていたり、鳴き声を耳にしている鳥について考えていることがわかります。そのような思考を追っていって、なぜそれぞれの思考が起こるのかを調べてみなさい。自分の思考を変える必要はありません。なぜある思考が自分の精神のなかに起こるのかを見て、ひとつひとつの思考と感情の意味を、無理やりでなく、徐々に理解しはじめるようにするのです。ある考えが起こっても、それを非難しないで、それが正しいとか、まちがっているとか、善だ、悪だというように言わないようにしなさい。ただそれを見つめるのです。すると、あなたは、あらゆる種類の思考や感情を見るときに働いている知覚や意識をもちはじめます。あなたは、あらゆる隠れた秘密の思考や、あらゆる隠れた動機や、あらゆる感情を知ることになりますが、それらを歪めたり、正しいとか、まちがっているとか、善いとか悪いとか言わなくなります。あなたが思考を見つめ、とても深く分け入っていくと、あなたの精神はふだんないほど繊細で、生き生きとしてきます。精神のどの部分も眠っていません。精神は完全に目覚めています。

これは単に基本にすぎません。そのとき、あなたの精神《マインド》はとても静かです。あなたの全存在がとても静かになります。それから、その静けさのなかを、より深く、より先へと進みなさい――その全過程が瞑想です。瞑想とは、部屋の片隅で言葉を唱えることではありません。ひとつの像について思いをめぐらせることでもありません。何か生々しい、この世のものでない空想にひたることでもありません。

あなたの思考と感情の全過程を理解することは、すべての思考、すべての感情から自由になり、あなたの精神、あなたの全存在がとても静かになることです。そして、それも人生の一部です。その静けさをもって、あなたは木を見ることができ、人びとを見ることができ、空や星を見ることができます。それが生の美しさです。（Krishnamurti, 1974, pp. 59-60）

つぎに「内なる旅」については、過去の参加者の一人と担当の先生から話を聞いた。先生は、クリシュナムルティの『学校への手紙』（ＵＮＩＯ）からヒントをえて、九年がかりでこのプログラムをつくったという。この本には具体的な方法は書かれていないが、彼女はいろいろな手法をとり入れている。一九九八年度の参加者は六人（三人二組）で、二時間枠で週に一回おこなわれた。クリシュナムルティは、過去の条件づけに縛られていない自由な新しい人間の誕生を教育の課題にかかげているが、それにはまず個人的・社会的・文化的な条件づけを知ることが必要であり、条件づけを知ることで、それから離れていくことも可能になる。つまり、このクラスの目的は、みずからの条件づけのパターンを深く掘りさげて見ることである。担当の先生によれば、それはとても個人的で真剣な作業だという。このプログラムは自己発見をうながし、内からの変容をもたらすのである。インタヴューに応じてくれた生徒は、このプログラムをつうじて深く変わったそうである。とくに人間関係についての気づきが大きかったという。ここではクリシュナムルティのいう自己観察をグループワークでおこなうので、参加者が互いのパターンに気づきあうようになる。クリシュナムルティの教育は〈自覚の教育〉と呼べるが、このようなプログラムをつうじて、それは実際に試みられている。

ブロックウッド・パーク校の卒業生は、ほとんどが大学に進学するそうだが、すぐには進学しないで、いったん仕事についたり、旅をしてから進学する人も多いという。最終的には人とかかわる仕事（教師やソーシャルワーカー）や、芸術関係の仕事や、研究者の道にすすむ人が多く、彼らのクリシュナムルティへのかかわりは、むしろ大人になってから増してくるのだという。

6　霊性教育の課題

子どものスピリチュアリティ

最後に霊性教育について検討を要する課題をいくつか述べておきたい。ここで問われるべき点は二つある。第一に、子どもと大人の霊性は異なるのか。第二に、霊性教育は、子どもを対象とする場合と大人を対象とする場合とでは、どのように異なるのか。くり返すと、第一の問いは「霊性は子どもと大人とでは異なるのか、あるいは子どもの霊性について語ることはできるのか」ということである。伝統的に霊性は、大人の生にかかわる人生課題とみなされることが多く、人が生涯の最終段階で達成するものという意味あいがつよい。もちろんこれは現代においても妥当することであり、この観点から今日の成人教育論のなかに、霊性修行をモデルとする霊性教育が組み入れられてしかるべきである。

しかし、霊性教育の全体像をとらえるためには、子どもに対する霊性教育の可能性や必要性についても目を向けなくてはならない。この点に関して、人間はすべて、子どももふくめて本質的にスピリチュアルな存在であるということが何よりもまず認められなくてはならない。この前提がないと、子どもに対する霊性教育について語ることはできないし、大人になって霊性が発現する根拠も希薄なものとなる。

ところで、トランスパーソナル心理学の主流の考えでは、人間の意識は漸進的に発達し、トランスパーソナルな成長は人生の後半に生じるとみなされている。それはたしかに誤りではないが、それでは子どもの霊性は問われないことになる。人生の前半期を、前個段階から個的段階へと発達していく時期とみなすなら、トランスパーソナルな体験の可能性は前半期から締めだされてしまう。これに対してトーマス・アームストロングは、子どもの霊性を扱った重要な研究のなかで、トランスパーソナル心理学の意識構造論を基本的に受け入れつつも、トランスパーソナルな段階を人生の後半期に割りあてる発達論を批判している（Armstrong, 1985）。それは人間形成の半面、すなわち「肉体から上昇する」（body up）発達ラインだけを示すものである。「肉体から上昇する」発達というのは、身体機能の発達からはじまり、感情と思考の成長をへて心理的成熟へと進んでいくような発達過程である。これは従来の発達論のパラダイムであるが、トランスパーソナル心理学の発達論も基本的にはそれを踏襲し、心理的発達の延長線上にトランスパーソナルな段階を位置づけているのである。霊性教育がたんに成人のみを対象とするのであれば、このような理論でも矛盾はしないが、子どもの霊性教育については困難な問題をかかえこむことになる。

アームストロングによれば、発達には「肉体から上昇する」発達ラインとは別に、「スピリットから下降する」（spirit down）発達ラインも存在するという。人間の発達の起源には、物質的・生物的な基盤だけでなくスピリチュアルな源もあり、そうした次元は発達の当初から人間の意識のなかに下降してあらわれてくるのである。それは通常、至高体験、神秘的体験、深遠な直観や啓示など、さまざまな非日常的体験となってあらわれる。[14] アームストロングは以下のように述べている。

「スピリットから下降する」部分がなければ、子どもから心の深遠な次元が抜け落ちてしまうように思われる。それは、地上での旅路に方向性と一貫性をもたらすために不可欠な次元である。「スピリットから下降する」要素がなければ、子どもは、人生の目的、使命、方向感覚、天命などを欠いたまま「肉体から上昇して」成長するだけになるだろう。（Ibid., p. 8）

「スピリットから下降する」ラインがあるために、人間は本質的にスピリチュアルな存在であり、年齢に関係なく、いつでもスピリチュアルな次元に開かれている。したがって子どもの意識構造は、下位の意識レベルだけでなく高次の意識もふくんだ多層的なものとしてとらえられる[15]。このような意識論は伝統的な発達心理学を変革するだけでなく、従来のトランスパーソナル心理学にも基本的な修正を迫るものである。子どもの霊性教育はこうした前提のうえに立つものでなくてはならない。

子どものためのスピリチュアリティ教育

子どもの霊性を認めたうえで、第二の問い「子どもの霊性教育は大人の霊性教育とどのように異なるのか」という点を問わなくてはならない[16]。子どもに対しては、大人を対象とする霊性修行をそのまま適用することはできない。ここで重要なのは、人格と霊性との関係から霊性教育を見ていくことである。人間には、霊性とは別に人格次元（身体・心・精神の統合体）があり、子どもと大人のちがいは人格形成のレベルのちがいとして特徴づけられる。つまり子どもは人格形成期にあり、大人はすでに一定の人格を形づくっている。このちがいに応じて霊性教育のあり方は変わってくる。

まず子どもの霊性教育について見ると、それは二重の課題をもつ。つまり一方では、行動・感情・思考（身体・心・精神）からなる人格の形成をはかりながら、他方で霊性への配慮をしなくてはならないのである。アームストロングに即して言うと、重要なのは「肉体から上昇する」発達を援助することであり、それと同時に「スピリットから下降する」発達を阻害しないことである。そのどちらを欠いても教育は完全なものにはならない。

しかし、この二重の課題を確認したうえでも、子どもの霊性教育の実践方法を確定することは容易ではない。なぜなら、現時点では子どもの霊性について詳しい解明がなされているわけでなく、しかもスピリチュアルな体験は個々の子どもにおいて多様なかたちをとってあらわれるからである。個々の子どもは、いわば無限の深みから立ちあらわれる一個の謎である。したがって、さしあたり重要なのは、親や教師が、どんなものであれ子どもの霊性を受け入れるという姿勢をもつことである。そのさいひとつの指標となるのは、子どもの霊性を抑圧し、傷つけると思われるようなことを避け、同時に霊性を育むと思われるような環境を用意することである。たとえば、子どもが実存的な問いを発するときには、それを無視したり避けたりしないで、（たとえ答えがなくとも）ともに語りあうことが大切である。自然や芸術にふれる機会をもつことも大切である。そして自覚の訓練となるような場面では、それを促すべきであろう。子どもの霊性教育は、なによりも子どもの霊性をオープンに受けとめながら、それが自然にあらわれるような場を活かすべきである。ルドルフ・シュタイナーは、この点について『オックスフォード教育講義』のなかで以下のように語っている。

子どもの心に、あれこれ注ぎ込むべきだなどと言ってはなりません。そうではなく、子どもの霊に畏敬の念をもつべきなのです。この霊を発達させてやることはできないのであり、霊はみずから展開していくものです。あなたの責務は、その展開を妨げているものを取り除き、それが展開していくきっかけとなるものを持ち込むことです。……霊が学ぶべきものは、妨げとなるものを除くことによって、それ自身が学んでいきます。霊は人生のもっとも早い時期においても発達していくのです。(Steiner, 1972, p.71)

霊性教育の二重の課題は実際には表裏一体のものである。霊性は具体的な人格を媒体として表現されるため、子どもの人格形成そのものが、ある意味で霊性教育の対象となる。子どもの霊性教育は、日常の子育てや教育の全体と重なりあうのであり、子どもの教育はすべて霊性教育の観点から見られなくてはならない。この点でシュタイナー教育はよく練りあげられたモデルである。一見するとシュタイナー教育においては、子ども時代の身体・感情・思考の調和的発達をへたうえで成人期の霊的成長が目指されているように見えるが、実際には子ども時代の調和的発達は霊性との関連で理解されなくてはならない。シュタイナーのいう教育は、子どもの霊性が人格と適切に結びつくための道筋を示しているのである（Steiner, 1975）。

さらに言えば、子どもの人格は、身近な親や教師との関係性のなかで形成される。したがって、子どもの霊性教育においては、子どもと親や教師との関係が本質的に重要な契機となる。そのさい親や教師にとって必要なのは、みずからの霊性への自覚を高めつつ、子どもの霊性にかかわることである。親や教師のなかに霊性への自覚がないかぎり、子どもの霊性にこたえることは難しいであろう。

以下、大人の霊性教育についても簡単にふれておく。成人（青年期以降をふくむ）の特徴は、その人格が一定のパターンや構造をもって確立されているという点である。その場合、通常の人格においても、さまざまな葛藤や抑圧や混乱といった内的問題が蓄積され、それが構造化されて、一個の人格が形成される。つまり人格には、条件づけられた行動様式、神経症的な感情抑圧、葛藤しあうサブパーソナリティなどがふくまれる。そして問題となるのは、大人の場合そうした人格の問題が前面にあらわれ、霊性を覆い隠していることが多いという点である。したがって、大人の霊性教育においては、子どもの教育とは異なる課題がある。大人には、人格形成ではなく人格変容が必要であり、それに加えて霊性の開花が求められる。それゆえ大人の霊性教育には、人格変容のためのセラピーと霊性修行を統合したアプローチが必要となる。

注

（1）「教育におけるスピリチュアリティ」にかかわっている重要な論者には、パーカー・パーマー、ジョン・ミラー、ロン・ミラー、デイヴィッド・パーペル、マイケル・ラーナー、レイチェル・ケスラー、エオストロ・ジョンソン、リチャード・ブラウン、リンダ・ランティエリ、トビン・ハート、キャスリン・ケッソン、ジェフリー・ケーンなどがいる。わが国では、吉田（2001）や西平（2003）の考察がこのテーマに深くかかわっている。

（2）一九九七年開催の「教育におけるスピリチュアリティ」会議の講演録は、グレイザー（Glazer, 1999）の編集で出版されている。なお私は一九九九年の第二回大会に出席した。現在では、この会議はナローパ大学の取り組みに合わせて、「観想的教育会議」と改められている。

（3）たとえば、ルーミー、オーロビンド、タゴール、ラマナ・マハリシ、ハズラト・イナーヤト・ハーン、クリシュナムルティ、グルジェフ、ウスペンスキー、トマス・マートン、オルダス・ハクスレーなど。

（4）「スピリチュアリティの教育学」のひとつの成果として、ジョン・ミラーと筆者が編集した *Nurturing Our Wholeness: Perspectives on Spirituality in Education* をあげておく（Miller & Nakagawa, 2002）。

（5）今日の霊性をめぐる議論は、さまざまな宗教的世界観の相違をのりこえて、人類の霊性という共通基盤を求める動向としてとらえられる。ティーズデールは「インタースピリチュアリティ」（Interspirituality）という概念で世界のさまざまな霊性の伝統を結びつけ、ラーナーは「解放的霊性」（Emancipatory Spirituality）という概念でグローバル社会にふさわしい霊性のあり方を提言している。

（6）エルキンスは以下の八つの道をとりあげる。女性性、芸術、セクシュアリティ、心理療法、神話、自然、関係性、危機。

（7）ウォルシュがあげているのは、欲望の変容、感情の変容、善き生活をおくること、精神《マインド》を静めること、曇りのないまなざしを養うこと、智恵を深めること、他者に奉仕することである。

（8）ピエロ・フェルッチ（Ferrucci, 1990）、アンドリュー・ハーヴェイ（Harvey, 2000）は、この点ですぐれた地図を提供している。

（9）対話による教育は、ソクラテスにまでさかのぼるが、ソクラテスの対話的教育の中核をなしていたのは「魂のケア」であり、それは霊性教育のひとつの原型である（第3章参照）。また対話をとおした霊性教育の一例として、クリシュナムルティが子どもたちとおこなった対話をあげることができる（Krishnamurti, 1970）。

（10）レイチェル・ケスラーは、アメリカのホリスティック教育実践家であり、ＥＱで有名なダニエル・ゴールマンが「ニューヨークタイムズ」紙上で、感情リテラシー教育におけるリーダーと評したこともある人物である。彼女はこのアプローチをとおして子どもの平和教育に取り組んでいるが、それはたんに否定的感情の暴発を予防するだけではなく、魂の欲求をみたすことで肯定的感情を高めようとするものである。ケスラーは、カリフォルニアのクロスロード・スクールで仕事をしていた頃、ミステリーズ・プログラムという教育プログラムの作成にかかわった。そこでは芸術や作文や儀式などの手法を用いて、生徒たちが正直な気持ちを表明し、たがいに聴きあい、結びつきをつくるという実践がおこなわれた。その後コロラド州ボールダーに移ってからは、社会的・感情的学習研究所（現在は、パッセージ・ウェイズ研究所）を主宰し、ミステリーズ・プログラムを社会的・感情的学習を結びあわせたパッセージ・プログラムをつくり、若者たちの教育に取り組むとともに、教育コンサルタントをしている。ケスラーの取り組みのなかで重要なのは、社会的・感情的学習にスピリチュアリティの視点を導入し、魂の教育を提唱している点である。彼女は『教育の魂』（未邦訳）という著書のなかで、それを展開している。

（11）通過儀礼という点では、野外活動をとおしてホリスティック教育を実践してきたルブモアたちの方法が参考になる（Luvmour, 1993）。そこでは野外活動が身心を鍛えるだけではなく、スピリチュアルな成長を助ける手段として活用されている。ワークショップは、通過儀礼の段階に即して、まず自分がいま手放そうとしているものを見いだし、それを完全に手放し、ギャップをのりこえ、新しい自分を見いだし、それを祝福し、感謝するという手順をたどる。具体的には、手放すものを紙に書き、それを夜キャンプファイアーの火のなかで燃やす。翌朝、高い木に登って、二本の木のあいだに張られたロープ（ギャップ）を渡り、木から降りてきて朝食をとる。若者にとって、またどんな年齢の人にとっても、人生のある段階からつぎの段階へ移っていくのは容易なことではない。それを、このワークショップでは、こうしたかたちにして助けている。

(12) ゲイ・ヘンドリックスのセンタリング（Hendricks & Roberts, 1977）や、デボラ・ロズマンのアプローチ（Rozman, 1989）では、子どもにも可能な瞑想がとりあげられている。

(13) この部分の初出は、拙稿「クリシュナムルティ学校３０周年ホリスティック教育会議」（『ホリスティック教育研究』３号、２０００）である。

(14) 子どもの霊性については、エドワード・ロビンソン（Robinson, 1977）、ロバート・コールズ（Coles, 1990）、エドワード・ホフマン（Hoffman, 1992）、トビン・ハート（Hart, 2003）たちによる、子ども時代のスピリチュアルな体験の調査が有力な手がかりを与えてくれる。また北米では、近年、子どもの霊性についての会議が毎年のように開かれている（www.childspirit.net）。

(15) アームストロングのいう「子どもの意識のスペクトル」には、前個レベル、下位個的レベル、個的レベル、上位個的レベル、超個レベルという五つの意識レベルがふくまれる。前個レベルは、子どもが母親と物質的に融合している状態である。下位個的レベルは、自然や家族（母親）とのきずな、家族無意識へのかかわり、下位の心霊能力などをふくむ。個的レベルは、文化や社会への適応、自我確立、人格発達などをふくむ。上位個的レベルは、直観、ヴィジョン、上位の心霊能力などをふくむ。超個レベルは、至高体験、宗教的体験、神秘体験、宇宙意識などをふくんでいる。

(16) 以前の研究（Nakagawa, 2000a, 2000b）のなかで、私は東洋哲学の観点からひとつのホリスティック教育論を打ち立てたが、それは主として成人に対する教育をあつかったものである。これは、東洋哲学が子どもの霊性教育を練りあげるのではなく、むしろ成人を対象とする霊性修行論を中心にしていたことと関連している。私のこの試みに対して、西平直（２００１）は、東洋哲学が子どもの教育に対して何をなしうるのかを問題にし、それは「二重写しの視点」から子どもの自我の発達を見ることであると指摘している。本章で展開している子どもの霊性教育論は、西平のこの問題提起に呼応している。

第3章　魂のケア

——臨床教育学の創始者としてのソクラテス

1　トーマス・ムーアにおける「魂のケア」

「魂のケア」の復権

「二〇世紀のかかえる災厄は……〈魂の喪失〉である」という書き出しにはじまり、魂（soul）の復権を呼びかけたトーマス・ムーアの『魂のケア』（一九九二年刊）は、北米で大きな反響をよんだ[1]。その後、魂をテーマにした書物は一種のブームとなり、スピリチュアリティの教育においても、魂はひとつの鍵概念になっている。本章では、ムーアの議論を手がかりにしながら魂のケアをとりあげ、魂やスピリットといった霊性の次元を深く見ていくことで、スピリチュアリティを核とするホリスティック臨床教育学の特徴をより明確にしてみたい。

『魂のケア』は、通俗的な心理療法やセルフヘルプにありがちな、性格改善や問題解決や行動修正をうたったものではなく、ましてや緊急時における心のケアのマニュアルでもない。むしろ、その内容たるや、人間の存在の深淵にひそむ影の世界をとりあげ、それをいたずらに避けることなく受けとめていくなかで、魂をとりもどしていく道筋が描かれている。ムーアによれば、魂のケアは昨今の心理療法と似て非なるものである。

魂のケアは、心理学や心理療法に関する現代の大方の考え方とは、まったく異なる視野をもっている。それは、治療したり、調整したり、変えたり、修正したり、健康にしたりすることではなく、また完成や改善といった考えとも相容れない。それは未来に理想的で何の問題もない状態が実現されるとは見ない。むしろ、それは忍耐づよく現在にとどまり、日々の生活に寄り添い、同時に宗教や霊性を心にとめておくということである。(Moore, 1992, p.xv)

ムーアのいう魂のケアとは、日常生活のなかに魂を迎え入れ、人が「魂を中心とした生活」(soul-centered life)を営んでいくということである。彼はそれを「魂を中心とした人生へのアプローチ」や「魂のワーク」とも呼んでいる。なぜなら生は、解決されるべき問題ではなく、魂の深みから生きられるべき神秘だからである。そこには合理的な問題解決ではとらえられない生の深淵があり、魂はイメージや神話や夢といった魂の言葉をとおして、それを伝えるのである。心理療法における問題解決は、表面にあらわれた問題に焦点をあて、それを解消しようとする。しかし、これは真の解決に導くものではない。なぜなら、現代人のかかえる苦悩——空虚感、意味喪失感、抑うつ、結婚や家庭や人間関係に対する失望感、価値喪失など——は、その根底にある魂の喪失を反映しており、物質的満足や表面的な心理療法で解消されるようなものではないからである。魂のケアについて、ムーアはつぎのように述べている。

魂のケアについて第一に明確にしておかなくてはならないのは、それはそもそも問題解決の方法ではない、ということである。それが目的とするのは、人生から問題をなくすことではなく、魂の豊かさにともなう深みと価値を、通常の生活にもたらすことである。ある意味でそれは心理療法というより、挑戦である。なぜなら、それは家庭や社会のなかに、豊かな表現にみちた意味のある生活を育てあげていくことにかかわっているからである。（Ibid., p.4）

心理療法では一般に個々の人格的問題に焦点をあて、それらの特別な解決法を探るのに対して、魂のケアでは日々の生活状況に注目する。感情的問題があらわれるとしても、その真の問題は、何かひとつのトラウマや困難な人間関係ではないかもしれない。むしろ問題なのは、魂が慢性的に無視されているような生き方かもしれない。問題はどんな人生にもつきものであり、必ずしも魂を萎えさせるとはかぎらない。それよりむしろ魂を苦しめるのは、魂が渇望している手応えのある経験によって魂をみたせないような、日々の生き方のほうである。（Ibid., p. 209）

ここでムーアは、魂のケアを心理療法と対比させて際立たせているが、それは決して魂のケアが心理療法に取って代わるべきだという意味の主張ではない。しかしながら、重要なのは、現代人の苦悩に取り組むには心理療法だけでは不十分であり、それは魂のケアにまで深められなくてはならないという点である。

日常生活の変容としての魂のケア

魂のケアとは、魂の次元を日常生活のなかに導き入れてゆくことである。それは日常生活の全般におよぶ。生活環境、家庭生活、人間関係、社会生活、経済活動、仕事など、さまざまな場面のなかに魂のケアをとり入れることができる。たとえば、ムーアは一連の著作をつうじて、衣食住、芸術（詩や音楽）、読書、景観、生活環境、家屋、結婚生活、家族、友情、性、恋愛、会話、政治、金銭、苦悩、喪失、孤独などをとりあげ、それらのなかに魂をとりもどしていく道筋を示している。それは決して大きな変化、つまり「英雄的アプローチ」を要求するものではなく、むしろ日常の小さなものごとや行為をとおして、イメージや心情を生かしていくということである。魂のケアとは、こうしたさまざまな場面で、魂を養い育て、いたわることである。ムーアは「もともと〈魂のケア〉のなかで使われていたラテン語のCuraにはいくつかの意味がある。つまり、注意を向けること、献身すること、扶養すること、身を飾ること、癒すこと、対処すること、心をくだくこと、神を讃えることなどである」（Ibid., p. 5）と述べているが、魂のケアとは、これらの内容をふくんだ魂へのかかわり方を意味している。

魂のケアが心理療法と大きく異なるのは、それが霊性の次元にかかわっている点である。魂のケアは、物質主義的な価値観のなかで世俗化した日常生活を、あらためて聖なるものとして生きなおす試みである。それゆえ魂のケアは「聖なる技《アート》」である。しかし、それは特定の宗教的伝統に結びつけられるものではない。むしろそれが意味しているのは、日常生活のなかに聖なる次元があらわれ、日常生活が質的に変容されることである。したがってムーアが試みているのは、心理学の深化だけではなく、伝統的宗教の脱構築でもある。

文化が深いレベルで推移している時代には、宗教もそれ自身の通過儀礼をくぐり抜けていくようにみえる。一部の人たちにとって、それは危機の時代であるが、別の人たちにとっては、生き生きとした変化の時でもある。現在、宗教のなかでは、ドグマや権威や信者組織や信条が減少していき、そのかわりに日常の儀式、詩的な神学、社会への関与、観想への導き、魂のケアが増してきているようにみえる。（Moore, 1994, p. 3）

ムーアは、魂のケアを日常生活の「再魅惑化・再魔術化」（re-enchantment）という言葉でも言いあらわしている。魂は神秘的で魅惑的な体験を糧とする。「魅惑的体験とは、歓喜にみたされ、エクスタシーにひたるような状態であり、そのなかで魂は前面に躍り出て、日々の生存や関心は少なくとも一時的に背後に追いやられる」（Moore, 1996b, p.ix）。現代社会では、あらゆるものが合理的に処理され、世界からは神秘的で魅惑的な相貌が失われている。世俗化した現代社会のなかで魂の渇きはみたされない。だが「魂には、ときどき魅惑的な体験にひたりたいという絶対的で、断固とした欲求がある」（Ibid., p.ix）。魅惑的な体験がないと私たちは干からびてしまう。それゆえ生活のなかに魅惑的な体験を呼びもどしていくことが求められるが、ムーアはそれを、子どもの魂をとりもどすことだという。子どもはまだ神秘的で魔術的な世界に生きているが、大人になるにつれて、その心は非魔術化される。それゆえ「魔術化への第一歩は、初心をとりもどし、子どもの驚きを回復することであり、私たちが学びとり、それに依存しているものを忘れ去ることである」（Ibid., p. xx）。

魂のケアと臨床教育学

ムーアのいう魂のケアは、ホリスティック臨床教育学にとって重要な意味をもっている。トロント大学のハントとミラーが編集した『教育と魂』（オンタリオ教育研究所発行の雑誌「オービット」の特集号）のなかで、彼らのインタヴューに答えて、ムーアは「生はたえず魂からあふれ出しています――思い出、熱望、願い、企図、恐れなどのかたちをとって。この意味で魂は［それ自体で］教育をなすのです。魂の役割は、個人の宿す種が開いていくようにすることです」（Hunt & Miller, 1999, p.6）と述べている。ムーアの考えでは、魂は一人ひとりの成長と教育のプロセスを内から導いていく働きなのである。

ムーアは、魂の分析と称して、魂が学校教育のなかで現実にどのように働いているかを調べることが、魂を教育にとりもどしていく第一歩であるという。そのさい、魂はイメージをその言語とするため、教育のなかにあらわれているイメージを読みとることが重要となる。たとえば、学校という建物を生みだしたのは、どんなイメージや願望なのか。そこには、どんな夢や神話があるのか。学校でおこなわれることには、どんなイメージや神話が働いているのか。教師としてのあなたの態度には、あなたの親の影が見えるか。目に見えている表面の背後には、そうしたかたちを生みだした心情やイメージがある。心情やイメージが恐れや不安にみちたものであったとしても、それらを非難しないで、どんなものでも受けとめてみることから、魂の次元にふれることが始まるのである。

魂のケアは学校のなかにとり入れることができる。しかしそこでは、学校とその他の生活領域はもはや明確には区別されない。学校教育のなかに魂のケアをとり入れるさい、日常生活のさまざまな領域もまた学校教育のなかにとり入れられる。興味深いことに、ムーアは『心《ハート》の教育』と題して、みずからの思索の糧としてきた思想家たちの文章を集めたアンソロジーをつくっているが、このなかで彼は生活の多様な領域をとりあげ、教育の既成の枠組みをとり払っている。その冒頭で教育は以下のようにとらえられている。

> 教育とは導きだすことであり、個人のなかに潜んでいるものを導きだす技である。……もっとも深いかたちの教育とは、魂が繭のなかからあらわれてくるように誘いだし、その可能性のつまったコイルをほどき、それが身をひそめている洞窟から出てくるように誘う技である。教育は、学識や情報やデータ、事実や技能や能力を積み重ねていくことではなく――それらは訓練や注入に相当する――種《たね》として隠されているものをあらわにしていくことである。

深層教育（deep education）のなかでは、性格や人格が立ちあらわれてくる。そして、それはしばしば通過儀礼のかたちをとる。この意味で、人は身内や友の死によっても教育されうる。たとえば人類最古の物語のひとつ〔ギルガメシュの叙事詩〕のなかで、誇り高きギルガメシュは友エンキドゥの死を見たことで教えられ、深い変容をとげた。教えられるためには、人は多くを知る必要も、情報を得る必要もなく、人生のなかの変容を引き起こすような出来事に身をさらすだけでよい。

現代の大きな問題のひとつは、数多くの人が学校に行くのに対して、そうした深い教育を体験する人が少ないということである。現代の価値観や考え方にそって、私たちは頭に情報を流しこみ、体をきたえるが、魂のことはふつう無視している。（Moore, 1996a, p.3）

ムーアが求めているのは、魂のケアを教育のなかに甦らせてゆくことである。今日の教育状況のなかで魂は無視され、魂を生かす機会はほとんど見いだせない。学校は、多くの生徒や教師にとって、魂を養う場所でも、魂を魅惑する場所でもなくなっているのが現状であろう。しかし学校は、「魂のある教育」をおこなうこともできる。たとえば、カリキュラム、儀式、祝祭、食事、読書、音楽、芸術、建物など、学校の日常の全域におよんで、魂のケアを軸に学校教育をつくり変えることは不可能ではない。私がトロントのシュタイナー学校や、ブロックウッド・パークにあるクリシュナムルティの学校を訪れたときに感じたのは、そのようなものであったと言っても過言ではない。

魂のケアの問題点

ムーアは、生活と教育における魂のケアの重要性を私たちに思い起こさせている点で大きな貢献をしている。しかし、魂のケアにひそむ問題点にも目を向けなくてはならない。ムーアの主旨には反するかたちになるが、魂のケアにおいては、それをつうじて私的な世界が大切にされるあまり、ナルシシズム的な傾向が助長されるおそれがある。ケン・ウィルバーはこの点をきびしく突いている。ウィルバーは、魂という言葉がベストセラー本の表紙をにぎわせていることをふまえ、「これらの本の大半で、この〈魂〉という言葉が実際に意味しているのは、変装をこらした自己にほかならない」と述べ、「〈魂のケア〉は不可解にも、分離した自己を大切に見守ること以外の何ものをも意味していない」と指摘している（Wilber, 1999, p.36）。ウィルバーの口調は少し強すぎるかもしれない。ことにムーアの意図は、分離した自己を強化することではない。ムーアはたしかに「［魂のワークの］目的は、豊かに洗練された生活であり、社会や自然とつながり、家族や国や地球の文化に編みこまれることである」（Moore, 1992, p. xviii）と述べ、魂のケアが多様なつながりを開いていく側面を指摘している。ジェフリー・ケーンも「魂のある教育」について述べている箇所で「生徒の魂を育むことを目的とする教育は、実際的な問題を避けて通るものではない」（Kane, 1996, p. 2）と述べ、厳しい現実のなかでも人生の意味と目的を見失うことなく生きてゆけるように生徒を育てていくことが、魂のケアにかかわる教育者たちの責務であると言っている。こうした外部に開かれていく姿勢は、たしかに魂のケアに求められるべき課題である。さもなければ、たしかに魂のケアには自己へと閉じていくおそれがある。

もうひとつウィルバーの指摘において重要なのは、魂がたとえ人間の深層をあらわしているにせよ、魂という意識のレベルにのみ焦点を合わせることで、より広範な意識の重層的構造が見落とされるということである。それゆえ、こうした問題点について考察するために、ここで魂をめぐる意識の構造に目を向けなくてはならない。

2　魂のはたらき

「自己」の階層構造

比較宗教学者のヒューストン・スミスは、名著『忘れられた真理』（アルテ）のなかで、世界の叡智の伝統に見られる基本的な人間観および世界観を描きだしている（Smith, 1992, chaps. 3, 4）。スミスによると、人間の「自己性」（Selfhood）を構成する次元には、身体、精神、魂があり、その全体を超越し包括する究極のレベルとしてスピリットがある。こうした自己の構成は、宇宙《コスモス》（現実）の形而上学的構成に対応しており、宇宙は「地上界」（the terrestrial plane）、「中間界」（the intermediate plane）、「天上界」（the celestial plane）という三重の存在世界と、それを超越し包括する「無限」（the Infinite）からなっている（図8）。それぞれの世界は自己完結的な領域ではなく、それぞれ上位の領域に包摂されている。地上界は中間界に、中間界は天上界に、そして天上界は無限に包摂されている。つまり宇宙は、ケストラーやウィルバーのいうホラーキー構造（ホロン階層構造）をなしているので

図8　スミスによる自己と世界のモデル

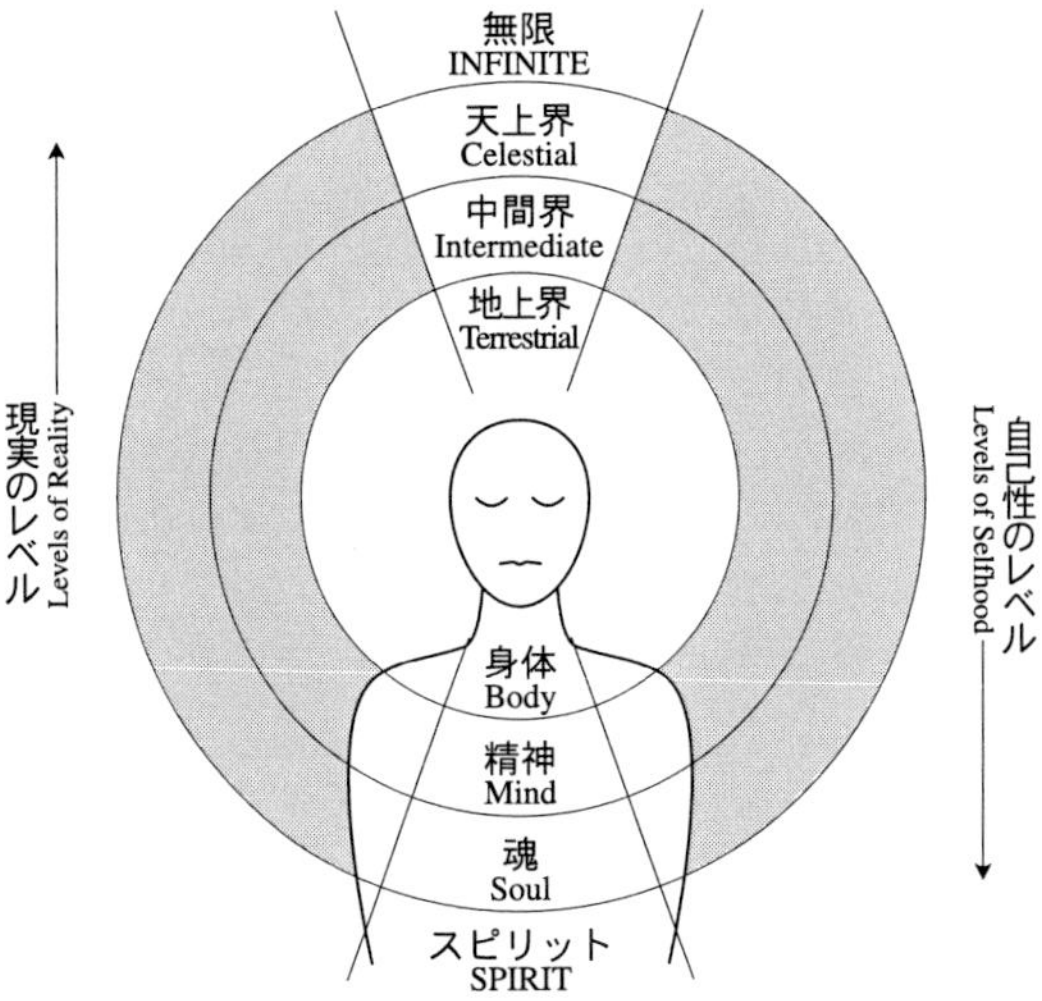

Smith, *Forgotten Truth*, p. 62

ある（Koestler, 1978, Wilber, 1995）。

ホラーキー構造は自己にもあてはまる。身体、精神、魂は、それぞれ自律的な構成体に見えるが、身体は精神に、精神は魂に、そして魂はスピリットに包摂されている。現代の科学的物質主義の観点に立てば、逆に身体が人間のあらゆる行動の基盤になり、精神活動は身体（とくに脳）の生理的機能に由来するものとみなされ、魂やスピリットにいたっては、その存在すら認められていない。科学的な物質還元主義は最初から視野を物質レベルに限定しており、それ以外の存在次元については何らとらえることができない。これに対して、スミスがとりあげている層状モデルは、古くから伝わる形而上学的な世界観および人間観を集約したものである。

スミスのモデルによれば、身体は自己の最表層部分にあたる。それは経験の源泉ではなく、むしろ上位にある精神《マインド》から影響を受けるものである。たとえば、信念は身体に影響をおよぼし、生理的変化を引き起こすことができる。たしかに精神の諸活動（知覚、思考、記憶、空想、夢見など）は脳の機能と結びついていると考えられるが、それらの内容についてては脳の生理学的プロセスで説明されるわけではなく、精神活動は身体と異なる独自のレベルを構成しているのである。

魂の二面性――上昇する動きと下降する動き

魂は精神を超えたところにある。精神と魂のレベルのちがいについて、スミスは「それ〔魂〕は精神より深層にある。かりに精神を意識の流れとみなせば、魂はこの流れの源である。魂はそれを見つめるものである……。実際それは精神の流れの根底にあるだけでなく、個人が通りぬけていくあらゆる変化の根底にある」（Smith, 1992, p.74）と規定する。スミスによると「魂は私たちの個性の最終的な座である」（Ibid., p.74）。というのも、スピリットにいたっては、自己は無限のリアリティと一体になるので、もはやそこに個性的なアイデンティティは残らないからである。存在論的には、魂は精神とスピリットの中間に存在している。言いかえると、それは、身体と精神からなる個人的人格と、究極の無限（スピリットの次元）との中間に位置するトランスパーソナルな次元である。

魂のこの中間的存在性から、魂のもつダイナミックな特性が明らかになる。すなわち魂には二つの方向性――〈下降する動き〉と〈上昇する動き〉がある。精神の源泉としての魂は、魂の下降する面にかかわり、精神と身体のほうへ向かって動く。また上昇する動きは、魂からスピリットへと向かう。こうした二重の動性について、フレデリック・ヴィーダマンは、魂とは実体ではなく、むしろ内在性と超越性のあいだを行き来する動的なプロセスであると定義する。「魂は二つの方向に引き寄せられる。それは、私たちの独自な部分と普遍的な部分の両方であり、私たちの存在のもっとも個人的な部分と、もっともトランスパーソナルな部分の両方である。核心あるいは本質としての魂は、これら二つの領域のあいだを螺旋状に行き来するプロセスにかかわっている」（Wiedemann, 1986, p.79）。中間的プロセスとしての魂は、スピリットが人格存在へと受肉してゆく内在化の動きと、人格存在がスピリットへと還ってゆく超越の動きの両方をそなえている。

この見方からすると、ムーアが重視しているのは下降・内在化する魂の働きであり、それは精神と身体の活動からなる日常生活に変化を引き起こすものである。この関連で、彼は魂の中心的な働きを想像力《イマジネーション》としている。つまり魂の想像力が精神や身体に影響をおよぼすのである。しかし、ムーアは魂の下降面を重視するあまり、上昇面をあまり強調していないようにみえる。彼はこれを意図的におこなっているのかもしれない。しかしその結果、ウィルバーの指摘にもあったように、魂が個的次元を超えてスピリットへと向かう道筋が見えにくくなる。

魂は精神の源泉となるだけでなく、スピリットにもつうじている。したがって、それは日常の経験的世界に内在していると同時に超越している。ムーアは魂の内在的側面をとりあげ、日常世界に魂を生かす道を示しているが、これに対してソクラテスの場合は、魂の超越的側面を強調していたようにみえる。ムーアのいう「魂のケア」が日常生活を魂で充たしていくのに対して、ソクラテスのいう「魂のケア」は自己の超越的な次元を想起することにかかわっている。私たちがスピリチュアリティの教育を考えるときには、これら両方の視点が必要である。

魂からスピリットへ

スピリットについて、スミスは「もし魂が人間のなかで神へとかかわる要素であるとするなら、スピリットは神とひとつになっている要素である」(Smith, 1992, p. 87) と述べている。スピリットとは、自己が無限のリアリティと一体化し、その境界がなくなり、無限なるものに開かれる場である。

上田閑照は、神秘主義を「絶対者をその絶対性のままに自己の内面で直接に体験しようとする立場、そしてその体験によって自己が真実の自己になろうとする立場」(2002a、304頁) と定義したうえで、神秘主義の特徴をなす絶対者との脱自的合一体験について、「このような体験は、一切の外面的なるもの形式的たるものから離れた自己自身の最内奥でなされる。神秘主義の基本語の一つである〈魂〉または〈霊〉はこの内面性をあらわす」(同、305頁) と指摘する。この場合、自己の最内奥をなす魂や霊は決して閉ざされた次元ではない。人はその魂の最内奥において無限な存在へと開かれる。神秘的体験とは「自分の最も内面の奥底において自分が破られる、絶対的なるものに直接触れられることによって内面に向かって自分自身を塞いでいたような自己という壁が破られて無限の深さが開かれる」(同、24頁) ということである。魂からスピリットへの運動とは、このような無限の深さに開かれる体験を意味している。

重層性をなす自己の本質・起源はスピリットにある。しかし日常的な自己存在は、スピリットから生きているわけではない。これについてスミスは「スピリットは無限であるが、人間は有限である。なぜなら人間はスピリットだけではないからである。人間のとりわけ人間的な覆い——身体、精神、魂——が人間の内なるスピリットを覆い隠している」(Smith, 1992, p.87) という。この意味で人間における真の問題は、その本質たるスピリットが忘却されていることである。人間はふつう身体や精神や心の働き（行動・思考・感情）に同一化しており、魂やスピリットの次元を意識から排除している。それゆえムーアが魂の喪失を指摘したのは正しいが、それとともにスピリットの次元を想起する必要性も強調されなくてはならない。しかしながら、そのさいまず、中間的な次元としての魂を見いだすことができなくてはならない。スミスの所説を展開するなかで、菅原浩がとくに指摘するのは「中間領域としての魂」の重要性である。「魂もまた現実として私たちに与えられている世界だと言える。私たちは、すぐに究極の世界、真実在の世界へ行けるわけではない。必ず、魂の世界を通って行かなければならないのだ」（２００３、４０頁）。

意識の重心を魂の次元へと移すことで、魂の向上する働きがスピリットへと導いていく。魂がスピリットを希求するのは魂の本性に属することである。魂はその有限性のゆえに無限なるものを求める。その衝動《エロス》は「愛」のかたちをとる。それは、たとえば、ルーミーやハーフィズのようなスーフィの神秘詩人や、ベンガルの吟遊詩人バウルたちによって讃えられた「愛の道」であり、ヒンドゥーのバクティ（信愛）の道のなかで説かれたものである。このような魂の愛（形而上学的愛）は魂の本来的な特性である。

イスラム神秘主義のスーフィズムでは、魂はとくに重視されている。カビール・ヘルミンスキーは、魂を「ハート」と呼び、ハートの中心的な意義を認めている (Helminski, 1999)。スーフィズムの霊的心理学では、ハート (qalb) は、自我自己 (nafs) と霊 (ruh) との中間に位置している。ハートは霊の無限な性質を知ることのできる器官であるが、それが「自我自己」(the ego self) に支配されていると、霊を知ることはできない。それゆえ、ハートを浄化し、純粋なハートをとりもどすことが必要となる。「ハートの実現と浄化は、無限なるものへの扉を開ける」(Ibid., p.83)。これがスーフィの霊性修行の目的であり、「スーフィとは、ハートをとおして神的なリアリティに接近する者のことである」(Ibid., p.71)。ハート（魂）が霊とつながるとき、それはスピリチュアルな質を自己存在のあらゆる領域に浸透させるものとなる。このように「スーフィズムは本質的にハートの教育である」（Ibid., p. 260）。それは魂からスピリットの次元へといたる霊性教育を意味している。

3　ソクラテスにおける「魂のケア」

臨床教育学の始祖としてのソクラテス

つぎにソクラテスのいう「魂のケア」を見ていきたい。ソクラテスは、いわば臨床教育学の生みの親である。なぜなら、西洋における最大の教師の一人であるソクラテスが教育活動の中心に置いたのは「魂のケア」にほかならないからである。『ソクラテスの弁明』のなかには、つぎのような発言がある

わたしが歩きまわっておこなっていることはといえば、ただ、つぎのことだけなのです。諸君のうちの若い人にも、年寄りの人にも、だれにでも、魂ができるだけすぐれたものになるよう、ずいぶん気をつかうべきであって、それよりもさきに、もしくは同程度にも、身体や金銭のことを気にしてはならない、と説くわけなのです。（プラトン、１９６６、４３５－４３６頁）

村本詔司はこの一節に寄せて、「ここでソクラテスが自分の仕事の本質として述べている魂への配慮あるいは世話（epimeleia）は、ラテン語では cura animarum となり、これが一方では、キリスト教の神父あるいは牧師が行う信者の魂への世話……となり、他方では、医師、さらには心理学者による心理療法になった」（１９９４、９１頁）と

述べているが、こうした意味からすれば、ソクラテスは、教育ばかりでなく、キリスト教の司牧や牧会、さらには心理療法の先駆者ということにもなる。

著名な古代教育史家のヴェルナー・イェーガーは『パイデイア』のなかで、魂という言葉はソクラテスにいたってはじめて、それまでの通俗的な霊魂観を脱し、その意味内容が高められ、教育活動の中心に位置づけられたと指摘している。

〔若者の〕魂が危機に陥っているというテーマは、ソクラテスにとって典型的なものであり、いつも「魂をケアすること」という彼の呼びかけへ結びついていく。彼は医者のように語る――もっとも彼の患者は、肉体を抱えた人間ではなく、霊的な存在である。彼の弟子たちによって書かれたもののなかでとくに目立つのは、魂のケアが人間の最高の関心事であるべきだというソクラテスの言葉である。ここで私たちは、彼の抱いていた義務および使命感の核心部分へと入っていくことができる。すなわち彼が思っていたのは、魂のケアは教育的なものであり、その教育の仕事は神への奉仕である、ということである。それは宗教的な義務と呼ぶのがふさわしいかもしれない。なぜなら、それは、魂をケアするという義務だからである。ソクラテスの考えでは、魂は人間の内なる神聖なものである。(Jeager, 1957, p. 39)

ソクラテスが魂のケアを教育の中心に置いていたという事実は、臨床教育学にとって重要である。というのも、教育の原点に、ソクラテスを介して臨床教育学的な方向が存在し、しかもそれが教育の中核をなしていたからである。むしろソクラテス以降の教育の歴史は、そうした臨床教育学的な関心から離れていった過程とみなされる。臨床教育学はソクラテスに立ち返ることで、いつでもその原型を手にすることができる。

ソクラテスの探究

ソクラテスがその教育的活動（対話・問答による吟味）をつうじて目指していたのは、自己探究への導きであり、探究をとおして魂が目覚めるように助けることである。哲学者のジェイコブ・ニードルマンは、それを以下のようにとらえている。

> 吟味は、それ自体、物質的・化学的なプロセスであり、それによって変容が自分自身のなかで起こりはじめる。この事実、そしてこの事実のみが、ソクラテスの偉大さと神秘性を説明できる。彼は問いを発したが、私たちと同じように問うたのではない。彼の問いかけは、人間の本性のなかに、精神と身体の和解にいたる回路、すなわち徳や力にいたる通路をつくりだしたのである。（Needleman, 1986, p. 25）

ここでニードルマンが言っているのは、ソクラテスの吟味は知的な議論にとどまることなく、身心の有機的統一体としての人間に自己変容を引き起こすものだったということである。吟味は個人の日常的存在様式を疑問に付し、その大疑のなかから人はさらに深い自己に気づかされるのである。[2]

ソクラテスのいう「無知の自覚」とは、事柄に関する知識の有無ではなく、自己が存在の限りない深みに開かれていることを自覚するということである。ソクラテスが問題にしていたのは、人間の実存の基本的な態勢である。人はふつう精神《マインド》のつくりだす信念体系を世界に投影して、世界を意味づけ構成している。こうした暗黙の世界投企をもつことで、人は不可測な真実在《リアリティ》から閉ざされている。しかし対話によって思い込みが破られるとき、はじめて信念の洞窟にも亀裂が生じて、存在の未知なる深淵にふれることができる。ソクラテスの対話が最後にはアポリアに行き着くというのは、決して議論の不毛さや困難さを意味しているのではなく、対話をとおして精神《マインド》を超えていくうえで不可欠な前提である。ソクラテス的吟味のなかで起こっているのは、人間の意識レベルの変容であり、人はそれをつうじて精神への同一化からの解放され、魂と存在の深層にふみこむことになる。

魂のケアとは、人が表層的自己から脱同一化し、存在の深層に目覚める（それを想起する）ように働きかけることである。ニードルマンは、ソクラテスとともにピュタゴラスを論じた箇所で、つぎのように言っている。

「魂に注意を向ける」という言葉は、実際ピュタゴラスとソクラテスの教えの全体を貫いている。ここで意味されているのは、私自身のなかに宇宙の至上の原理に相当するような何かがある、ということである。だが、その何かは自動的に私の人生に入りこんでくるようなものではない。ある特殊な注意の働きが必要なのだ。……ピュタゴラスの場合にせよ、ソクラテスの場合にせよ、魂という考えが表明されているときには、必ず、そうした注意の質を高める必要があるという点もふくまれている。またそうした仕事を果たせる人物の助けが必要だという点もふくまれている。（Ibid., pp. 55-56）

魂はスピリットすなわち無限な現実へといたる要に位置しており、ソクラテスの努力は、注意の質を高めることで、魂の向上する力を喚起することに向けられていたと言えよう。

プラトンの神秘主義的教育

ここで、プラトンが有名な「洞窟の比喩」のなかで哲学の教育について語っているくだりを、ソクラテスの教育観と結びつけてみたい。ある意味で『国家』第七巻に描かれていることには、プラトンの師であるソクラテスを彷彿させるところがある。(3) 洞窟のなかで鎖につながれ、つねに影しか見ることのできない囚人とは、信念（影にとらわれ、影を真実の世界と誤認している人間の日常的な存在様式をあらわしている。これに対して真実在（善のイデア）は洞窟の外で輝く太陽である。それゆえ教育は、魂を「生成流転する世界から一転させて、実在および実在のうち最も光り輝くものを観ることに堪えうるようになるまで、導いて行かなければならない」（プラトン、1979、104頁）と言われる。したがって「教育とは、まさにその器官を転向させることがどうすればいちばんやさしく、いちばん効果的に達成されるかを考える、向き変えの技術にほかならないということになるだろう」（同、104－105頁）。こうしたプラトンの教育論の神秘主義的性格を強調して、井筒俊彦はこう述べている。

彼〔プラトン〕が常々その重要性を指摘し提唱してやまなかった教育とは、人間の意識を可能的な感性界から不可視的な叡知界に向って強制的に転換させ、一歩また一歩と個物的生成流動の相対界からこれを引き離し、ついに存在性の濃度窮まるところ、突如として顕現する絶対超越的普遍者の光まばゆい秘境にまで嚮導することを至高の目標とする人間形成の向上道であり、全人的転換の方法であった。すなわち、プラトンに於いては、教育とは様々な既成の知識を外部から人に授与することではなくて、本源的聖域に還帰しようとする魂の飛翔を助成しつつ、これをして究極絶対の存在者、「善のイデア」に参着させる、一つのまぎれもない神秘道なのである。（井筒、1991、235頁）

プラトンは、その神秘主義的教育論のなかで独自のカリキュラムを展開しているが[4]、ソクラテスの場合にはイデア論やカリキュラム論のようなものは見られない。しかしながら、ソクラテスが魂のケアということで意味していたのは、こうした「向き変え」であったにちがいない。

覚醒としての魂の教育

ソクラテスは、人びとを覚醒させる存在であった。『弁明』のなかには「わたしはあなた方を目ざめさせるのに、各人一人一人に、どこへでもついていって、膝をまじえて、まる一日、説得したり、非難したりすることを、すこしもやめない者なのです」（プラトン、１９６６、４３７頁）とある。彼はそれを神から与えられた使命とみなし、神への最善の奉仕として自覚していた。ニードルマンはつぎのように言っている。

ソクラテスは、たんに幻想を暴くだけの吟味者の次元をはるかに超えている。つまり、彼はひとつの臨在、個的な力であり、他者との交わりをつうじて、他者のなかに良心と内なる神聖さを目覚めさせる者である。……ソクラテスの存在は、高次なるものの味わいを伝えているのであり、ソクラテスの吟味は、人が頽落し幻想にとらわれていることに気づかせるのである。(Needleman, 1986, p. 39)

ソクラテスの教育的営みの核心はここにある。これは矢野智司（２０００）によれば、みずから至高性を生きるソクラテスが共同体の外部から「純粋贈与者」として立ちあらわれて、人びとに至高性への超越をうながす、「生成としての教育」と呼ばれるものである。

しかしながら、真の存在へと覚醒を促すことは教育の究極の課題であると同時に、最大に危険な仕事でもある。

だから、こういう人間をもう一人探すといっても、諸君よ、そうたやすく諸君には得られないでしょう。むしろ、もし諸君にわたしの言う意味がわかるならば、諸君はわたしを大切にしておかなければならないことになるでしょう。しかし諸君は、たぶん眠りかけているところを起こされた人たちのように腹を立てて……わたしを叩いて、軽々に殺してしまうでしょう。そしてそれからの一生を、眠りつづけることになるでしょう。(プラトン、1966、437頁)

プラトンも洞窟の比喩のなかで、こうした困難にふれている。影の世界に慣れている囚人は、光を見ることに苦痛をおぼえ、目がくらみ、見慣れた影の世界へと逃げかえろうとする。彼らは「囚人を解放して上のほうへ連れて行こうと企てる者に対して、もしこれを何とかして手のうちに捕らえて殺すことができるならば、殺してしまうのではないだろうか」(プラトン、1979、100頁)。そしてたしかにソクラテスは刑死になる。ソクラテスへの死刑宣告は、同時に、死刑を宣告した人たち自身の魂をも抹殺するものである。社会的自我という幻想的存在状態を維持することに汲々とし、魂の目覚めにともなう痛みに耐えかねた人びとは、ソクラテスを抹殺することで、みずからの魂が目覚める機会をも失うことになる。ここには霊性教育の困難さが示されている。

トーマス・ムーアからソクラテスへ

ソクラテスという魁偉の存在が教育史の原点に位置しているということは、いまなお教育にとって特別な意味をもっている。ソクラテスは、教育が本来の務めを果たすように、いまなお私たちを覚醒しつづけている。それに対して教育の長い歴史は、ソクラテスのスピリットを生かすことなく進んできたようにみえる。教育もまた「ソクラテスの殺害」に加担しつづけているのである。

しかし、トーマス・ムーアのような人たちが魂のケアをとりあげたことで、私たちはふたたび魂に目を向けはじめている。だがそれはソクラテスにまで立ちもどって、ソクラテスのいう魂のケアを蘇らせるものでなくてはならない。私たちはムーアからソクラテスへとさかのぼることによって、より完全なスピリチュアリティの教育を手にすることができる。こうした意味で、西平直も言っているように「魂への配慮としての教育学」（1997、224頁）が再興されなくてはならない(5)。

心のケアについてストレス・マネジメントのようなものを連想している人には、このような主張は荒唐無稽なものに響くかもしれない。しかし、心や魂のような領域を問題にするときには、そのすべての奥行きがとらえられなくてはならない。もしそのような努力を怠り、心のケアが表面的な心理的処置と同一視されるなら、それによって逆に心は貧しいものになってしまう。現在、心のケアに対する需要が高まってきているのは事実であり、多様な取り組みが展開されることは望ましいことだが、逆にそうした情況のなかで魂やスピリットが忘れ去られることのないように注意しなくてはならない。

注

（1）トーマス・ムーアは青年時代をカトリックの神学校や僧院ですごし、音楽を学び、その後、宗教学と神学で学位をとり、魂の心理学で知られるジェイムズ・ヒルマンのもとでユング心理学を修めて心理療法家となり、いまでは著名な著述家として活躍している。ムーアはおもにルネサンス期の思想家（とくにフィチーノ）に多くを負っている。

（2）グルジェフ派の哲学者であるニードルマン（サンフランシスコ州立大学）は、『哲学の核心』の第二部で、みずからがサンフランシスコの高校生とおこなった哲学教育の授業について述べているが、それはひとつのソクラテス的教育の試みとみなされる。

（3）ソクラテスとプラトンの関係を論ずるさいには慎重にならなくてはならない。というのも「歴史的ソクラテス」を描いている前期のプラトンと、独自のイデア論を展開した中後期のプラトンは異なるからである。たしかに『国家』

七巻の教育論はプラトンのイデア論にのっとっているが、洞窟のなかの囚人を目覚めさせようとする人物と、ソクラテスのイメージは重なりあうところがある。

（4）プラトンのいう「哲人教育」のカリキュラムは、数学（計算）、幾何、深さの次元の研究、天文学、哲学的問答法などをふくんでいる。

（5）西平直は「魂の学としての心理学。魂への配慮としての教育学。魂からの問いかけとしての人間学」という、魂の総合学を構想している。

第4章　慈悲としてのケアリング

――ケアリングの存在論

あなたが人を愛することがなければ、神を本当に愛することはできない。そして神を愛することがなければ、人を本当に愛することはできない。――マルティン・ブーバー

ケアリングから慈悲へ

本章では、臨床教育学の中心的概念のひとつであるケアリングをとりあげる。そのさい、ネル・ノディングスが提唱している「ケアリング」の意義を吟味したうえで、そこに不足していると思われる点を明らかにしてみたい。ノディングスは、ケアリングの理念を提出するさい、「自然なケアリング」にもとづく自然主義的な理論を展開している。これに対して、ケアリングの理念は自然に実現されるというよりも、むしろケアする主体の深い自己変容があってはじめて実現されるものだと思われる。なぜなら、ケアリングは、ケアする人がその自己中心的なあり方から抜けだすことによって可能になるからである。ノディングスの議論のなかでは、こうした自己変容の必要性と

いう点への強調が不足しているようにみえる。また自己変容という側面からケアリングをとらえていくと、自然主義的な基盤だけでなく、さらにそれよりも深い存在論的な基盤が立ちあらわれてくる。ここではこの一連の問題群を「ケアリングから慈悲への深まり」という枠組みでとらえる。すなわち、ケアリングは慈悲（慈愛）にまで深まることで、はじめて十全なものになるのである。

ところで「慈悲」は仏教で用いられる主要概念のひとつであるが、その原語にあたる karuṇā は、英語では **compassion** と訳される。ここで私の主たる関心は caring と compassion のちがいはどこにあるのか、また両者はどのように結びつくのか、といった点である。私の考えでは、慈悲という仏教的な見方を導入することによって、ケアリング論はいっそう豊かなものになる。しかしその議論に立ち入るまえに、ノディングスの考えを概観しておくことにする。

1　ノディングスのケアリング教育論

ケアリングの実践としての教育

現代の代表的な教育哲学者の一人であるノディングス(1)は、ケアリング（いたわり、世話、気づかい）という観点から教育のあり方を根底的にとらえ直し、教育をケアリングの実践として再編するようにと提案している。彼女のケアリング論については、すでに第1章のなかで論じてあるが（36－38頁）、本章であらためてとりあげることにする。ノディングスによれば、ケアリングは人間の基本的な欲求であるにもかかわらず、今日の学校教育のなかで、その意義はほとんど顧みられることなく、それは学業への過剰な要求のなかで無視されているという。その結果、ケアリングによってもたらされる人間の発育が損なわれ、ひいてはそれがさまざまな教育病理的現象を引き起こす要因にもなっている。それゆえ今日の学校教育が試みなくてはならないのは、ケアリングを中心とする教育の再編である。ノディングスはこう述べている。

私が言いたいのは、学校の第一の仕事は子どもたちをケアすることである、ということだ。私たちは、子どもを有能にするだけでなく、ケアリングのためにも教育しなくてはならない。私たちの目的は、人びとの成長を助けて、有能で、ケアする力をもち、愛することができ、愛すべき人びとを生みだすことである。(Noddings, 1992, p. xiv)

学校は何よりもまずケアリングのための場所でなくてはならず、学校教育は教科中心の体制から、ケアリングを中心とした癒しと成長の場へと転換されなくてはならない。もちろんこれは、家庭や地域におけるケアリング力が弱まり、子どもたちが十分なケアをされていないという社会的現実に対応しようとした提案である。ここでノディングスは、家庭や地域にケアリング力が回復することを待つだけでなく、学校自体もケアリングの場として新たにつくり直されなくてはならないと主張する。さもなければ、教科の学習をおこなえる基盤すら整わず、結局は学校が機能不全に陥ってしまうからである。これはアメリカの例を引くまでもなく、日本の学校教育も目下直面している問題である。たとえば佐藤学は、ノディングスのケアリング論を援用しながら、つぎのように提言する。

「教育」を「ティーチング＝文化を伝承すること」としてのみでなく、「ケアリング＝心を砕き世話をすること」をふくみ、さらには、その過程に内在する「ヒーリング＝癒し」をもふくみ込んだ概念として再定義してみよう。もし、この見方が承認されるならば、教育を再生する道筋も明らかだろう。学校と家庭と地域において「ケアリング」の機能を復権し、それをベースとして「ティーチング（教え）」と「ラーニング（学び）」を再構築する実践を探索することである。そこに、学校を再生する一つの筋道も見えてはこないだろうか。（佐藤、1995、166頁）

スクールホーム

ケアリング中心の教育という考えは、もう一人の教育哲学者ジェーン・ロナルド・マーティンの提唱している「スクールホーム」（Schoolhome）という考えと響きあっている（Martin, 1992）。マーティンは、モンテッソーリの「子どもの家」を導きの糸としながら、アメリカにおける家庭の解体状況に対して、学校のなかに家庭教育の次元をとり入れる必要性を説いている。それを明確にするために、彼女は「スクールホーム」という概念を導入する。家庭生活の解体がすすんでいくことで、教育の根底が崩れていき、学校教育は機能しなくなる。家庭の教育力を回復することは現状では容易でない以上、学校は家庭的な環境、スクールホームでなくてはならない。ノディングスのいうケアリング中心の教育は、学校をスクールホームへと転換していくひとつの試みとみなされる。マーティンもまた、スクールホームのカリキュラムが、care, concern, connectionという「三つのC」にもとづくと述べているように、ケアリングはその中核をなしている。ケアリング中心の教育とスクールホームは相補的な概念であり、ケアリング中心の教育が実践される場をスクールホームと呼ぶことができる。

ケアリングの倫理と教育

ノディングスはケアリングに関して、『ケアリング』（一九八四年刊）では主として哲学的・倫理学的な課題を追求し、『学校におけるケアへの挑戦』（一九九二年刊）では、より具体的な教育実践の青写真を描いている。彼女が『ケアリング』のなかで試みているのは、女性の立場からケアリングの倫理を構築し、それにもとづく道徳教育のあり方を検討することである。従来の倫理学では形式的な原理が優先され、道徳教育も理性的な道徳的推論の発達を目標とするものであった。ノディングスはそれを父性的・男性的価値観にもとづく倫理学とみなし、これに対して母性的・女性的な経験に根ざしたケアリングの倫理が対置されなくてはならないという。父性的な「原理の倫理」が、抽象的、理性的、分断的、固定的、教条的、客観的といった特徴をもっているのに対して、ケアリングの倫理は、具体的、感情的、関係的、状況的、主観的なものである。

　ケアリングと教育に関するノディングスの構想のなかで重要なのは、教育および教育学のなかの一領域としてケアリングが位置づけられるのではなく、むしろ反対にケアリングの一様態として教育が位置づけられるという点である。「〈教育学的なケアリング〉を見ていくときには、教育学からではなく、ケアリングから始めるべきであろう。そして、どのようなかたちのケアリングに、教える働きがふくまれるかを見ていくべきである」（Noddings, 1984, p.70）。ケアリングは、教育をふくめた福祉や看護や医療など、あらゆる対人援助領域の根底にあるものである。したがって、この観点からすると、教師は、教える人であるまえに、ケアする人であり、教師と生徒の教育的関係は、ケアする人とケアされる人の出会いや交わりとして特徴づけられる。この場合、教師はケアリングをとおして、子どもの発達や成長に心をくばるとともに、将来子どもがケアする人となれるように、子どもを育てていく存在である。

　ノディングスが『学校におけるケアへの挑戦』のなかで提唱する学校教育改革には、大きく分けて二つの側面がある。ひとつは従来の教科中心の教育を大幅に解体再編していくという面であり、もうひとつは学校教育の核としてケアリングの活動をとり入れるということである。これには三つの段階が区別される。第一に、子どもにとって不適切なものとなった教科中心の教育は大幅に解体再編される必要がある。彼女はそれをリベラル・エデュケーション批判として展開する。教科学習の再編にさいしては、たとえば多元的知性にあわせて多様なカリキュラムを組んでいくようにする。第二に、学校教育のなかで教科学習は周縁部に位置づけられ、ケアリングにかかわる活動が中心に位置づけられる。ノディングスは、教科が伝統的に学校教育を独占してきたことを批判し、ケアリングの領域のほうが子どもの人生と成長にとって、より重要で本質的なものだという。教科学習は個人の資質や傾向におうじて多様であるべきだが、ケアリングはどんな人にも必要なものであり、それゆえケアリングにかかわる教育活動が中心に据えられる。第三に、ケアリング中心の活動と教科学習は最終的に統合されなくてはならない。教科学習を多様化して各個人の能力にふさわしい教育を試みるということは、たんなる才能教育に陥ることを意味しているのではなく、あくまでもケアリングにもとづくものでなくてはならない。というのも、ケアリングは個人の全体としての成長を援助していくことであり、その営みのなかで個人の才能にも光があてられるからである。

ノディングスは独自のケアリング中心のカリキュラムを展開している。それはさまざまなケアの領域からなり、つぎのような領域をふくんでいる。

> 教育は、いくつかのケアを軸として組織されるのが、もっともよいであろう。つまり自己へのケア、親密な他者へのケア、仲間や知人へのケア、遠くの他者へのケア、人間以外の動物へのケア、植物へのケア、物理的環境へのケア、モノや道具からなる人工的世界へのケア、そして思想へのケアである。(Noddings, 1992, p. xiii)

これらケアの領域については第1章でふれてあるので詳述しないでおくが、学校教育の主要な目的はケアリングであり、これらのケアの領域を軸にして、学校は多様な機能をあわせもつ「多目的な機関」となる。それはケアリングの場であり、学びの場であり、技能を習得する場であり、社会性を身につける場であり、職業訓練の場であり、生涯にわたる関心事を発見する場である。それらが互いに交わることで、学校は生徒にとって適切かつ有効な教育環境となる。このように、ノディングスの提案は示唆に富んでいるが、ここではこれ以上、ケアリング教育の内実にはふみこまず、つぎにケアリングそのものをめぐる哲学的な問題に焦点を合わせていきたい[2]。

2　ケアリングの構造

関係性としてのケアリング

ケアリングがひとつの重要な哲学的概念として登場したのは、ハイデガーの『存在と時間』（一九二七年刊）においてである。そこでハイデガーは「気づかい」（Sorge 英語では care）を現存在（人間）の主要な構造契機としてとらえている。一言でいえば、個々の現存在は、気づかいをつうじて、世界を自己にとって意味のあるものとして構成するのである。ノディングスのいうケアリングは、このハイデガー流の概念とは根本的に異なっている。というのも、ハイデガーの場合、気づかいは最終的に現存在自身に回帰していくのであり、世界のなかで自己自身を気づかうという自己中心的な構造をもっているからである[3]。

これに対しノディングスは、ケアリングを、ケアする人とケアされる人との関係、すなわち「ケアリング関係」としてとらえる。ケアリングとは関係性の様態であり、自己のうちに閉じたものではない。ノディングスはこうしたケアリングの範型を、親子のあいだの「自然なケアリング」のなかに見てとる。それは、とりわけ母親が子どもにいだく思いやりや、世話や、愛情を意味している。ここから彼女は、ケアリングにとって不可欠な構成要因を見いだしていく。

ケアリングの条件――専心・動機づけの転移・ケアされる側からの応答

ケアする側の特徴としては「専心」(engrossment)と「動機づけの転移」(motivational displacement)があげられる。「専心」とは、ケアされる人に全面的に注意を向け、相手を受け入れることである。そして相手の生きた現実が、ケアする人にとっても現実味を帯びてくるとき、ケアリングが生まれる。「他者の現実を理解し、その人が感じていることをできるだけ身近に感じとることは、ケアする人の観点からは、ケアリングの本質的な部分である」(Noddings, 1984, p.16)。このとき誤解してはならないのは、専心とは、ケアする人がみずからの準拠枠を相手に投影することではなく、相手を端的に受け入れるという点である。「私は投影をするのではない。自分自身のなかに他者を受け入れ、その人とともに見たり感じたりする」(Ibid., p. 30)。すなわち、相手の身になって、相手と同じように感じとるのである。

つぎに「動機づけの転移」とは、ケアする人が自分の関心事から離れて、相手の身になって相手の問題や課題に深くかかわることを意味している。「私がケアするとき……そこには感情以上のものがある。つまり動機づけの転移もまた存在している。私を動機づける活力は他者へと流れていく。おそらく、いつもではないにせよ、他者の目的とするものに向かって流れていく」(Ibid., p.33)。しかし、それは自分を犠牲にして、相手のために献身することを意味するものではない。なぜなら、献身するとき、人は自分自身を見失うことになり、結果的に関係性を歪めてしまうからである。むしろ動機づけの転移とは、自分を見失うことなく、動機づけのエネルギーを他者と分かち合うことである。

ケアリングが成立するためには、ケアされる側にもその構成要因が認められる。ケアリングは、ケアされる人のなかで受けとめられなくてはならない。ケアされる人は、何らかの反応を返して、それに応えなくてはならない。したがって、受容、承認、応答が不可欠な条件となる。この意味で、ケアリングはケアされる人によって完成される。ケアリングは、ケアする側の自己完結的行為ではなく、他者に依存しなくてはならない。ケアされる人がケアする人に依存しているだけでなく、ケアする人もまた、ケアされる人に依存しているのである。

ところで、ケアされる人が示す応答は、ケアする人の期待にそって、彼らを喜ばせるためになされる必要はない。それはむしろケアリングからの逸脱である。ケアされる人はケアする人に服従するのではない。ノディングスはつぎのように言う。

ケアされる人は、その関係にとって本質的に不可欠である。ケアされる人が関係に対して寄与するのは、その応答においてであり、これがケアリングを完成する。こうした応答は、感謝のかたちをとる必要はなく、直接の謝辞を告げる必要もない。むしろケアされる人は、ケアする人に対して、率直に受け答えをするか、その面前で自然な喜びや、幸せに成長する姿を見せることによって、ケアリングが受け入れられたことを示す。

(Ibid., p.181)

ケアされる人は自由に自発的に応答するのであり、ケアリング・ゲームを演ずるのではない。ケアされる人は、ケアリング関係のなかで、独自の個性をもった、ありのままの存在として認められている。こうしたケアリング関係のなかで、ケアされる人は成長していく。

ケアする教師の条件――包握

ノディングスは、ケアリングの視点から教師に対しても、ケアする教師であることを求めている。彼女はケアリング論を構築するさい、ブーバーの思想から多くを学んでいるが、ここで彼女は、ブーバーのいう「包握」(inclusion)という考えをとり入れる。

ケアする人は子どもを受け入れ、二人の眼をとおして子どもの世界を見る。マルティン・ブーバーは、こうした関係のプロセスを「包握」と呼んでいる。ケアする人は二重の見方をとり、自分自身の極と、ケアされる人の極の両方から、ものごとを見ることができる。(Ibid., p.63)

ブーバー自身は、その教育論のなかで「包握」をつぎのように規定する。

その構成要因は、第一に、どんな種類のものであれ、二人の人間のあいだに関係があること、第二に、その二人によって共通に体験されている出来事があり、そのさい少なくとも一方が積極的に関与していること、第三に、その人が自分の活動の実感をなんら損なうことなく、それと同時に両者に共通する出来事を他者の側からも体験している、ということである。(Buber, 1965, p.97)

包握をふくんだ関係においては、感情移入のように自己が他者のなかに埋没することもなく、反対に力関係によって他者が自己に吸収されることもない。自己も他者も互いに独自の存在(我と汝)としてそこに現前するとともに、両者のあいだに相互のつながりが生まれる。ブーバーによれば、包握は「対話的関係」を構成する契機である。また「包摂という要素は……教育における関係性を構成するものと同一のものである」（Ibid., p.98）。したがって、ブーバーによれば、教育的関係とは、包摂に支えられた対話的関係にほかならない[4]。ノディングスも包摂を教師の基本条件とみなしている。「ケアする人としての教師は、教えるためにも、生徒の欲求にこたえるためにも、自分の視点と生徒の視点の両方から見る必要がある。包摂を達成することは、教育を成功に導く秘訣である。それゆえ包摂を試みられない者は、教師としては失格である」（Noddings, 1984, pp.66-67）。教師が包摂を達成できないとき、教師は生徒の現実に立脚することなく、自分の見方にもとづいて教育をおこなうことになる。

3　ケアリングの深層心理

自然なケアリングは可能か

ノディングスは、母親の子どもに対する「自然なケアリング」からケアリングの構造を導きだしている。また自然なケアリングから「倫理的なケアリング」、すなわちケアリングの倫理学を構築することを試みている。ここで生じるひとつの疑問は、ケアリング関係の基本要件である「専心」や「動機づけの転移」は、はたして自然に実現されるのか、という点である。これらは、人が自己中心的な態勢を超え出るときにはじめて可能になるが、多くの場合、それは自然には起こりがたいことである。ノディングス自身も非本来的なケアリング関係や、ケアリング関係の逸脱について述べているが、ここでとくに問題にしたいのは、ケアリングの深層心理学的問題である。というのも、自然に見える関係の背後にも、さまざまな問題が隠されているからである。

ケアする側がケアをしているつもりでも、また表層レベルではケアリングがうまく成立しているように見えても、深層心理の次元では、ケアされる側を無意識のうちに支配し、操作し、抑圧しているというような事態は容易に起こりやすい。またケアリング関係には、とくに感情のレベルがかかわってくるので、無意識のうちに感情的な力関係が生じやすく、ケアする人が優位に立って、その深層心理を相手に投影しやすい。しかも、こうした関係性の歪みは、「あなたのためにケアをしている」とか、「私のためにケアをしてくれている」というような表層意識によって隠蔽され、否認されてしまいやすい。その結果、表面的にはケアリングのように見えるが、無意識レベルでは別の事態が進行しているという二重構造が生じることになる。これは本来のケアリングを逸脱した有害なものである。たとえば、アリス・ミラーが描きだす、親子関係のなかに生じる破壊的な関係性をみれば、自然なケアリングが決して容易なものではないことがわかる（Miller, 1983）。またケアリングの教育では、教師はいわば親のようなかかわり方をしていくことになるので、教師の深層心理がケアリング関係のなかに投影され、アリス・ミラーのいう「闇教育」が起こりやすくなる。

このような場合、ケアリングへの動機づけは実際さまざまである。ケアをする人は、本当は自分がケアされたいのかもしれない。孤独で傷ついているので、みずからがケアリングを必要としているのかもしれない。そうした場合には、ケアリングの行為をつうじて、ケアされる側が無意識のうちに相手をケアする側に立たされることになる。またケアする人は、自分自身の価値を認めたいがためにケアリングにかかわっているのかもしれない。この場合には、自分の無力感や無価値感を埋め合わせるために、ケアリングが利用される。あるいは、ケアする人は、他者から必要とされる必要があるのかもしれない。このような人の場合、他者に必要とされることで自己が維持されるのである。

これらはほんの数例にすぎない。ここで言いたいのは、ケアリングをする場合、純粋に自然なケアリングは（短時間ならともかくも）決して容易に起こるものではなく、ケアする人の深層レベルの動機や欲求がいつでも入り込みやすい、という点である。このようなとき、ケアリング関係のなかで複雑な関係性がつくられてしまい、ケアリングは、ケアする人の深層心理に引き寄せられ、その人の欲求をみたすものになる。しかし、これは決してケアリング関係を避けるべきだということではない。重要なのは、ケアリングの深層心理に注意を向けながら、ケアリング関係に踏みこむことである。ケアする人は、無意識のうちに生じやすい投影や歪曲に敏感に気づいていなくてはならないし、ケアリング関係をつうじて生じる自分のなかの反応にも気づいていなくてはならない。ケアをする人は自分自身の内面に目を向け、問題があればそれに取り組むようにしなくてはならない。おそらく今日では、自然なケアリングが簡単には起こりえないほど人びとの内面は複雑化していると思われる。

ケアリングとは自然な思いやりである。それはもっとも容易なことに見えながら、もっとも難しいことのひとつである。なぜなら、ケアをする人たちは、交換関係のように自分の一部としてケアを与えるのではなく、みずからがケアし贈与する存在とならなくてはならないからである。言いかえると、ケアリングは、その人の存在様態そのものがケアリング的になるときにのみ生じる。したがって、ノディングスも「ケアリングの練習」ということを言うが、それ以上に深く、ケアする人の自己変容が求められる。ここでケアリングをめぐる議論に新しい次元がつけ加わる。これまでケアリングは、関係性の様式として個人と個人のあいだの水平的な次元においてとらえられてきたのに対して、さらに自己変容という垂直の次元が加えられなくてはならない。このことを考えるために、以下で二つの取り組みを引き合いにだしたい。ひとつは、ラム・ダスによって示された対人援助のあり方であり、もうひとつは西光義敞のいう仏教カウンセリングである。

4 援助の道

スピリチュアルな道としての援助——ラム・ダスの取り組み

ラム・ダスは、ヒンドゥーの教えのひとつであるカルマ・ヨーガ（行為の道）の伝統にそいながら、受刑者や死にゆくエイズ患者などに対する援助活動をつづけ、ゴーマンとともに『いかに援助するのか』(Ram Dass & Gorman, 1985) という著作をあらわしているが、そのなかで援助につきまとう本質的な問題を描きだしている。[5] それは、援助活動を妨げる内的要因としての、自己イメージへの同一化という問題である。援助を困難にするのは、援助者という役割への自己同一化である。それによって他者は援助される人として同定され、両者のあいだには分離が生じる。両者が援助することと援助されることへと囚われるなら、援助的関係はしだいに「援助の牢獄」と化していく。それを免れるには、援助者は、援助者という自己イメージから脱同一化し、それを手放すことができなくてはならない。

ノディングスは、ケアリングを規定するさい、ケアする人とケアされる人を明確に区別しているが、こうした区別は、むしろラム・ダスのいう援助の牢獄を生みだす可能性がないだろうか。一方がケアをする人というアイデンティティに同一化すれば、他方はケアされる人という補完的なアイデンティティに固定され、両者のあいだには境界や隔たりがつくりだされる。私とあなたが互いにイメージによって固定された特定の〈誰か〉になると、そこに実存的な出会いは訪れない。なぜなら、出会いは、両者のあいだで固定的なアイデンティティが崩れ去るときに起こるからである。それゆえケアリング関係という枠組が固定すると、それ自体がケアリングを阻害するという事態が生じかねない。深い意味でケアリングが生まれるには、ケアする人とか、ケアされる人といった表層のイメージがなくなり、両者が出会わなくてはならない。

ラム・ダスは、役割のレベルをこえた援助が起こるのは、援助する人の意識の中心が表層の自己イメージから離れ、自覚（awareness）という意識レベルに移行するときだという。


自分の心の動きを観察してみると、これらすべてのアイデンティティの背後に自覚があることがわかる。それはアイデンティティをすべてふくんでいるが、それでもなお、その背後にやすらうことができる。個々のアイデンティティのなかに埋没してしまわないように、アイデンティティを手放してみると、私たちは軽やかにゆったりとしていることができ、アイデンティティのどれとも排他的に同一化することなく、自分の存在のさまざまな面のなかで遊ぶことができる。私たちは特定の誰かである必要はない。私たちは〈これ〉や〈あれ〉である必要はない。ただ自由に存在していい、存在しているだけでいい。この自由を味わうと、私たちの柔軟性はこのうえなく増大し、他者への奉仕において、さらに十全な道具となることが可能になる。（Ibid., p.32）

自己アイデンティティから脱同一化し、自覚のレベルへと中心が移行すると、そこから自己の全体を眺めることができる。自分を規定するさまざまなアイデンティティ、役割、イメージ、さらには関係のなかにもちこまれた動機や期待や要求や思惑、そこで起こる感情的反応など、こうした自分のなかにある諸要素や、自分のなかに生起してくることを、評価や非難をまじえることなく、ただあるがままに見つめることができる（自覚については第7章で詳しく論じる）。

自覚をとおして可能になるのは、個々のアイデンティティへの同一化（自己の断片化）から抜けだし、人がより全体的な存在になることである。そのなかで個々のアイデンティティは、むしろバランスよく機能するようになる。

特定のアイデンティティに同一化しているとき、自己は断片化し、不自由になり、バランスを欠いているが、自覚のうちにやすらいでいると、そうした囚われから解放され、より自在にふるまい、最終的には、より適切な援助を果たすことができる。なぜなら、状況の全体に注意が向けられているので、多くの可能性のなかから、そのつどもっとも必要なものに焦点をあわせて行動を起こせるからである。

もし、たゆまず自覚を心がけるなら、その「観照」(Witness)への同一化が増大し、その一方で「やり手」(doer)であることへの執着が抜け落ちていく。さらに驚くべきことに、やり手としての自己同一化が消えていくにもかかわらず、それでも多くのことがなされていることがわかる。(Ibid., p.195)

自覚のなかで、表層意識の分離感覚はしだいに脱落し、より深い一体感が生まれてくる。もはや〈やり手〉ではなく、〈誰でもない〉という状態のなかで、ただ存在し、くつろいでいると、人は分離した存在ではなくなる。こうした存在様態にある人は、他者に対して癒しの媒体になり、他者が自己の深層にふれ、自己の全体性を回復していくのを助ける。

援助者の意識構造からみれば、援助の道とは、自己の分離感覚から抜けだし、より深い一体感へと目覚めていくプロセスである。したがって真に援助するためには、自己の意識変容をともなわなくてはならない。そのためには瞑想のような自覚の訓練が重要となる。実際、他者への援助と自己探究は本来ひとつのプロセスの両面なのである。「他者を助けるために、私たちは自分自身に働きかける。そして他者を助けることは、自分自身に働きかけるための手段となる」(Ibid., p.227 原文イタリック)。援助とは、それ自体がひとつの自己探究の道にほかならない。このとき「奉仕はもはやそれ自体が目的ではなくなる。それをとおして生のより深い理解へといたる方途となる。私たちが一歩一歩すすみ、一体性のより深い理解に近づいていくにつれ、私たちは確実に変容してゆき、真の癒しとなる援助を果たせる器となる」（Ibid., p. 224）。

ラム・ダスの以上の議論はケアリングについても当てはまる。ケアリングにおいても意識の深層へと目覚めていくことが重要であり、そのための自己変容が必要となる。ソクラテス流の言い方をすると、他者をケアするには、自分自身の魂のケアをしなくてはならないのである。自己の魂へのケアは、他者へのケアリングにつうじている。魂の師としてのソクラテスの生涯をつうじた教育活動が、それを如実に物語っているように。

5　仏教カウンセリング

西光義敞によるカウンセリングと仏教の統合

ケアリングにおける自己変容をとおして、ケアリングの深層にある「慈悲」の次元が立ちあらわれてくる。ケアリング論には、こうした存在論的な基礎づけが必要である。これに関連して、西光義敞が提唱している「仏教カウンセリング」の構想を見ておきたい(6)。仏教カウンセリングは浄土真宗系の大乗仏教思想にもとづいているが、それは東洋的ケアリング論のひとつの試みと見なされる。

西光義敞によれば、通常のカウンセリングでは、カウンセラーとクライエントが対等（水平）に向きあうかたちで、カウンセリング関係が成立するのに対して、仏教カウンセリングでは、そうした関係性の根底にさらに仏教的な存在次元を認め、仏教カウンセラーはその存在次元にも同時に、垂直的に開かれているという。

図９　仏教カウンセリング関係

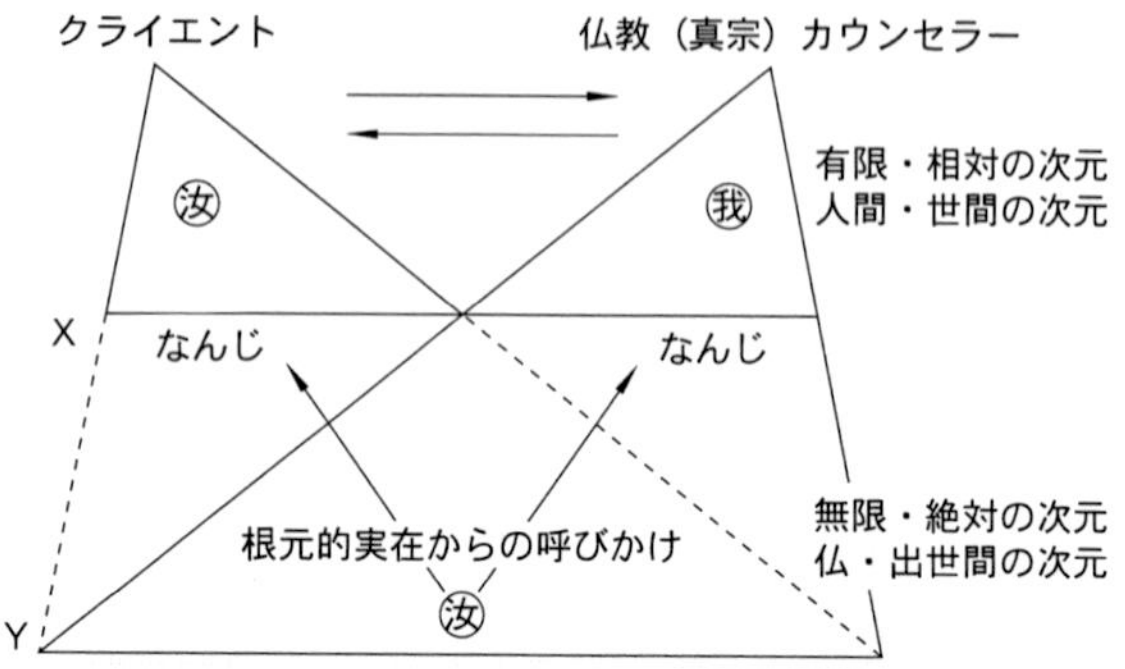

恩田彰編『東洋の知恵と心理学』大日本図書 p. 46

カウンセラーとクライエントがともに立っている人間としての次元（X）の根底に、人間をこえた仏の次元（Y）があり、仏教カウンセラーはその根底に立っている。人間は時間と空間に制約された有限・相対の存在であるが、仏教カウンセラーは仏教的自覚によって、それをこえた世界に支えられている。（西光、1995、45－46頁）

ここではカウンセリング関係が人格と人格の水平的交わりにとどまらず、垂直の次元をもふくみ、それをつうじて有限な人間的世界に無限の深み（仏の次元）が入り込む。「カウンセリング関係において仏教カウンセラーは、クライエントと〈我―汝〉という人間関係、人格関係にあるとともに、その内面においてカウンセラー自身を支えている、あるいは包んでいる、あるいは照らしている〈仏〉との関係がある」（同、47頁）。それは主としてカウンセラーの側の内的自覚にもとづく自己変容をとおして生じるものである。「仏教カウンセラーは仏の世界に存在の根拠をもち、仏の力に支えられ、仏の呼び声をきき、仏の光に照らされて生きる」（同、47頁）。西光は、仏教カウンセラーに見られる水平次元と垂直次元の交差した関係構造を「関係の二重性」と呼び、仏教カウンセリングの基本的な特徴とみなしている（図9）。

関係の二重性にもとづくことで、クライエントに対するかかわりにも二重性があらわれる。これを「配慮の二重性」という。仏教カウンセラーがクライエントにかかわるさい、カウンセラーは相手を人格レベルにおいてケアすると同時に、根源的な仏の次元でもケアしている。このとき仏教カウンセラーは「仏が人間を見る眼」をあわせもつ。仏の視点から人間を見るとは、仏教カンウセラーが自分自身を「宿業の身」として見てとり、その同じ眼でもってクライエントを見るということである。「仏教カウンセラーは仏の眼で自分を見るとともに、クライエントをも見る。自分自身を照らし護り給う仏の光のなかに、ともに、クライエントもいると感じている」（同、４８頁）。

慈悲としてのケアリング

こうした根底的な配慮《ケア》の眼差しのなかに、仏の慈悲の光が差し込んでくる。ここで仏とは、カウンセラーもクライエントも共に包みこみ、庇護する根底的な存在次元である。仏教カウンセラーは、クライエントと人格的な交わりをもつが、その深層において仏に庇護されケアされているので、その存在をとおして同時に仏の慈悲を媒介することになる。この場合、慈悲はカウンセラーの人格的な働きではなく、非人格的な深層存在そのものから生起する庇護する力にほかならない。仏教カウンセラーは、その自我的様態（はからい）を手放すとき慈悲の媒体となり、その慈悲が他者をも包みこむことになる(7)。

親鸞は『嘆異抄』のなかで、慈悲の様態として「聖道の慈悲」と「浄土の慈悲」の二つを区別し、慈悲の二重性について述べている（金子、１９８１、４７頁）。これは自我レベルのケアリングと深層レベルの慈悲とのちがいをよくあらわしている。聖道の慈悲というのは、自力にたよる自我レベルの援助に相当する。「聖道の慈悲といふは、ものをあはれみ、かなしみ、はぐくむなり」。しかし、親鸞は「おもふがごとくたすけとぐること、きはめてありがたし」と述べ、自我レベルの援助がいかに困難であるかを説いている。これに対して「浄土の慈悲といふは、念仏して、いそぎ仏になりて、大慈大悲心をもて、おもふがごとく衆生を利益するをいふべきなり」。ここで親鸞は、仏の次元に立って、その限りない慈悲の媒体となることで、はじめて真の助けが可能になるという。慈悲、すなわち「浄土の慈悲」に支えられたカウンセリングには、人格レベルの問題解決をこえた次元がつけ加わる。そのときカウンセリングは、クライエントがみずからの存在の深層に気づく手助けとなる。「いま・ここで出会っている私とあなたは、ともに仏から、〈なんじ〉と呼びかけられ、呼びかけに目覚めることによって、ともに〈魂の故郷〉ともいうべき真実の世界に呼びかえされる存在」（西光、1995、49頁）である。慈悲による癒しとは、このように人がその深層に開かれ、より全体的な存在となっていくことを意味している。

西光義敞のいう仏教カウンセリングは、西洋の人間主義的なカウンセリング論と東洋の仏教的世界観が融合するなかで生まれたものである。そこではカウンセリングの基本構造をそのまま活かしながらも、同時に仏教的な見方と実践が導入されている。このようなアプローチは、ケアリング論にも適用できる。西光のいう「配慮の二重性」は、ケアリングの二重性を意味している。つまりケアリングは、その表層において人格的関係であるが、ケアしあう人格的関係の根底には、根源的存在からのケアがあると考えられる。ケアしあう人たちは、その根底において、限りない存在によって、すでにいつでもケアされているのではないだろうか。

注

（1）ネル・ノディングス（一九二九年生れ）は、小学校教師をへて高校の数学教師を長年つとめ、四〇歳代でスタンフォード大学大学院において教育哲学の博士号を取得し、その後シカゴ大学実験学校長、スタンフォード大学教授となり、現在はスタンフォード大学名誉教授であり、コロンビア大学でも教えている。ケアリングに関しては、著書に『ケアリング』『学校におけるケアへの挑戦』『家庭から始める』があり、共編著に『ケアギヴィング』『教育における正義とケア』がある。ケアリング以外にも、ノディングスの研究は、直観、女性論、数学教育、教育哲学、道徳教育、宗教教育、教師研究などの分野におよんでいる。彼女の議論には哲学研究に根ざしたものだけでなく、女性や母親としての経験や、数学教師時代の経験に裏打ちされたものが多く見られ、みずからの人生経験に根ざした思索を展開していることが特徴的である。ノディングスはホリスティック教育に対しても大きな関心を示している。たとえば、一九九七年にトロント大学オンタリオ教育研究所で開かれた第一回ホリスティック・ラーニング会議や、一九九九年にイギリスのブロックウッドパーク、クリシュナムルティ学校で開かれたホリスティック教育会議でも、それぞれ招かれて基調講演をおこなっている。

（2）ノディングスのいうケアリング教育のカリキュラムについては、拙論「ノディングスにおけるケアリングの教育――解題『学校におけるケアへの挑戦』」（『ホリスティック教育研究』6号、2003）を参照。

（3）いわゆる転回以降のハイデガーは『「ヒューマニズム」についての書簡』（一九四六年刊）のなかで、現存在を「開存（脱存）」（Ek-sistenz）と再規定したさい、この自己中心的な構造把握をとりやめ、人間存在をその開放的な態勢においてとらえている。

（4）ブーバーは、包握をふくむ対話的関係に三つの類型を見いだし、そのうちの一つを教育的関係と同定する。その三類型とは「抽象的・相互的な包握体験」「具体的・一方向的な包握体験」「具体的・相互的な包握体験」であり、このうち「具体的・一方向的な包握」が教育的なものである。教育的関係が「具体的」包握として特徴づけられるのは、それが人間の存在と生の全現実をふくむからであり、「一方向的」として特徴づけられるのは、教師と生徒のあいだに構造的な差異があり、教師は両者をふくんだ状況の両端に立つが、生徒はその一端に立つからである。

（5）ラム・ダス（本名リチャード・アルパート）は、ハーバード大学教授をへたのちインドで修行し、アメリカに帰国後は、瞑想の教師として活躍するとともに、援助団体を立ち上げ、さまざまな支援活動にかかわってきた。刑務所におけるプログラムや、末期エイズ患者のために死を看取る活動などが有名である。

（6）西光義敞（二〇〇四年没）は浄土真宗の仏教者にして、カウンセラーであり、龍谷大学で仏教（真宗）カウンセリングを大成した。生前はトランスパーソナル心理学の熱心な支持者としても知られていた。

（7）大乗仏教の教えでは、存在の無限なる究極相（空性）を洞見することを「智慧」（prajna）と称し、そうした空性の意識のなかで生起してくる存在の働きを「慈悲」（karuna）と呼んでいる。往還の二相のうち、前者は往相面の働きであり、後者は還相面での働きである。それゆえ慈悲とは人格的な行為ではなく、人格に顕現する存在の深層次元である。仏教カウンセラーの行為に慈悲があらわれるためには、その人が徹底した自己変容をとおして存在の無限な深みに開かれていなくてはならない。

第5章　ホリスティック教育の世界観

――多元的現実について

教育が目的とするのは、個人をその人自身と結びつけ、仲間たちと結びつけ、社会全体と結びつけ、個人や社会がその一部になっている自然と結びつけ、自然がそのなかに包摂されるスピリットと結びつけることである。――オルダス・ハクスレー

1　「システム論」と「永遠の哲学」

ホリスティック教育の存在論

本章では、ホリスティック臨床教育学を存在論的側面から考察し、その理論的基盤をととのえることを試みる。そのさい主として、ホリスティックな思想や教育論をめぐる議論のなかでとりあげられる論点を吟味していくこととする。

一般的に言って、いかなる教育思想も教育実践も、その根底には、意識的あるいは無意識的に何らかの存在論ないしは世界観をもっている。そしてホリスティック教育論は、何よりも教育の依拠する存在論や世界観を問い、従来の教育思想の立場を包摂しつつ超えていく存在論や世界観を提出してきた。それは教育の基盤を、個人や社会だけでなく、自然、地球環境、宇宙といった、より包括的な地平へと広げ、そのなかで教育を基礎づける試みを展開してきたのである。

しかし、ホリスティック教育の存在論も決して単一の理論に収まるものではなく、さまざまな理論的動向をふくんでいる。なかでも私たちの理解を明確にするために、二つの中心的な動向がとりあげられなくてはならない。すなわち「永遠の哲学」にもとづく思想動向と、「システム論」にもとづく動向である。永遠の哲学は古今東西の叡知の伝統を総合したものであり、フリショフ・シュオン、オルダス・ハクスレー、ヒューストン・スミスなどの仕事をつうじて、その輪郭がととのえられ、現在ではケン・ウィルバーによって新たに大成されつつある。システム論は、量子論、自己組織化論、ホログラム論などによって提出されてきた世界像を宇宙論として展開しているものであり、フリチョフ・カプラをはじめとする人たちによって代表的なホリスティック理論として確立されつつある。

個々のホリスティック教育論は、実際にはこれら二つの動向をあわせもつものが多く、両者はさまざまなかたちで交錯しあっている。しかしここでは、方法論的にこれら二つの方向軸をとりだし、その交わり方の特徴からホリスティック教育論を見ていきたい。というのも、両者はその一見類似した外観のゆえに同一視されやすいのだが、存在論的に見た場合、それらがあつかう次元にちがいが見られるからである。そのどちらの軸に力点が置かれるかで、各々のホリスティック教育論は異なる特徴を帯びることになる。

本論に入るまえに私自身の立場を示しておくと、私は永遠の哲学に依拠しながらホリスティック教育論の可能性をさぐろうとしている。その最大の理由は、永遠の哲学のほうがシステム論よりも包括的な世界観を提出していると考えられるからである。そのさい私はとくに東洋哲学的な永遠の哲学を重視している。以下、ウィルバー、吉田敦彦、井筒俊彦の見解を検討したうえで、最後に私自身のフレームワークを提示したい。

2　ウィルバーの「ホリスティック」批判

永遠の哲学から見た「コスモロジー」

ケン・ウィルバーは永遠の哲学にもとづき、その世界観のなかに現代思想やシステム科学の知見をとり入れようとしている。彼は、既存の永遠の哲学をそのままのかたちで継承するのではなく、現代哲学や科学の成果をとり入れ、それをひとつのポストモダン思想として再構成しようとする。これを彼は「新しい永遠の哲学」とか「統合的ヴィジョン」と呼ぶ。こうした試みは、一九九〇年代半ば以降の彼の仕事のなかで精力的に展開されている(1)。

ウィルバーの理論は現代のホリスティック理論を代表するものである。ところが興味深いことに、彼はその著作のなかで既存のシステム論的なホリスティック理論を根本的に批判している。これは、ホリスティック教育論にとっても見過ごすことのできない重要な点である。要するに、ウィルバーの基本的な立場からすれば、批判されるべきホリスティック理論は、いまだ真にホリスティックな世界観・存在論を提示しているとは言えないのである。ここには、システム論的世界観に対する永遠の哲学からの根本的な批判がある。ウィルバーにとって、永遠の哲学はシステム論を包摂するものであるが（それによって永遠の哲学自体が豊かになるのだが）、システム論自体は永遠の哲学に取って代わるものではない。なぜなら、両者は存在論的に異なる次元を問題にしているからである。

永遠の哲学の特徴は、世界を重層的な存在としてとらえるところにある。この重層構造に関しては、これまでにもさまざまな見方があったが、ウィルバーは総括的に、物質、生命、精神《マインド》、魂《ソウル》、スピリットという五つのレベル（ホロン階層構造）をあげる。そして、このホロン階層の全体を、ピュタゴラス学派に由来するという Kosmos ＝「コスモス」という言葉で呼び、cosmos ＝〈コスモス〉から区別する。というのも、今日〈コスモス〉という言葉は主として物質的宇宙を意味し、魂やスピリットといった霊性の次元をふくんでいないからである。これに対し、ウィルバーは「コスモス」という概念を導入することで、スピリチュアルな「コスモロジー」（Kosmology）の可能性を問う。

> ギリシア語には「コスモス」という美しい言葉があり、それは、全存在者をふくむ形式化された全体を意味し、すなわち物質的、感情的、精神的、霊的な諸領域をふくんでいる。究極の現実は、たんに〈コスモス〉すなわち物質的次元だけでなく、「コスモス」すなわち物質的、感情的、精神的、霊的な諸次元をすべてふくんだものである。（Wilber, 2000, p.xi）

「コスモス」の「進化」を論じるとき、ウィルバーにおいてはいくつかの特徴がある。ひとつにはシステム科学の成果をふまえて、それを描きだすことである。この点では、ウィルバーの進化論は他の多くのシステム論的進化論と大差ない。しかしウィルバーの場合、進化は物質・生命・精神のレベルにとどまることなく、魂やスピリットのレベルまでもふくんでいる。スピリットは、進化の頂点として位置づけられるだけでなく、進化全体の基盤ともみなされる。つまり進化は、根源的なスピリットの働きであり、その顕現にほかならないのである。ここには永遠の哲学の基本的な考え方が反映されている。したがって真にホリスティックな理論は、〈コスモス〉だけではな

図10　ウィルバーによる４つの象限

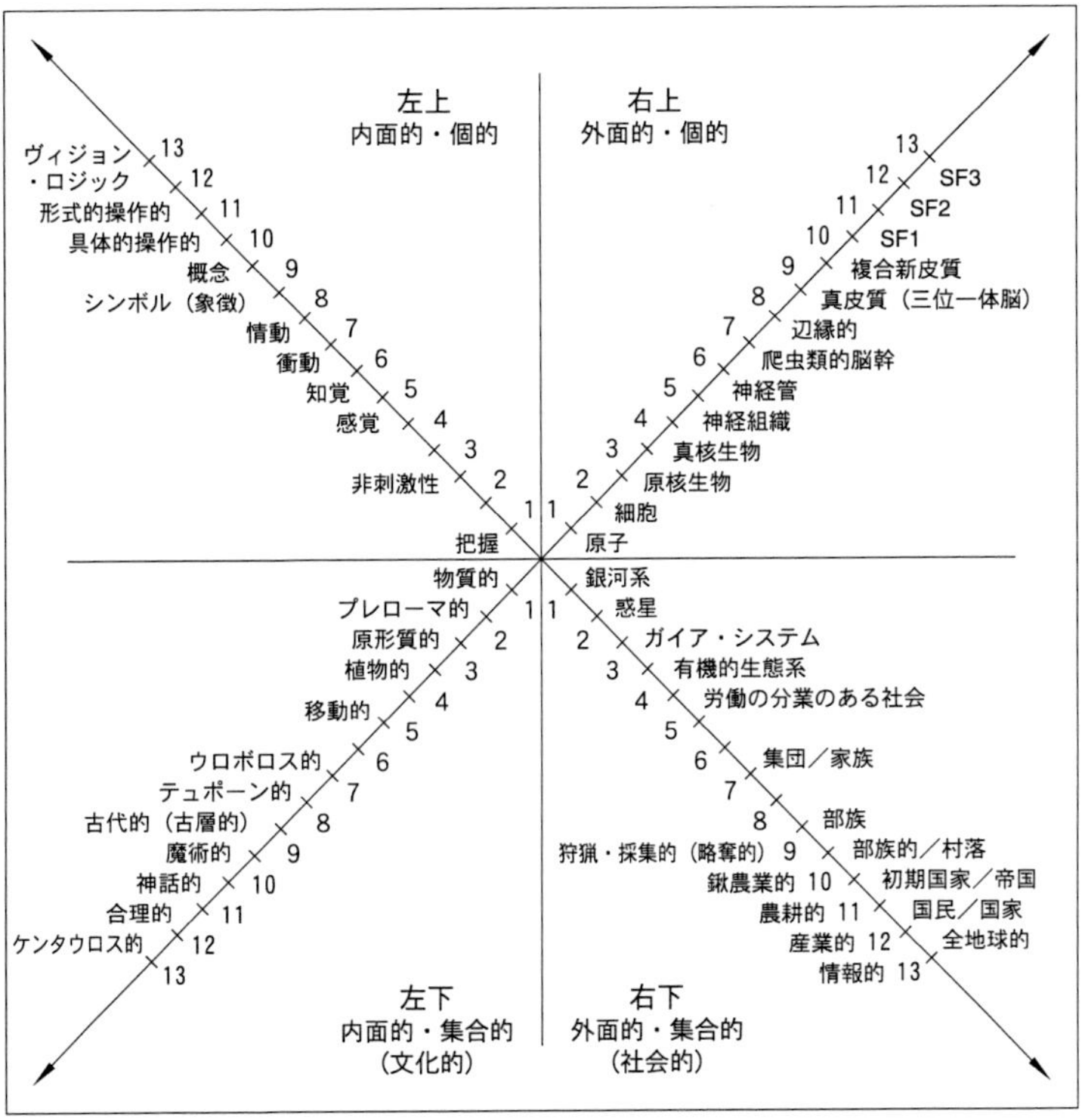

ウィルバー『進化の構造』１．春秋社 p. 305

く、魂やスピリットをふくむ「コスモス」を問題とし、進化をスピリットの観点から見てとる「コスモロジー」でなくてはならない。

ウィルバーの「コスモロジー」から見ると、ほとんどのシステム論的〈コスモロジー〉は真にホリスティックなものではなく、むしろ「コスモス」を〈コスモス〉に縮小し、霊性の次元を欠いたものにほかならない。ウィルバーはこれを「コスモス」の〈コスモス〉への倒壊と呼び、また「上昇の道」を欠いた（非本来的な）「下降論」の支配とも呼ぶ。[2] 彼は〈コスモス〉を「フラットランド」（平板な世界）と呼び、システム論的〈コスモロジー〉を「フラットランドのホーリズム」とみなす。

この議論は、ウィルバーのもうひとつの論点と関連している。すなわちウィルバーは、進化プロセスを構成するそれぞれのホロン階層が「四つの象限」に区分されるという（図10）。四つの象限とは、個体ホロンの外面（行動的側面）と内面（志向的側面）、社会・集団ホロンの外面（社会システム）と内面（文化的側面）である。このうち「内面」は、各存在の「深み」や「意識」を意味している。ウィルバーによれば、「フラットランドのホーリズム」すなわちシステム論は、これら四つの象限のうち個体ホロンおよび社会ホロンの外面（機能的側面）にのみ焦点をあて、内面を無視しているという。そこでは内面性は外面的な「機能的適合性」へと還元される。これをウィルバーは「微細《サトル》な還元主義」と呼ぶ。したがって「フラットランド」とは、霊性を欠くだけでなく、内面や意識を欠いた機能連関からなるシステム的世界を意味している。それゆえ〈ホリスティック〉なシステム論は実際には世界を断片的にとらえたものにほかならない。ウィルバーはこの関連で、エコロジー思想に対して、とりわけ批判的である。なぜなら、エコロジー思想は経験的自然界を唯一の現実とみなし、スピリットの次元をとらえていないからである。エコロジー思想は、機械論的科学と同じく、物質的な自然しか認めない「産業的存在論」に陥っていて、フラットランドの存在論なのである。

ウィルバーの論点はホリスティック教育論にとっても重要である。というのも、ホリスティック教育論の多くはシステム論的アプローチやエコロジー思想にもとづいているからである。実際めずらしくウィルバーが教育について言及している箇所では、ホリスティック教育を引き合いにだしながら、つぎのように述べられている。「多くの〈ホリスティック〉な〔教育的〕アプローチは、私の考えでは（システム理論にもとづくか、たんに右下の象限〔社会ホロンの外面〕をあつかっているにすぎず）悲しむべきフラットランド化に陥っている」（Ibid., p. 95）。多くのホリスティック教育論は、ウィルバーの立場そのものをのり越えないかぎり、この批判を免れることはできない。

３　吉田敦彦の「いのち」論

システム論と永遠の哲学の中間に位置する「いのち」論

吉田敦彦はこれまで「いのち」を鍵概念としてホリスティック教育論を構築してきた。それは永遠の哲学とシステム論のちょうど中間に位置しているようにみえる。なぜなら、「いのち」という概念は、たんなるシステム論的概念ではなく、永遠の哲学的な側面をふくんでいるからである。

吉田敦彦は『ホリスティック教育論』（日本評論社）のなかで、以前よりも永遠の哲学へと一歩ふみこんでいる。それはたんに「いのち」の水平的な「つながり」だけでなく、「いのち」の垂直的な「深み」――「根源へのつながり」――を強調しているからである。吉田にとって「いのち」とは「ブーバーのいう『根源的リアリティとしての〈いのち〉』」（１９９９、６３頁）である。彼は、人間の存在構造として「自我」の根底に「自己」を認め、さらにその根底に「いのち」の次元を認め、この「いのち」のレベルで人間は万象に開かれるという。したがって「いのち」の「つながり」というのも、表層レベルの「つながり」ではなく、深層レベルにおける自他未分の「つながり」を意味している。このように吉田のホリスティック教育論は「〈いのち〉の〈つながり〉を深め広めていく」ものとして規定される。

ところで、ウィルバーの前述の議論から見て、吉田敦彦の「いのち」論はどのようにとらえられるであろうか。実際、吉田は「まだ論じる用意がな〔い〕」としながらも（同、２７２頁）、ウィルバーのホリスティック思想に対する問題提起を正面から受けとめ、対決しようとしている。すでに述べたように、吉田の「いのち」論はたんなるシステム論を超えた永遠の哲学的側面を有しているため、ウィルバーの批判をそのまま受けるものではない。しかしながら、吉田が「いのち」の進化を「システム論的アプローチ」によって描きだそうとするとき、いくつかの難点が生じる（同、250－263頁）。

吉田は「いのち」の進化を「〈天地の化育〉の重層的自己組織化モデル」として描きだす。そこでは「重層的に自己組織化する宇宙」（多重共生システムとしての「天地」）と、人間の「進化生育プロセス」としての「化育」とが結びつけられる。このモデルはいまだ素描にとどまっているものの、ホリスティック教育論のシステム論的世界観を詳細に描きだす可能性を秘めた作業モデルである。このモデルでは、ホロン階層的な見方も組みこまれており、階層性を否定する平板なホリスティック理論とは一線を画すものになっている。しかしながら、ウィルバーが永遠の哲学の立場から問題にする「コスモス」の〈コスモス〉への倒壊という点について言えば、このモデルは「コスモス」というより、むしろ〈コスモス〉のほうを描きだしているようにみえる。たとえば、吉田は「多層的なアイデンティティ」について語るさい、「これは、自己（あるいは人間個体）が『宇宙における自己の位置』を、身体内のミクロの次元からマクロな宇宙に到る空間的な広がりのなかで、また生命誕生以前からの進化史的な時間の流れのなかで、自省する際のパースペクティブを示す」（同、262頁）という。ここには〈コスモス〉を内にふくむ「コスモス」の多層性ではなく、〈コスモス〉内の多層性が表現されており、この意味で「コスモス」の倒壊した〈コスモロジー〉への傾斜が見られる。またこの一文にあるような客観主義的な記述は、ウィルバーが「微細な還元主義」とみなしたものである。

「いのち」に定位するホリスティック教育論における難点は、「いのち」をシステム論によって基礎づけ、解明しようとする試みのなかにある。それによって逆に「いのち」からは、その永遠の哲学的な意味が失われ、「いのち」はその現象形態である〈コスモス〉の進化システムのなかに解消されてしまう。それゆえ必要なのは、「いのち」の〈コスモロジー〉を洗練していくことだけでなく、「いのち」の存在論を深めていくことである。

「いのち」の根源としての「無窮のリアリティ」

システム論的な宇宙論としての「いのち」論をのり越えるという観点から、私はかつて「いのち」の根底に、「無」や「空」としか語りえない「無窮のリアリティ」の次元を措定した（中川、１９９６ｂ）。「いのち」は宇宙の生成の原理であるが、「無窮のリアリティ」は、さらにそれを包摂するものとして位置づけられる。当時の論考のなかで、「いのち」概念ではとらえられない無窮のリアリティが語られている事例としてとりあげたものを、再度以下に紹介しておきたい。

クリシュナムルティが綴った個人的な体験ノートをみると、彼のなかで時間や空間や思考が織りなす有の世界が消え去り、静寂のなかで測り知れない虚空が開かれていたことがわかる。彼はそれを「プロセス」や「他なるもの」（otherness）と呼んでいるが、それは彼の『手記』（邦訳『クリシュナムルティの神秘体験』めるくまーる）の全編にわたって詳しく記されている。たとえば、彼が供の人と一緒に山に登ったときには、つぎのようなことが起こっている。「突然、まったく予期することなく、あの聖なる祝福が私たちの上に訪れた。……それは山腹を覆いつくし、谷を越え、山々を越えていった。それはあらゆるところに遍在していた。すべての空間が消えうせた。はるか彼方にあるもの、広大な渓谷、冠雪をいただく遠くの峰、ベンチに座っている人――これらすべてが消え去った。一も二も、多もなく、ただ測り知れない広がりだけがあった」（Krishnamurti, 1976, p. 25）。クリシュナムルティはしばしば、こうした空無に浸透されており、「存在の本質は非存在（non-being）であり、非存在の深みを〈見る〉ためには、生成するものから自由にならなくてはならない」（Ibid., pp. 57-58）と記している。

バーナデット・ロバーツは、カトリックの尼僧として観想修行をつづけ、神とひとつになる「合一」の状態にいたり、以後その状態が長くつづくが、その後一転して合一状態がなくなり、合一のなかで実現されていた真の自己や高次自己もふくめて、一切の自己がなくなる「無自己」（no-self）の状態に入っている。そこで彼女は「それ」としか呼びようのない絶対的な虚無に出会うことになる。「それは、〈神と合一する〉変容のプロセスを体験してから二五年ほどたって不意に起こった。神的中心――真の自己――が突然消えうせ……自己も神もなくなった」（Bodian, 1991, p.132）。彼女はみずからの体験がキリスト教の伝統には見あたらないとして、『無自己の経験』（邦訳『自己喪失の体験』紀伊國屋書店）のなかで、この二年間にわたる稀有なプロセスについて詳細な分析をしているが、「この旅についてとくに強調することがあるとすれば、最後に存在の虚無に出会わなければならなかったことである。これは私には神やそれに相当するものなしに生きることを意味していた。それが起こり……それを受け入れるしかなくなったとき、はじめて突然それこそが真理であり、存在するすべてだとわかった」（Roberts, 1993, p.84）と述べている。ロバーツはさらに分析を重ね、別の著書で「決定的な無自己の体験とは、意識の神的中心が突然なくなり、それとともに生命や存在の深遠な神秘的体験もなくなることである。……無自己の体験のまぎれもなく稀有な側面は、表面的な自己経験がなくなるだけではなく……神性や〈生命〉の経験がなくなることである。それはあたかも〈存在の基盤〉が自己体験の根底からすっぽり抜け落ちるようなものである」（Roberts, 1989, p.48）と述べている。このようにロバーツの場合には、いったん実現されていた生命との合一が空無化し、絶対的な虚無があらわれている。

クリシュナムルティやロバーツをとおして顕現している絶対的な非存在や虚無は、「いのち」のつながりが織りなす生命世界をさらに包摂する無窮の現実＝非存在である。「いのち」もまた無窮のリアリティに開かれているのである。ここには、上田閑照が人間存在の根本構造として示している「二重世界内存在」が明確にあらわれている。上田に即して言えば、「いのち」が織りなす世界もまた有限な世界なのであり、その「世界を超えて世界を包む限りない開けがある」（2002b、19-20頁）。つまり「世界は世界として無限の開けに〈於てある〉」（同、20頁）。このような「無限の開け」が「虚空」として語られる。

「虚空の如き無限の開け」……、虚空と世界、「虚空／世界」、あるいは我々はさしあたって世界の内にあるのであるから、世界と虚空、「世界／虚空」、ここに本来の二重性がある。我々がそこに「於てある」世界は世界として虚空に「於てある」。世界内存在としての我々は世界の内に「於てある」ことによって、同時に、世界がそこに「於てある」虚空に「於てある」。（同、8頁）

このように人間はたんに世界内にあるだけでなく、同時に虚空の内にあり、虚空に於てある世界の内に於てある、という二重性において存在している。それゆえ人間の自己も「自己ならざる自己」として、世界のなかで「自己」としてありつつ、虚空のなかで「自己なく」して（無自己として）ある。上田閑照が概念化しているように、ホリスティック教育論においても、虚空＝無窮のリアリティを認めておくことには意味がある。さもなければ、ホリスティック教育は、「いのち」の次元を超え出ることがなくなってしまうからである。

吉田敦彦は、このような問題提起をふまえつつ、最近の論考では、「いのち」の「根源性」を突き詰めると「無限の開け」や「無窮のリアリティ」といった次元にいたると思われると述べ、永遠の哲学の立場にさらに接近してきている（吉田、２００３、２５２－２５７頁）。

文化をめぐる問題

最後にいまひとつホリスティック教育の実践論についてふれておきたい。ここにも永遠の哲学と「いのち」論のちがいがあらわれている。永遠の哲学では、観想道がその基本的な実践としてあげられる。永遠の哲学のいうスピリットの次元は、観想の実践をとおして、各個人が実存的に覚知していくものである。永遠の哲学は、それゆえ観想による実存変容（深化）をとおして「コスモス」の各次元を実現しようとする実践的哲学である。これに対して、吉田は「いのち」の「直観・洞察」に対する「文化」の重要性を指摘する。吉田によれば、「〈文化〉とは、〈いのち〉が人間の生の営みをとおして自らを表現してきた様式・形を、世代のつながりをとおして伝承し練り上げてきたもの」（1999、85頁）と定義される。「文化」は「いのち」の表現であり、したがって人は「文化」をとおして「いのち」にふれることができる。「〈文化〉を個人（自己）は、『身体や感情や知性』をとおしても学ぶことができるが、それがある深さに至るとき、その〈文化〉が表現している〈いのち〉が心の奥底＝〈自己〉に届き、〈いのち〉を〈直観・洞察〉できることがある」（同、85頁）。これに対して永遠の哲学の観想道では、そのひとつの決定的契機として、鈴木大拙（1990）のいう「文化否定性」がある。観想は文化からの離脱や脱同一化をとおして存在の深層にいたろうとする（あるいは観想もひとつの文化形態だというのであれば、文化としての観想のなかには文化を否定する契機が組みこまれている）。これは決して「文化」をつうじた「いのち」への直観を軽視するものでなく、むしろ両者が異なる次元にかかわっていることを意味している。つまり「いのち」が魂の次元に深くかかわっているのに対して、永遠の哲学はスピリットを求めるのである。

4　井筒俊彦の「東洋哲学」

意識と存在の多層性と窮極的ゼロ・ポイント

井筒俊彦による「東洋哲学」の再構築の試みは、ホリスティック教育論を考えるうえで重要である。「東洋哲学」から導かれるのは、ひとつの典型的な、永遠の哲学に即したホリスティック教育論である。井筒俊彦は東洋哲学の本質的構造を、その多層的な意識・存在論に見てとる。すなわち表層レベルは現象的多者の世界であり、その背後に言語的・意味論的分節化の働きがある。そしてその深層領域には、想像的イマージュの世界が広がっており、その根底には「言語アラヤ識」がある。さらにその深みには「存在論的流動状態」としての混沌のレベルがあり、究極の深みには「絶対無分節者」のレベル、すなわち井筒のいう「意識と存在の窮極的ゼロ・ポイント」がある。

「絶対無分節者」は、本書ではスピリットと呼ばれているが、それは東洋哲学の伝統では、無相ブラフマン、ニルヴァーナ、シューニヤター（空）、無、無極、理、といった概念でとらえられてきた。それはまた、わが国の思想家をとおして「宇宙的無意識」（鈴木大拙）、「絶対無」（西田幾多郎）、「東洋的無」（久松真一）、「限りない開け」（上田閑照）などとしても述語化されてきた。それは無限なるものの次元であるが、特定の固有な存在領域ではなく、西谷啓治や阿部正雄が「空」や「無」について明らかにしたように、たえざる空化・無化の運動のなかに立ちあらわれる無限の位相である。西谷啓治は「空」を定義して「空とは有のそとに、有とは別の『もの』として表象された空ではない。単なる空無ではない。むしろ、かかる表象された空をも空じた絶対空である」（１９６１、１３９頁）と述べている。

東洋哲学では、こうした深層の次元はたんなる思索の対象ではなく、観想的実践によって実存的に覚知されなくてはならない。そのさい観想道には、存在の深みにいたる「往道」だけでなく、深みにいたったのちに展開される「還道」がある。井筒俊彦によると「東洋思想の伝統では、これが観想の往道の終点、還道の始点と考えられています。すなわち、長い観想修行の道が『無』に至って終局に達する。が、人はそれを始点としてまたもとの道を辿り、再び日常的意識の世界に戻ってくる」（１９８５、３６－３７頁）。これを大乗仏教的に言いかえれば、人は智慧《プラジュニャー》を深め、世界の空性《シューニヤター》を洞察し、その悟りをつうじて慈悲《カルナー》の光のなかで、現実世界が無限性（空性）に浸透された真如《タタター》の相を顕していることを経験する。このように実践道としての東洋哲学には、無限の深みにいたることだけでなく、そこから日常の次元に立ちもどり、日常そのものを無限なるものへと変容することに、その特徴的な契機がある。

アンチコスモスの視点

ところで、井筒俊彦の議論のなかで重要なのは、彼がこうした「意識と存在のゼロ・ポイント」を「アンチコスモス」の次元として把握していることである。井筒によれば「東洋哲学の……主流は、昔から伝統的にアンチコスモス的立場（存在解体的立場）を取ってきた」のであり、それは「『空』とか『無』とかいう根源的否定概念を存在世界そのものの構造の中に導入し、それをコスモスの原点に据えることによって、逆にコスモスを根底から破壊してしまおう」とするのである（1989、230頁）。ここには東洋哲学のアンチ〈コスモロジー〉的構造が明確に示されている。しかし、このアンチコスモス的存在解体は「存在の虚無化」ではなく、「無」を起点として新たに「有」が展開していくことを意味する。「アンチコスモス的存在解体のプロセスの極限において現成した『無』は、ここで方向を逆転して『有』の始点となり、『有』的世界の原点となって、存在創造的に働きはじめます」（同、241-242頁）。ただし新たに現成する「有」のコスモス的世界は、すでに「無」によって根底的に解体されている以上、「解体されたコスモス」という様相をとる。ここに井筒は、アンチコスモスの東洋的な表現形態を見てとる。

こうした東洋哲学的存在論は、前述のウィルバーや吉田敦彦の議論とどのような関係にあるだろうか。まずウィルバーとの関連で言えば、東洋哲学（とくに大乗仏教思想）は、彼のいう永遠の哲学である「コスモロジー」のなかで、ひとつの中心的な役割を果している。実際、ウィルバーはスピリットを「空」と置きかえて使っており、「コスモス」は「空」の存在論の観点から描きだされる。[3] また井筒のいう「コスモス→アンチコスモス→解体されたコスモス」という往還運動は、ウィルバーにおいては「微細レベル→元因レベル→非二元レベル」という折り返し運動として把握されている。こう言ってよければ、ウィルバーの「コスモス」論は東洋哲学のひとつの新たな創造的展開にほかならない[4]。

それでは「いのち」論は、東洋哲学との関連でどのようにとらえられるのか。「いのち」という概念は日本の思想を背景として生まれてきている以上、この関連を問うことは重要であるが、これに答えるのは容易ではない。なぜなら、「いのち」の東洋哲学的基礎づけは、いまだ十分になされているように見えないからである[5]。暫定的に言えば、「いのち」論では、井筒のいうアンチコスモス的立場や、無窮の次元が明確に示されているわけではないが、この点を除けば、「いのち」論には東洋哲学的な要素が多くふくまれている。

たとえば、老子の「道《タオ》」をめぐる存在論的哲学のなかで、「道」は究極的には「無」（アンチコスモス的ゼロ・ポイント）としてとらえられるが、この「道」は一方では、階層的に自己生成していき、多元的な存在世界をつくりだしていく。『老子』四二章では、「無」としての「道」は、まず「一」（根源的存在）へと変成し、それが「二」（天地や陰陽）へと分極化し、そして最終的には「多」（現象的多者）へと自己分節化すると述べられている（Chang, 1975）。井筒によれば、「無」は「形而上的絶対者」を、「一」は「原初的統一」を、そして「二」は天地の宇宙的分極を意味している（Izutsu, 1984, pp. 400-401）。このうち「一」は原初的存在次元であり、そこにはあらゆる存在者が未分化の可能性としてふくまれている。それゆえ井筒も言うように、「道教の体系における『一』は概念的には、非存在の段階と存在の段階の中間に位置づけられる」（Ibid., p. 487）。私の考えでは、「いのち」はその深層において、こうした「一」のレベルに重なりあうと思われる。

また宋学における理気哲学との関連で言えば、「いのち」は「理」ではなく「気」に相当する。湯浅泰雄によれば「『気』という概念は、感覚的に認識される形あるものの次元、つまり感覚的経験の領域を直接指しているわけではない。気は超越的次元と経験的次元をつなぎ、形あるものの背後にはたらきながら、それを生かしている流動なのである」（1994、187-188頁）。すなわち「気」は超越的な形而上的次元と経験的な形而下的次元の中間に位置する存在次元を意味している。それゆえ「気」としての「いのち」は、たんに形而下的な形象世界だけでなく、その根底にある流動的生命を指しているのである。

5　ホリスティック教育の多元的現実論

五つの存在次元

ウィルバー、吉田敦彦、井筒俊彦の思想を検討してきたが、これらと私自身の考察をふまえると、ホリスティック教育の存在論は、五つの存在次元からなる多元的現実にまとめられる。これはシステム論のいう存在次元をふくむとともに、永遠の哲学および東洋哲学のいう存在次元をふくんでいる。五つの次元とは以下のとおりである。[6]

1 **対象的現実**（the objective reality）
2 **社会的現実**（the social reality）
3 **宇宙的現実**（the cosmic reality）
4 **無窮的現実**（the infinite reality）
5 **普遍的現実**（the universal reality）

1 **対象的現実**——現象的・経験的・表層的現実。ここでは、あらゆる存在者が個別の分離した対象的存在として現出する。この対象的・客観的な現実は、原子論的世界観によってとらえられるとともに、常識的な素朴実在論の内実でもある。私たちが日常的に経験しているのは、このレベルの現実である。

2　**社会的現実**――対象的現実の根底にあり、現象的多者を分節化・差異化して現出させる意味論的基盤。対象的現実は所与のものとして存在するのではなく、意味論的分節化をとおして客観的な個物としての枠取りが与えられ、そのもの自体として現出する。この次元が「社会的」現実と呼ばれるのは、意味分節化作用は言語的コミュニケーションを媒介とする社会関係のなかで成立するからである。

3　**宇宙的現実**――社会的現実を包括する自然・地球環境・宇宙といった世界。ここに立ちあらわれるのは、万物の時空間的つながりや、動的に生成・進化する〈コスモス〉の諸相である。そこでは、あらゆるものが分離されることなく有機的・機能的につながっており、その関係性はエコロジーやシステム論によってとらえられる。

4　**無窮的現実**――宇宙的現実のさらに深みにある無限なるものの次元であり、東洋哲学が語りつづけてきた最深層レベル。宇宙的現実が宇宙の存在と生成にかかわっているとすれば、無窮的現実は絶対無・非存在のレベルにかかわっている。東洋哲学の伝統では、観想の往道をとおしてこのようなレベルに覚醒することが、悟り、光明などとみなされてきた。

5　**普遍的現実**――観想は二重の運動であり、往道は還道に引きつがれる。悟りの後、還道のなかで開かれる真如の世界、それが「普遍的現実」という概念でとらえられる。無窮的現実は、そのほかの次元と離れて存在する特定の一領域ではなく、あらゆる存在次元のなかに浸透している。人が無窮的現実に覚醒するとき、すべての存在次元は根底から変容され、そのありのままの姿で無限なるものを開示する。このような変容された世界を「普遍的現実」という言葉があらわしている。無窮的現実と普遍的現実はひとつに折り重なっており、その非二元的なリアリティこそ、東洋哲学が究極のリアリティと呼んできたものである。

図11　5つの次元のイメージ

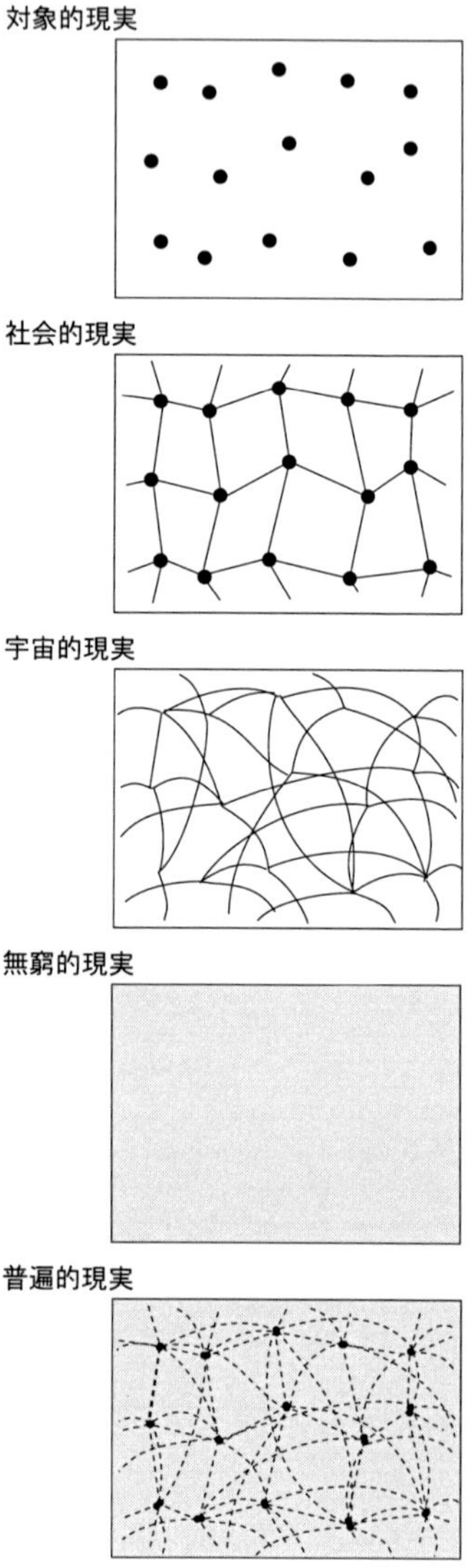

これら五つの現実は、五つの異なる存在領域が階層秩序的に重なっていることを意味しているのではなく、リアリティが五つの相のもとに立ちあらわれることを意味している。ひとつの事象は同時に対象的現実であり、社会的現実であり、宇宙的現実である。しかもそれは無窮的現実に浸透された普遍的現実である。しかし通常、人間の意識は、はじめの二つの現実に、精神《マインド》をつうじて排他的に同一化しているので、それよりも深い現実を覚知することが容易ではない。観想はこうした排他的同一化をゆるめ、より深い現実が開示されるように意識を変容する技法である。ホリスティック教育とは、究極的には、こうした多元的現実を、人間が観想をつうじた実存変容をとおして探究する営みである。

　この多元的存在論は、これまでに提出されてきたさまざまなホリスティック教育論にひとつの展望を与えるものである。すなわち現代のホリスティック教育論は、個の断片化をのり越え根源的なつながりを回復しようとするも

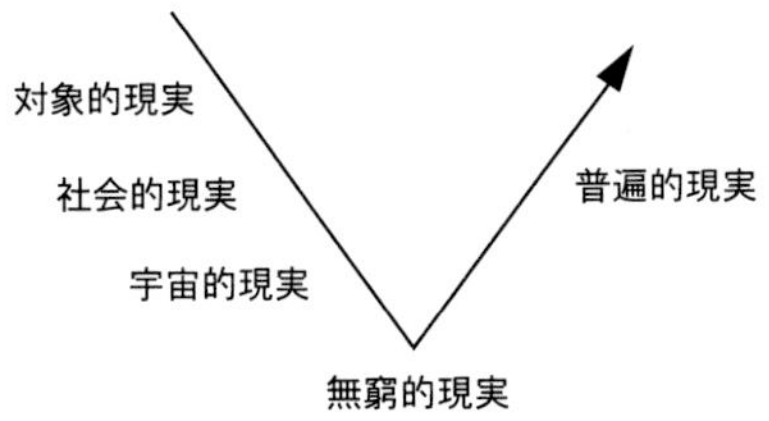

図12　リアリティの5つの次元

のであるが、この動きは、対象的現実から社会的現実をへて宇宙的現実へといたる動きとしてとらえられる。このうち宇宙的現実は、システム論的なホリスティック教育論が強調する存在次元である。しかし、永遠の哲学や東洋哲学にもとづくホリスティック教育論は、宇宙的現実よりもさらに深い無窮的現実や普遍的現実を問題にしている。したがって、システム論と永遠の哲学という二つの立場を包括するためには、ここで提示したような多元的現実論が必要とされる。

この多元的現実論を、ウィルバー、吉田敦彦、井筒俊彦の議論と結びつけておくと、まずこれらの次元は、ウィルバーのいう「コスモス」と基本的に重なりあう。ウィルバーのいう〈コスモス〉は宇宙的現実に相当し、「コスモス」は無窮的現実および普遍的現実をふくんでいる。吉田敦彦のいう「根源的いのち」は、宇宙的現実と無窮的現実の中間に位置しているように見え、「いのちの進化論」は宇宙的現実の全容をふくんでいる。また井筒のいう「コスモス」は宇宙的現実に、「アンチコスモス」は無窮的現実に、そして「解体されたコスモス」は普遍的現実に対応している。

以上、本章では存在論の観点からホリスティック教育論の思想的立場を検討してきた。そのさいシステム論と永遠の哲学という二つの基本軸にそって、ホリスティック教育の存在論を解析した。すでに見たように、これら両者は異なる存在次元を問題にしており、システム論的宇宙論は永遠の哲学によって包摂される。それゆえ、ホリスティック教育論がシステム論的な宇宙論をものり越えようとするのであれば、宇宙的現実だけでなく、無窮的現実や普遍的現実といった存在レベルをふくむものでなくてはならない。

注

（1）ウィルバーの「統合的ヴィジョン」は、ひとつの偉大な統合理論と呼ぶにふさわしいものである。そこには現代科学のさまざまな領域、ヨーロッパの近代哲学からポストモダン哲学、北米のさまざまな思想動向（エコロジーやフェミニズム）、そして東洋哲学の多様な分野がふくまれている。しかし、それはたんなる折衷ではなく、永遠の哲学のもとに全体を統合しようとする試みである。

（2）本来「下降論」は「上昇論」との関連のもとに理解されなくてはならない。つまり上昇のあとに下降の道がおとずれるのだが、上昇論を欠く下降論は、ウィルバーの文脈では唯物論を意味している。

（3）ウィルバーの著作では、『万物の歴史』（春秋社）がこの点に関して明快である。

（4）この関連で、ウィルバーの『進化の構造』（春秋社）の邦訳者である松永太郎の「訳者あとがき」にある「個人的には、本書を『般若心経』の巨大な注解である、と考えている」（2巻、547頁）という一文は重要である。

（5）ひとつの議論として、上田閑照の論考「生命／生／いのち」（2002c、306-319頁）をあげることができる。

（6）ここでとりあげた五つの存在次元という考えは、私がトロント大学大学院でおこなったホリスティック教育と東洋哲学を結びつける研究のなかから生まれたものである。その研究では、この基本的な枠組みをもとに、東洋哲学から見たホリスティック教育論の構築が試みられた。その概要については、拙論「解題『東洋哲学とホリスティック教育』」（『ホリスティック教育研究』3号、2000）、および『ホリスティック教育ガイドブック』（せせらぎ出版）に収録された拙稿「東洋哲学的ホリスティック教育論の試み」を参照していただきたい。

第Ⅱ部

ホリスティック臨床教育学の実践

第6章　身体の変容

――ソマティックスの可能性

あらゆる時代、あらゆる人種、あらゆる階級の動作と姿勢の特徴は、思考と感情の特定の形式と分かちがたく結びついている。人はその姿勢と動作のレパートリーを変えないかぎり、思考と感情の形式を変えることはできない。――グルジェフ

本章以降の第Ⅱ部では、ホリスティック臨床教育学の実践として、いくつかの項目をとりあげる。以下の考察では、それぞれ身体変容、意識変容、感情変容、教育者の自己変容にかかわるアプローチを見ていくが、ここでは個々の具体的な技法を紹介するのではなく、むしろ実践にかかわる原理的な考察をおこなうことにする。すなわち、スピリチュアリティを核としながら教育と心理療法を統合するホリスティック臨床教育学の構想が、身体、意識、感情、教師教育のそれぞれの領域においていかに展開されるかを検討していくことにする。

1　からだとスピリチュアリティをめぐる錯綜した状況

からだとスピリチュアリティに対するさまざまな見方

本章でとりあげる主要なテーマは、からだとスピリチュアリティの関係である。からだとスピリチュアリティは一見なんの関係もないように見えるが、ここでは、からだとスピリチュアリティを結びつけて理解することを試み、その関連で、「ソマティックス」という臨床教育的身体論の可能性をとらえてみたい。実際のところ、からだとスピリチュアリティをめぐる議論にはじつに多様な見方がふくまれており、それは非常に複雑な様相を呈している。そこでまず予備的な考察として、からだとスピリチュアリティをめぐる見方のなかに、どのようなものがあるのかを取りだしてみる。以下では、はじめにからだの方向から見て、ついでスピリチュアリティの方向から見ることにする。

からだを主として客観的な生理的身体として見る立場では、当然ではあるが、生理的身体との関連でスピリチュアリティに言及されることはほとんどない。その場合、一方には、人間存在全体を機械論的にとらえ、霊性を全面否定する見方（二元論的唯物論）がある。ここには、いわゆるスピリチュアルな現象を物理的レベルに還元する見方もふくまれる。つまり人間は物理的身体としての肉体（corpus）にほかならないというのである。これに対して、身体を物理的なものとしてとらえる一方で、霊性を身体とは別次元のものとして認める立場がある。この場合には、肉体と魂、肉体と霊といった二元論が生じる。そのさい肉体は動物的な衝動や欲望に支配され、霊によって克服されるべき対象とみなされる。ここには聖なる肉体という見方はない。

また、からだをたんに生理学的にとらえるのではなく、社会学的・文化人類学的な見地から見て、社会的身体や文化的身体について語る立場がある。さらに哲学的な見地から見て、からだを実存的・存在論的にとらえる見方がある。これらの場合にも、一方には霊性を認めない立場があり、スピリチュアルな現象は社会システムや文化的構造に還元される。その一方で、霊性を社会や文化とは別次元の現象としてとらえる立場もある。

ここで精神（mind）のことにふれておかなくてはならない。精神が介在することで、この議論はさらに複雑になる。多くの見方のなかで、身体とは異なる精神の次元が認められているが、その場合、精神の働きを主として脳の機能に還元する生理学的一元論と並んで、精神（思考作用）の独立性を認める立場（いわゆる身心二元論）がある。ただし精神の存在を認めても、霊性については認めない立場も多く、その場合、霊的な現象は精神の働きに還元される。その一方で、精神とともに霊的な次元を認める立場もあり、そこでは身体・精神・霊性という基本的な三層構造が認められることになる。この最後の立場では階層構造がさらに細分化されることも多い（たとえば、本書の図式では身体・精神・心・魂・スピリットとしている）。なお、この関連で心身一元論をみると、その大半が意味しているのは精神と身体を一体のものとしてみる見方である。しかし、一部の議論では、霊性までもふくめて身心一如について語られる場合がある。

二元論か一元論か

つぎにスピリチュアリティの面から見ると、人間の本質を霊性（魂やスピリット）に見て、身体（および精神）を二次的な次元としてとらえる見方がある。その場合、身体は霊性を実現する途上で超越されるべき段階とみなされる。これは、身体と霊性を切断する二元論的な立場である。たとえば、プラトンの哲学では、肉体と魂を切り離すことが「死の練習」としての「哲学」修行であると言われる。その修行で「魂は、その生涯においてすすんで肉体と交わることがなく、むしろ、肉体を避け、自分自身へと集中」するのである（プラトン、１９９８、７９頁）。またグノーシスの思想では、神性と世界は二元論的に分けられ、人間は肉体・魂・霊からなるものとされる（Jonas, 1963）。このうち肉体と魂（プシュケー）は世界に帰属し、霊（プネウマ）は魂のなかに幽閉されているという。したがって、グノーシス派では、神性を分かちもつ霊を世界（肉体と魂）から解放することが課題となる。これらの議論では、身体は物質レベルでとらえられており、霊性と重なる部分はほとんどない。また霊性修行も、身体面を媒介としない知的直観や認識を重視したものが多い。

これとは対照的に、からだとスピリチュアリティをひとつながりの連続体としてとらえる一元論的な立場がある。東洋思想の伝統のなかでは、たとえば、プラーナ、ナーディ、チャクラなどからなる身体論をもつハタ・ヨーガ[1]、クンダリニー・ヨーガやタントラ仏教、ズィクルのような修行体系をもつスーフィズム、気と経絡の身体論をもつタオイズム、気功や太極拳のような大衆化した道教的身体道、アーユルヴェーダや中国医学やチベット医学のような伝統医学、さらには武道や芸道などがある。ほかにも世界各地に伝わるシャーマニズム、西洋神秘主義に属す錬金術やカバラにいたるまで、さまざまな伝統のなかで（それらが開示している部分やレベルは異なるにせよ）、からだとスピリチュアリティはひとつに結びついた現象としてあつかわれている。これらの場合には、身体はたんに物質ではなく、エネルギーや元型的イメージや強度からなる「微細身体」（subtle body）としてとらえられる。各種の微細身体論は通常、幾重にも折り重なる多層的でダイナミックな微細身体のシステムについて詳細な身体地図（霊的生理学）をもっている（Mann & Short, 1990, Mindell, 1982）。微細身体論では「体」という概念が、感情や思考といったレベルをふくめて、より微細で非物質的な存在レベルにまで適用されている[2]。またこれらの伝統では、身体地図にしたがって微細身体を活性化するための身体技法が多数つくられている。

このような、からだとスピリチュアリティを一体とみる見方は、たんに身体だけでなく、森羅万象（あらゆる存在者）にスピリットが宿るとする見方につうじている。この点は、先住民思想、フェミニスト・スピリチュアリティ、ディープエコロジーなどでも共通に見られる考えである。興味深いことに、フェミニスト・スピリチュアリティの議論では、身体からの分離と超越を説く教えは男性的・家父長的な霊性論であるとして、身体と結びついた一元論的な霊性が称揚される。たとえば、ナオミ・ゴールデンバーグによると「身体をともなう霊性、生命を志向する霊性は、分離ではなく、つながりの感覚をふくむ」(Goldenberg, 1993, pp.211-212) と言われる。また「現代の女神のスピリチュアリティ」(contemporary Goddess spirituality) に関する議論では、私たちの身体と「大地の身体」(Earthbody) が結びつけられ、大地(自然)に根ざす私たちの身体が霊性の住処とされる (Spretnak, 1993)。これは「超越」ではなく「内在」の立場である。

以上、からだとスピリチュアリティをめぐるさまざまな見方をとりあげたが、ここには相矛盾する多様な見解がふくまれている。もちろん、これらのうち何が正しく、何がまちがっているかを容易に判断することはできないし、それは多くの可能な見方を排除してしまうという点からみても避けられるべきである。言いかえると、からだとスピリチュアリティを連続的にみる一元論的な見方は、たしかに両者の結びつきを明瞭に示しているがゆえに重要であるが、そのほかの立場も決して無視してはならないのである。むしろ必要なのは、相矛盾するさまざまな立場を包摂できるような展望を探求することである。そのさい、からだとスピリチュアリティの結びつきをとらえるには、一方では、からだを物理的身体に限らず幅広くとらえ、他方では霊性についても種々の身体レベルをふくめて見ていく必要がある。この意味で物質的身体と純粋な霊性は、そうした連続体の両端に位置する二つの極点として理解することができる。

人間性心理学とソマティックス

ところで、以下の考察にすすむまえに、人間性心理学と身体のかかわりについて見ておきたい[3]。人間性心理学は、からだとスピリチュアリティをめぐる議論のなかで重要な位置にある。なぜなら人間性心理学は、心理学や心理療法の世界に「からだ」を持ち込むとともに（embodiment）、からだのスピリチュアリティ（embodied spirituality）へと向かう道筋も示しているからである。人間性心理学のなかの身体志向的アプローチには、気づきを中心とする技法としてセンサリー・アウェアネス、フェルデンクライス・メソッド、アレクサンダー・テクニークなどがあり、また感情や筋肉にかかわる技法としてバイオエナジェティックス、ロルフィングなどがある。これらのうち、アレクサンダー・テクニークのように、その起源が人間性心理学以前にさかのぼるものもあるが、それらもヒューマン・ポテンシャル運動のなかで広まった以上、人間性心理学との関連でとらえることができる。これらのほかにゲシュタルト・セラピー、フォーカシング、ハコミなどでも、からだの次元が重要な部分を占めている。このような身体技法は、臨床的な身体思想家であるトーマス・ハナや、ドン・ジョンソン（カリフォルニア統合学研究所）によって「ソマティックス」（Somatics）と総称されるようになっていることから、以下では一括してそのように呼ぶこととする。[4] ソマティックスに属す方法には、たしかにスピリチュアリティに直接かかわらないものもあるが、人間性心理学からトランスパーソナル心理学への展開のなかで、多くのアプローチがスピリチュアルな面をふくむようになってきている。

2　からだとスピリチュアリティを理解するための図式

本節では、前節であげたような多様な見方をとり入れることのできる図式をいくつか検討し、それをふまえて次節で、より統合的な見方を提起することにする。

レヴィンの身体図式

はじめにとりあげるのは、トランスパーソナルな志向をもった現象学的哲学者、デイヴィッド・マイケル・レヴィン（ノースウェスタン大学）による図式である。レヴィンは一連の著作のなかでハイデガーの存在論的実存哲学を発展させ、ハイデガーのいう「存在」の意味への問いを、身体存在に定位することで解明しようとする。「ハイデガーの哲学的企ては、人間の身体の現象学的理解を必要としている」（Levin, 1985, p. 8　原文イタリック）。「存在」は、身体の前存在論的存在理解のなかで私たちに与えられており、それゆえ身体経験をとおして「存在」へといたることができるのである。レヴィンのこの試みは、「存在」否定によって生じた今日のニヒリズム状況を、「存在」回復によって克服しようとするものであるが、彼はそれを、身体の復権を唱えたニーチェにまでさかのぼって試みている。またレヴィンにおいて重要なのは、この「存在」が霊性の次元もふくむ多次元性においてとらえられている点である。さらに、ジェンドリンのよき理解者であるレヴィンが、身体経験をとおした存在理解の事例として、フォーカシングであつかう「からだのフェルトセンス」に注目している点も重要である。

レヴィンは、五つの段階、すなわち「原初的身体」「前個的身体」「エゴ・ロジカルな身体」「超個的身体」「存在論的身体」をもつ身体図式を提示している（Levin, 1988, pp. 47-49）。このうち原初的身体（primordial body）は野性の身体で、自然な動物的身体である。前個的身体（prepersonal body）とは幼児や子どもの身体である。エゴ・ロジカルな身体（ego-logical body）とは、子育てや教育や社会参加をつうじて社会的に構築される「市民の身体」（civil body）である。それは平均的な人びとの身体であり、仮面、役割、習慣、慣習などをふくんでいる。超個的身体（transpersonal body）とは、集合的無意識に根ざした太古からつづく身体であり、それをとおして私たちは、ほかの生き物や自然のプロセスとのつながりを体験する。このような超個的身体は宗教的儀礼によって呼び覚まされる。存在論的身体（ontological body）は、解釈学的現象学をつうじて開示される解釈学的身体であり、「存在」を開示するものである。この五つの身体レベルのうち、原初的身体と前個的身体は生物学的身体であり、エゴ・ロジカルな身体は文化的身体である。これら三段階は通常の発達のなかでも得られるが、超個的身体と存在論的身体は、特別な修練をとおして達成される。この意味でレヴィンの場合には、超個的身体と存在論的身体がスピリチュアルな身体と言われる。

ウィルバーの図式——ケンタウロスの段階

つぎに、ケン・ウィルバーは「意識のスペクトル論」のなかに「ケンタウロス」(centaur)という表現で、からだのレベルを組み入れている(Wilber, 1985, 1993)。簡単に述べると、意識のスペクトル論によれば、統一意識に原初の境界があらわれて有機体と環境が分離し、ついで有機体は自我と身体とに分離する。そして自我は仮面と影に分離する。この一連の分離過程(境界形成)は人間の通常の成長過程を意味しているが、これに対して、各種のセラピーや瞑想はこれらの分離を統合するのである。仮面と影を統合すると自我レベルがあらわれ、自我と身体を統合するとケンタウロス(有機体)のレベルがあらわれる。ウィルバーによれば、ケンタウロスは以下のように特徴づけられる。「ケンタウロスは伝説上の動物であり、半人半馬の姿をしている。それは心身の完全な統一と調和をうまく表している。ケンタウロスは、馬を支配する御者ではなく、馬とひとつになった騎手である。からだから分離し、からだをコントロールする心ではなく、みずから自己制御する心身統一体(psychosomatic unity)である」(Wilber, 1985, p. 80)。ウィルバーは、人間性心理学における身体志向のアプローチ(ソマティックス)を高く評価し、自我と身体を統合して有機的統一体を回復するものとして、それを位置づけている。意識のスペクトル論では、それに引き続いて、霊性修行が有機体と環境を統合し、無境界の統一意識へいたる道として位置づけられている。

また、ウィルバーの発達論では、発達は身心未分化の前個レベルから始まり、自我が身体から分離する個的レベルがそれにつづく。その自我段階を越えたところに、自我と身体が再統合されたケンタウロスのレベルがくる。そして、さらにここからトランスパーソナルな段階が始まり、「微細《サトル》」レベル（the subtle）、「元因《コーザル》」レベル（the causal）をへて、究極のレベルへといたる。そのさいケンタウロスまでは粗大《グロス》な段階であり、スピリチュアルな段階は微細レベル以降に位置づけられる（Wilber, 1996c）。ウィルバーのその後の展開では、ケンタウロス以降に、心霊《サイキック》（the psychic）、微細、元因、非二元（the nondual）という四つのトランスパーソナルなレベルが設定されている（Wilber, 1996a）。ウィルバーの場合には、霊性は、ケンタウロス（からだ）のレベルをへたのち、心霊レベル以降で生じる現象ということになる。なおウィルバーは、みずからの図式と大乗仏教の仏身論との照応関係に言及しているが、ケンタウロス（粗大身）は「応身」（Nirmanakaya）、微細レベルは「報身」（Sambhogakaya）、元因レベルは「法身」（Dharmakaya）、非二元レベルは「自性身」（Svabhavikakaya）に、それぞれ相当するという。

多元的現実と身体図式——六つの身体

最後に、第5章（150－152頁）で紹介した多元的現実論を身体論と結びつけ、私自身の図式を紹介する。

1　**対象的現実**——現象的・表層的現実。あらゆる存在者が個別の分離した客観的存在として現出する次元。このレベルの身体は、客体（物質）としての客観的身体である。

2　**社会的現実**——対象的現実の背後にあり、現象的多者を分節化して現出する意味論的基盤。このレベルの身体は「社会的身体」、「エゴ・ロジカルな身体」（レヴィン）である。

3　**宇宙的現実**——社会的次元を包括する自然・宇宙。ここでは、あらゆるものが分離されることなく有機的につながっている。このレベルの「宇宙的身体」はミクロコスモスとしての微細身体であり、「超個的身体」（レヴィン）、「心霊」「微細」レベル（ウィルバー）、「報身」である。

4 **無窮的現実**——宇宙的現実のさらに深みにある無限性の次元、「絶対無分節者」（井筒）、「元因」レベル（ウィルバー）。このレベルの身体は「無窮的身体」、「法身」である。これらは無としての身体、身体なくしての身体、無相の身体である。レヴィンのいう「存在論的身体」はこの次元にまで達するものであろう。

5 **普遍的現実**——無窮的現実に覚醒するなかで開かれる創造と真如の世界、「非二元」レベル（ウィルバー）。このレベルの身体は「普遍的身体」、「自性身」である。

以上、五つの存在次元に即して五つの身体をあげたが、ウィルバーのいう「ケンタウロス」やソマティックスの考えにしたがって、実際には、社会的身体と宇宙的身体の中間に「実存的身体」を加えて、六つの身体について語るほうが適切である。したがって、修正された図式は、客観的身体、社会的身体、実存的身体、宇宙的身体、無窮的身体、普遍的身体をふくむものになる。このうち宇宙的身体はそれ自体が重層的な微細身体である。無窮的身体は、微細な形象すらもたない無としての身体であり、無限なものの絶対否定性（超越）をあらわし、普遍的身体は、ありのままの具体的存在そのものであり、無限なものの絶対肯定性（内在・創造）をあらわしている。

以上、いくつかの図式を提示したが、これらは本章の前半であげた多様な見方を少なからずふくんでいる。多様な見方のそれぞれは、こうした身体図式の一部分を強調したものと解することができる。以下では、とくにソマティックスに光をあてながら、からだとスピリチュアリティを理解するための、ひとつの統合的なモデルを描きだしてみたい。

3　ソマティックスと霊性修行

社会的身体から本来的身体へ

科学的物質主義が主流の世界観をなしている現代社会にあって、私たちが所与のものとして見いだす日常的身体は、客観的身体としての生理的身体である。私たちは自分や他者の身体を、客体としてとらえる傾向をもっている。これはなぜであろうか。以下、単純化をおそれずに述べてみると、日常的身体とは何よりもまず社会的身体である。社会的身体は特定の社会のなかで歴史的に構成された身体である。それぞれの社会には、その価値観、信念体系、規範、制度などと結びついた特有な身体図式があり、それにしたがって身体の見方や行動は規定される。子育てや教育の主要な部分は、そうした身体図式を社会の新しい成員に内面化させ、社会的な身体技法を獲得させる作業にほかならない。そしていったん身体図式を内面化した個々の身体は、私たちに「自然な（自明な）身体」として知覚される。

身体は社会によって強く条件づけられるとしても、それは主として精神《マインド》の働きを媒介としたものである。精神と身体はひとつに結びついており、精神が内面化したコードが身体化される。ところで、現代社会のように科学的物質主義が優勢になっていると、物質的な身体観が精神の思考内容を規定し、それが身体へのかかわり方をも規定するようになる。このため現代人はその身体を生理的身体として表象する傾向を強める。これに対して精神は、物質としての身体と対立し、それをコントロールする主体として位置づけられる。現代社会で社会的身体として構築されるのは、ほかならぬ生理的身体なのである。

ところで、ソマティックスの観点から見れば、社会的身体としての日常的身体は各個人にとって「本来のからだ」ではなく、非本来的な様態へと疎外された身体として特徴づけられる。それは、フーコーのいう「従順な身体」であり、レヴィンのいう「市民の身体」、すなわち非本来的な「ひと」の身体である。とりわけ現代における「ひと」の身体は、「存在」とのつながりを忘却した、科学的に対象化された身体である。また、竹内敏晴は、私たちのからだが他者（ひと）のまなざしを内面化することで他者に規定される客体的身体へと疎外されることを、「身がまえ」という観点からとらえている。

ソマティックスの実践は、このような日常的身体に変容をもたらす。それは、ドン・ジョンソンによれば、「疎外」（alienation）から「本来性」（authenticity）への変容、すなわち社会的身体から本来的自己の身体への変容（変容I）である（Johnson, 1992, chaps. 4,8）。ソマティックスは「本来性の技術」であり、「疎外の技術」である子育てや教育をとおして身体に刻み込まれた社会的身体図式からの脱学習をはかり、本来的自己としてのからだ、つまりジョンソンが corpus に対して強調する（古高地ドイツ語に由来する）bottich としてのからだを回復するのである。これは、かつてマルクーゼが「からだの解放」と呼び、ノーマン・ブラウンが「からだの回復」、ライヒが「筋肉の鎧をとかす」と呼んだものである。ウィルバーのいうケンタウロスは、このレベルの本来的なからだである。このように「からだ」とは、本来的自己と不可分な実存的身体のことである。ソマティックスが目指しているのは、身体に課せられた社会的条件づけから脱同一化し、本来的な自己のからだを回復することであり、これは、マルクーゼやライヒが見通していたように、身体変容をとおした社会批判の営みである。私たちはここに、実存主義的な人間性心理学の実践方法論であるソマティックス——ウィルバーがいう「身体的実存主義」——がもたらした本質的な意義を認めなくてはならない。

共通感覚的なスピリチュアリティ

ところで、問わなくてはならないのは、本来的なからだは、すでに何らかのかたちで霊性をふくんでいるのではないかという点である。ジョンソンは、bottichとしてのからだには「共通感覚的な霊性」(consensual spirituality)が認められると指摘している(Ibid., chap.10)。本来的なからだは、高められた感覚的経験をもち、自他の境界を超えるという点で、共通感覚的な霊性をふくむのである。これはレヴィンのいう「超個的身体」や、ウィルバーのいう「心霊」および「微細」レベル、そして「宇宙的身体」の特徴と重なっている。

本来的なからだが共通感覚的な霊性をふくんでいるというのは、いくつかのケースで確認できる。たとえば、アレクサンダー・ローエンの一連の仕事を見ると、彼がバイオエナジェティックスの研究をとおして、からだに根ざす独自のスピリチュアリティ理解へといたったことがわかる。ローエンは、バイオエナジェティックスによって生じるからだの様態を、当初は「自我—身体—自然の連続性」と呼び、内的自然と外的自然の有機的連続性に注目していた(Lowen, 1969, p.255)。しかし、その後「真の霊性は、身体的ないし生命的基盤をもつ」(Lowen, 1973, p.12)として、からだにグラウンディングすることをつうじて「生への信仰」(faith in life)が生まれると述べている。精神《マインド》の活動に帰せられる「信念」(belief)とは異なり、「信仰は、からだの深い生命プロセスに根ざしている」(Ibid., p.12)というのである。「信仰とは存在の質であり、すなわち自分自身にふれ、生命にふれ、宇宙にふれているということである」(Ibid., p.219)。信仰をもつ人たちは「からだとひとつになり、からだをとおして、あらゆる生命とひとつになり、宇宙とひとつになる」(Ibid., p.318)。そしてローエンは最終的に、こうしたからだのスピリチュアリティを「グレイス」(grace)という観点でとらえる。グレイスとは、霊性とひとつにとけ合い、霊性を具現したからだの様態である(Lowen, 1990)。このようにローエンのいうからだのスピリチュアリティは、共通感覚的な霊性の特質をふくんでいる。

ソマティックス独自の貢献をとりあげることと並んで、もう一方で、ソマティックスと各種の伝統的な微細身体論とを積極的に結びつける作業も重要である。なぜなら、ソマティックスが開示する本来的なからだには微細身体へと向かっていく特徴が認められるからである。たとえば、ソマティックスによって解放されるからだが、霊性修行で解放される微細身体の基礎的段階として位置づけられるような場合がある。バイオエナジェティックスのいう生命エネルギーの流れは、チャクラ、プラーナ、クンダリニーからなる微細身体や、気の流れる身体（タオイズム）へ通じるものと思われる。実際、ローエンの同僚でコア・エナジェティックスを創始したジョン・ピエラコスは、生命エネルギー論とチャクラ論との融合を試みている（Pierrakos, 1990）。また、からだへの気づきを高めるアレクサンダー・テクニーク、センサリー・アウェアネス、フェルデンクライス・メソッドなどは、自覚の瞑想（マインドフルネス瞑想など）と基本的な面で重なりあう。この意味で、気づきを中心とするソマティックスは一種の基礎的な瞑想技法として役立てることもできる（この点については次章で検討する）。

霊性修行における身体変容

ところで、霊性修行は、たしかに身体への働きかけをふくんでいるが、本来的なからだを回復すること（変容Ⅰ）を主たる目的としているのではなく、さらに身体の変容を重ね、さまざまなレベルの微細身体を探究していく（変容Ⅱ）。微細身体は何らかの形象性をもつものの、非常に微細なエネルギーやイメージからなる光の身体である。それは閉じたシステムではなく、さまざまなレベルの微細世界に開いていて、それらとひとつにつながっている。ここにはマクロコスモスとミクロコスモスの照応関係がある。

しかし霊性修行の文脈では、微細身体といえども最終目的ではない。それが重要なのは、至高の現実にいたるための中間段階や媒体となるからである。さまざまなレベルの微細身体を超えたところに、井筒俊彦のいう「窮極的ゼロ・ポイント」)、ウィルバーのいう「元因」レベル、すなわち無窮的現実があり、この無限性のなかでは微細身体すら脱落し、無限な自覚そのものに解消されていく（変容Ⅲ）。

たとえば、ヴェーダーンタ哲学のなかで、シャンカラに由来する不二《ふに》一元論（Advita Vedanta）の伝統では、あらゆる断片的なアイデンティティ（無知）からの脱同一化をはかり、至高のアイデンティティに目覚めるために、「自己探究」の修行をする。そこでは「私とは何か」を問いつめ、「私はこれではない、これではない」を徹底することで、最終的に無規定な無相ブラフマン（nirguma Brahman）を見いだす。この伝統をくむインドの聖者ラマナ・マハリシは「……粗大身、それは私ではない。……知覚器官、それは私ではない」とつづけ、さらに微細身体についても「プラーナなど五つの生気、それは私ではない」として、自己を構成するこれらすべてを「〜ではない」と否定したあとに残るのは、ただ「自覚」（Awareness）のみであるとしている（Ramana Maharshi, 1988, p.3）。

このように霊性論の伝統では、微細身体すらも脱落する地点をとらえており、究極のレベルでは、からだを超えた霊性も認められる。ただし、からだの霊性を重視した微細身体論を経由する立場では、からだは最初から否定され超越されるのではなく、段階的な変容をとおして最終的に超えられる。

ところで、霊性修行の道は直線的なものではなく、往還の折り返しをふくんでいる。無窮的現実は目的地ではなく、無限と有限がひとつになった普遍的現実へと折り返し、からだもまた甦る（変容Ⅳ）。この普遍的現実の相においてこそ、からだと霊性の真の一元的（非二元的）立場が明確にあらわれる。ここで、からだは至高の霊性（スピリット）の顕現として甦り、有限な、ありのままのからだで普遍的身体となる。たとえば禅師、臨済が「この赤肉団上に一無位の真人がいて、常にお前たちの面門を出たり入ったりしている。まだこの真人を見届けていない者は、さあ看よ！さあ看よ！」（朝比奈、１９３５、２９頁）と迫るとき、「無位の真人」（無限）とひとつになった普遍的身体（赤肉団上）が立ちあらわれている。

現代の神秘思想家であるアンドリュー・ハーヴェイは、錬金術の教えを引きながら、魂の浄化をへたあとの還道（下降・創造の道）では「魂と肉体の結婚」が起こることを強調する。その場合「からだをもつことは、魂にとってなんら破局になるものではない。それは最高の機会となる。からだをもつことは、魂が神的存在の十全さを経験する機会となる」（Harvey, 2000, p.178）と述べている。ハーヴェイが言うように、からだと魂がひとつに再結合するところにこそ「十全で神聖な人間の生」がある。

空海の思想の核心をなす「即身」とは、このようなレベルの普遍的身体を指しているのではないか。空海は『即身成仏義』のなかで「重重帝網なるを即身と名づく」（空海、1983、225頁）と記しているが、重重帝網とは、インドラ神の宮殿の宝石網を意味し、華厳仏教における非二元の境地である事事無礙の象徴的イメージとされているものである。空海がそれを「即身」の定義に引いているということは、「即身」の様態がまさに、あらゆるものが相即相入する事事無礙（普遍的現実）にほかならないことを意味している。松岡正剛はこの一節について「互いの宝珠が互いに鏡映しあっているホロニックなネットワークを、そのままそれ自体として『即身』ととらえた思想的直観は……世界哲学史上においてもとくに傑出するものだ」（1984、223頁）と評しているが、「即身」とは、からだと霊性を一体のものととらえる見方の極限的な表現であると言えよう。

以上のように、からだをめぐるスピリチュアリティの議論では無窮的身体（変容Ⅲ）や普遍的身体（変容Ⅳ）もふくめなくてはならないが、霊性修行は決して一挙にこのレベルを実現するのではなく、ふつうさまざまなレベルを漸進的に実現していく。ソマティックスや伝統的な修行は漸進的な変容（変容Ⅰや変容Ⅱ）をもたらすのであり、その実現されたレベルに応じて、そのつど霊性はあらわれてくる。

ソマティックスが開くからだのスピリチュアリティ

本章の目的は、からだとスピリチュアリティをめぐる関係を整理するための展望を示すことにあった。たしかに、ソマティックスや霊性修行の多様なアプローチを考察するなかで、客観的身体＝社会的身体から本来的なからだの回復、そしてスピリチュアルな微細身体の実現、解脱と帰還という一連の流れが浮かび上がってくる。人間性心理学におけるソマティックスは、この大きな流れのなかで、本来的なからだを明らかにしている点で重要な位置を占めている。しかし、すでに見てきたように、それはスピリチュアルな次元にも通じている。この意味でソマティックスと霊性修行を統合的にとらえることが必要である。それは互いの可能性を広げるうえで重要な契機となる。現代人のための身心変容技法（セラピー）として発達してきたソマティックスは、現代人特有の人格的問題を解消するうえで役立つものであり、このことが霊性修行にとっても重要な貢献となる。というのも、近代以前の人びとを対象として成立してきた霊性修行にはセラピー的視点が不足しており、霊性を高めることを妨げるような人格的問題を十分に扱うことができないからである。それゆえ霊性修行はソマティックスの助けを得ることで、現代人に対してより適切なかたちでかかわれるようになる。一方、ソマティックスには、依然としてスピリチュアルな面に対する包括的な理解や技法が不足している以上、霊性修行の伝統から学ぶべき点は多くある。

以上の点を確認したうえで最後に一言述べておくと、ソマティックスと霊性修行を統合する試みのなかにあっても、ソマティックスを伝統的な（それ自体は変化のない固定的な）霊性論の枠組みの一部に組み入れることが決して望ましいのではない。むしろ両者の統合を求めるなかで、ソマティックスが開くからだのスピリチュアリティをたえず新たにとらえ直してゆくことが必要である。たしかに霊性の伝統を再評価することは、現代におけるもっとも重要な課題のひとつであるが、私たちがたんに過去に回帰するのではないとすれば、そこに新たな創造的契機をもたらすのは、むしろソマティックスのほうなのである。

注

（1）プラーナは生命エネルギー、ナーディは生命エネルギーの流れる脈管（スシュムナー、イダー、ピンガラーが重要）、チャクラは生命エネルギーのセンター（七つのチャクラが有名）。

（2）たとえば、神智学では、肉体、エーテル体、アストラル体、メンタル体、コーザル体というような言い方がなされる。ヴェーダーンタ哲学はkosha（鞘）という概念を用いて以下の五つの体を区別する。anna-maya-kosha（食物鞘・肉体）、prana-maya-kosha（生気鞘・エーテル体）、mano-maya-kosha（意思鞘・精神体）、vijnana-maya-kosha（理知鞘・叡知体）、ananda-maya-kosha（歓喜鞘・至福体）。

（3）本章のもとになった論文は、日本人間性心理学会の機関誌『人間性心理学研究』（21巻1号）の特集「からだとスピリチュアリティ」に寄稿したものである。そのため本章では人間性心理学への言及が多くなっている。

（4）トーマス・ハナの定義では、外部から（三人称の視点で）客観的に見られた身体 body とは対照的に「ソマティックスは、soma すなわち一人称の視点から、内部から見られた身体を研究する分野である」（Johnson, 1995, p. 341）。ソマティックスには、ほかにも、ローゼン・メソッド、ユートニー、アストン・パターニング、ヘラーワーク、トレーガー・メソッド、ボディ・ダイナミックス、セラピューティック・タッチなどをふくめることができる。

第7章　自覚の技法

――オルダス・ハクスレーの教育論

本章では、私がホリスティック臨床教育学の中心的方法とみなしている「自覚の技法」をとりあげる。自覚の技法は霊性修行の伝統のなかで発展してきたものだが、最近の展開を見ると、人間の成長のあらゆるレベルで、また癒しや治療のなかでも有効であることが明らかになりつつあり、臨床教育学においても本質的な方法として位置づけられる。本章では、まず自覚の技法の基本にふれたのち、オルダス・ハクスレーの教育論をとりあげ、最後に自覚から覚醒にいたるスピリチュアルな成長の道筋を一瞥する。ハクスレーはいちはやく心理療法と霊性修行を教育のなかにとり入れ、しかも自覚の技法をその中心に置いていた人物であり、ホリスティック臨床教育学の先駆者と呼べる人物である。

1　自覚の技法とは何か

自覚の技法の広がり

「自覚の技法」（the art of awareness）は古くから瞑想の主要な技法のひとつであり、霊性修行のなかで不可欠な役割を担っていた。この点はいまも変わっていないが、今日、自覚の技法は各種の身体技法《ソマティックス》や心理療法、ホリスティック・ヘルスなどのなかで重要な役割を果たすようになっている。たとえば、アレクサンダー・テクニーク、センサリー・アウェアネス、フェルデンクライス・メソッド、ニューカウンセリングといった身体技法のなかでは、身体への気づきを高めることが不可欠な部分をなしている。また、ゲシュタルト・セラピー（パールズ）、プロセスワーク（ミンデル）、ハコミ・メソッド（クルツ）といった心理療法でも自覚が重視され、トランスパーソナル心理療法の試みのなかでは自覚の瞑想（おもにマインドフルネス瞑想）が用いられている。ホリスティック・ヘルスの分野では、ジョン・カバット・ジンやジョアン・ボリセンコがマインドフルネス瞑想をとり入れて、ストレス緩和プログラムを実施し、成果をあげている。このように自覚は、スピリチュアリティを養うだけでなく、心身の治療や癒しにも一定の効力を発揮するものであることがわかってきている。

今日、自覚の技法はさまざまな領域にもっとも普及した瞑想的技法のひとつであるが、これには、北米における禅やチベット仏教の広がり、ジョゼフ・ゴールドシュタインやジャック・コーンフィールドによって伝えられた上座部仏教のヴィパッサナ瞑想（洞察瞑想）の広がり、ベトナム生まれの禅僧ティク・ナット・ハンによるマインドフルネス瞑想の普及、さらには自覚をその教えの核としていたグルジェフやクリシュナムルティの思想の受容といった、さまざまな動向が関与している。

教育の分野では、瞑想は人間性心理学やトランスパーソナル心理学の研究者たち（マイケル・マーフィ、ジョージ・レオナード、デボラ・ロズマン、ゲイ・ヘンドリックスなど）によって教育方法のなかに導入され、その後ホリスティック教育の研究者であるジョン・ミラーやリチャード・ブラウンによって、とくに教師教育の分野に導入された。これらの取り組みのなかでも自覚の技法は重要な位置を占めている。また、こうした流れとは別に、教育家でもあったクリシュナムルティは、彼の教育論のなかでつねに自覚の大切さを強調していた。

しかしながら、これらの試みを除いては、一般的に見て教育実践や教育学のなかで自覚の意義が十分に認められてきたとは、とうてい言いがたい。むしろ自覚は、知性や思考力の形成などと比べると、ほとんど顧みられることのなかった次元である。しかし人間の潜在可能性のなかで、自覚は、思考や感情とは異なる独自の特性をそなえている。これは霊性修行の伝統のなかで発見されてきたことであり、臨床教育学の観点からしても、きわめて重要な意味をふくんでいる。

自覚の意味

自覚《アウェアネス》とは、自分の内部（感覚、感情、思考など）や外部で起こっていることに敏感に気づくことである。それはじつに単純で、いまこの瞬間に起こっていることに、ありのままに気づき、それを見つめるということである。この意味での自覚は、「注意」（attention）、「観察」（observation）、「観照」（witness）、「マインドフルネス（気づき）」（mindfulness）といった言葉でもとらえられている。トランスパーソナル心理学者のブラント・コートライトによれば、それは「自覚の内容がどんなものであれ、自覚そのものにとどまることであり、私たちが見たり、感じたり、思ったり、感覚していることに固執したり価値判断を加えたりせず、ただそれが意識にあらわれ、すぎ去っていくままに、そのすべてを見つめることである」（Cortright, 1997, p.128）。自覚とは、大空を流れていく雲をながめているときのように、意識に立ちあらわれてくるどんなものからも距離を置き、その推移を観察することである。そのとき対象を価値判断せず、なにも変えようとしないで、それが自然に変化していく様子をながめるのである。

自覚は多くの霊性修行においてその核となっている。代表的なトランスパーソナル心理学者であるチャールズ・タートは、「高度な霊性の道の本質」を、「いつでも、あらゆるものに開いて気づいていること」であるとし、「この持続的な、たえず深まるマインドフルネスの結果として、ほかのすべてのことは起こってくる」（Tart, 1994, pp. 25-26）という。ティク・ナット・ハンによれば「マインドフルネスにあたるサンスクリットの言葉 smriti は〈覚えておくこと〉を意味する。マインドフルネスとは、現在の瞬間にもどってくることを覚えている、ということである」（Nhat Hanh, 1998, p. 59）。たしかにマインドフルネスにあたる漢字の「念」は、「心」を「今」にとどめておくという意味になる。

初期仏教時代に成立したマインドフルネス瞑想の基本テクストは *Satipaṭṭhāna Sutta*（『念処経』）と呼ばれ、『マッジマ・ニカーヤ』（中部経典＝中阿含経）に収録されている。sati とは「気づき」を、paṭṭhāna とは「確立」を意味し、両者でこの経典は「気づきの確立」を意味している。この経典では、マインドフルネス（念）の対象となる四つの柱をたて、身体、感受、心、仏法（心身プロセス）のそれぞれについて具体的な指示を与えているが、一例までに見ておくと、身体をとりあげた箇所では「修行者が歩くとき、その人は〈歩いている〉ということに気づいている。立っているとき、〈立っている〉ということに気づいている。座っているとき、〈座っている〉ということに気づいている。……どんな姿勢をとっていても、その人は自分のからだの姿勢に気づいている」（Nhat Hanh, 1990, p. 5）とある。このような調子で、この経典には、身体の各部位、快苦などの感受、欲・嫌悪・無知・緊張といった心の状態、仏法が説く五つの障害、五つの集合体、六つの感覚、七つの目覚めの要因、四つの聖なる真理（四聖諦）に気づくことなどが説かれている（井上、２００３、５９－８４頁）。ティク・ナット・ハンは、八正道（初期仏教以来の基本的な修行法）の一角をなす「正念」が瞑想修行の要に位置するものであると強調している。

大乗仏教の修行体系「六つのパーラミター（完成・極致）」では、瞑想は「ディヤーナ（禅定）」（dhyāna）と呼ばれる（禅はこの言葉に由来する）。チョギャム・トゥルンパによると「ディヤーナは文字どおり〈気づき〉〈目覚めていること〉を意味している」（Trungpa, 1973, p.177）。マインドフルネスやディヤーナの原理は単純である。なぜなら、それらは、いまここにあるものに、ただ気づき、それを見つめることだからである。トゥルンパが言うように「瞑想とは、ただ現にあるものを見ようとすることであり、そこに神秘的なことなど何もない」（Trungpa, 1985, p.73）。

瞑想の初歩段階では、たとえば自分の呼吸や、からだの特定の部位や動きに焦点をあわせ、そこに起こっていることを観察する。あるいはティク・ナット・ハンがすすめているように、日常生活のあらゆる局面や所作が自覚の訓練の場となる（Nhat Hanh, 1975）。自覚の訓練をすると、「いまの瞬間」へと中心が定まること（centering）、落ち着きがますこと、精神《マインド》が静かになること（calmness）、明晰さがますこと（clarity）、広がり（spaciousness）や深み（depth）の感じがますこと、存在感（presence）がますことといった変化が起こってくる（Cortright, 1997, p.128）。最近では、こうした変化について、その生理学的・心理学的な研究もすすんでいる（Murphy & Donovan, 1999）。

自覚の瞑想は、最初は技法として学ばれるものだが、それをとおして、あらゆるものに対する自覚のレベルが高まってくる。トゥルンパはそれを「パノラマ的自覚」（panoramic awareness）と呼ぶ。それは「すべてに浸透している気づき」であり、いまのこの瞬間に目覚め、状況のすべてに気づいていることである。クリシュナムルティの言葉では、それは「選択なき自覚」（choiceless awareness）と呼ばれる。「選択なき」ということで、自覚が何か特定のものに係留されることなく、あらゆるものに広がっている点が強調される。同様に禅師、沢庵（１９８２）の言葉では、何かに係留され、そこにとどまる意識が「有心」と呼ばれるのに対して、何ものにもとどまることのない意識が「無心」と呼ばれる。

自覚における脱自動化

単純であるとしても、自覚は決して容易なものではない。それは日常意識の働きとは異なる意識様態を求めているからである。以下に自覚のいくつかの特徴を示しておくと、まず「脱自動化」(deautomatization)という特徴をあげることができる(Ornstein, 1975, Deikman, 1982)。自覚の技法で重要なのは、自動化した身体行動や感情や思考の動きを「脱自動化」することである。私たちの日常行動のほとんどは自動化しているが、自動化しているとは自覚を必要としないということである。

人間はその形成過程で社会的・文化的な条件づけを受け、社会や文化の行動様式を学習する。その結果、日常行動のほとんどは自動的・機械的に処理できるようになり、社会への適応が十分なものになる。個々人の思考や感情や身体の行動様式は、身近な他者との関係をとおして、それらの人びとが所属する社会文化的プログラムにしたがって規定され、さらには各個人の経験をとおして個別に条件づけられる。そして年齢がすすむにつれ、反応と行動の習慣的パターンが形成される。これは一面では、個々の行動から過剰な負担をとりのぞく効果をもっているが、その一方で行動を自動化し、無自覚なものにする。

このような自動化した状態を、神秘思想家のグルジェフは「機械」と呼び、作家のコリン・ウィルソンは「ロボット」と呼ぶ。グルジェフは、教育を受けることで人間は不幸にして「自動機械」(automaton)にされてしまうという。「……あの悪名高き〈教育〉のために、その大陸の現代人たちは〈自動機械〉と呼ばれるもの、すなわち生きた機械仕掛けの人形にすっかりつくり変えられる」(Gurdjieff, 1992, p. 942)。教育をつうじて、人格(思考・感情・身体)の反応と行動のパターンは条件づけられ、機械的な反応が自動的に起こるようになる。

グルジェフの思想を受けてシューマッハーが言うように「自覚が欠ければ……人はただ機械のように動き、しゃべり、学び、反応するだけである。それは、偶然に、意図なしに機械的に習いおぼえた〈プログラム〉にもとづいている」（Schumacher, 1977, p.75）。通常の見方では、これは正常な人間形成にほかならないが、自覚の観点からすれば、いまだ不完全な自己実現である。自動機械状態に対して、自覚の訓練は、身体や感情や思考の動きに注意深く気づくことで、自動化した行動を脱自動化する。それは、日常の所作をふくめ、どんな動きに対しても、それを自覚することを求める。もとより、これは困難な課題であるが、これを試みつづけていると自動的な反応は減少してくる。

自覚における脱同一化

つぎに「脱同一化」（dis-identification）があげられる。私たちの日常意識は、とめどなくあらわれてくる思考や感情や感覚や外部知覚などの意識内容に満たされており、私たちはそのつどの意識内容に同一化し、その内容に対するさまざまな反応をくり返している。その反応のなかで個々の行動が生まれてくる。つまり個々の意識内容を価値判断し、それを変更しようとしたり、あるいは、その内容が求めているものを実現しようとする。多くの場合、こうした反応はパターン化され、自動化されているので、無自覚のうちに起こる。

これに対して自覚の訓練では、どのような意識内容があらわれても、すぐにそれに反応しないで、それを見つめ、手放して、やりすごすようにする。日常意識にあって、このような自覚が自然に起こることはほとんどない。反対に自覚を欠いた日常意識のもとでは、思考や感情や感覚や外部知覚へのたえざる同一化が起こっている。自覚の技法とは、そうした同一化から抜けだすための脱同一化の訓練である。著名な瞑想教師であるラム・ダスが言うように、「瞑想は、自覚と、自覚が対象とするものとの同一化をやぶらせる。自覚は、思考や感覚とは異なる。あなたは、個々の感覚印象や思考につかまれ、ふり回される代わりに、自覚をどこにでもふり向けられる。瞑想は自覚を自由にするのである」（Ram Dass, 1978, p.8）。

ここで思考からの脱同一化をとりあげてみよう。私たちの日常意識のなかで、思考はふつう感情や感覚よりも優位に立ち、たえず活発に働いている。それはたえずものごとを解釈し、分類し、価値判断し、合理化している。もちろん思考は人間の重要な機能であるが、問題は、私たちの日常意識が思考作用に過剰なまでに同一化している点にある。意識が思考に同一化してしまうと、思考の世界を現実へと投影する。コージブスキーの一般意味論の用語で言えば、「地図」を「現地」と混同することになる。これに対して瞑想は、自覚を発達させることで、思考の支配的な力からの脱同一化をはかる。自覚は、思考の働きを観察し、それに反応しないで、手放し、やりすごす。誤解のないように言っておくと、自覚の訓練をとおして思考が決して消滅するわけではない。自覚はそうした消滅を目的とするのではない。思考はたえずくり返しあらわれてくる。肝要なのは、それに同一化することなく、自覚を保ちつづけることである。しかし思考のプロセスを見つめつづけていると、その力がしだいに弱まってくることも事実である。思考を観察していると、無思考の瞬間がわかるようになり、その頻度も多くなり、間隔も長くなる。このようなことが起こるのは、個々の思考内容への反応を差し控えることで、思考を維持するエネルギーが奪われるからだと思われる。思考は実体ではない以上、それを維持するために同一化を必要としている。このような意味で、クリシュナムルティは「瞑想のなかにある精神《マインド》は静かである。……それは、思考がその表象、言葉、知覚のすべてとともにすっかりやんでしまうときにおとずれる静けさである」(Krishnamurti, 1979, p.1) と述べている。

自覚による脱同一化をとおして起こるのは、とらわれない状態である。これには、ロベルト・アサジョーリがサイコシンセシスの原則として示した以下の点があてはまる。「私たちは、自己同一化しているすべてのものに支配される。私たちは自分が脱同一化するすべてのものを支配し、コントロールできる」(Assagioli, 1971, p.22)。同一化しているということは、一見その内容に主体的にかかわっているように見えるが、無自覚的な同一化においては、そのつど生起してくる内容にいつもとらわれ、支配されているのである。しかし自覚によって脱同一化していると、たえず生起するものごとの渦中にあっても、それに支配されることなく、くつろいでいられる。この点について、ラム・ダスは、「私はそれ〔できごとの流れ〕にすっぽり包まれているが、流れていく何ものにもしがみつかない。それは、ただあるがままにある」(Ram Dass, 1978, p.13) と言っている。

心理療法と瞑想

ここで瞑想と心理療法の関係について少しふれておく。両者の統合を試みているトランスパーソナル心理療法の研究者たちが明らかにしているところでは、瞑想は必ずしも心理療法に取って代わるものではなく、むしろ両者はそれぞれ異なる役割をもち、たがいに協力しあえるのである (Epstein, 1995, Boorstein, 1997, Cortright, 1997, 安藤, 1993, 2003)。

心理療法と瞑想が相互に置換できない理由として、たとえば自覚の瞑想は意識内容から脱同一化することを目指すが、心理療法はむしろ意識内容のなかに深く分け入っていく、という点があげられる。「心理療法のなかでは、私たちは問題となる材料に完全に同一化し、それをしっかりつかまえ、掘り起こしていく。これに対して瞑想では、手をゆるめ、それから脱同一化し、それがすぎゆくがままにする」(Cortright, 1997, p.130)。したがって、意識内容に重大な問題が認められるような場合には、心理療法による取り組みが必要となる。たとえば人格レベルに問題がある人がスピリチュアルな探究をはじめるような場合、自分の内面に生じるプロセスが人格に統合できず、さらに問題が複雑になることがある。また瞑想に熟達した人たちにおいても、その人格レベルに問題があれば、自我肥大や権力志向といった問題が起こりやすい。このような場合、霊性修行で得られたことが人格レベルの問題に絡めとられてしまうため、心理療法の助けが必要とされる。

その一方で、マーク・エプスタインが明らかにしているように、瞑想が心理療法の場面に導入されると（具体的にはクライエントがマインドフルネス瞑想を実践すると)、クライエントはより容易に、掘り起こされた問題や感情にありのままに気づき、それを価値判断することなく受けとめ、さらに問題や感情の背後にある自己の中心に立ち返ることができるようになる(Epstein, 1995)。このように瞑想は心理療法に貢献するが、それが主眼としているのは、人格レベルとは異なる新たな意識次元の喚起である。新しい意識次元が生まれると、問題がそのなかに統合され(より広い視野から見られ)、問題の布置が変化し、問題のもつ意味そのものが変化する。この点は、瞑想のもつ心理療法的機能として重要である。

以上の論点は、自覚の技法と、癒しや身体技法のような方法との関係についても妥当する。心理療法や癒しや身体技法は、それぞれに特有な手法によって、人格(思考や感情や身体からなる統一体)の構造や機能に具体的な変化を生みだし、病的な様態を改善していくが、自覚の場合には、そのような変化自体が求められているのではなく、ただ気づくことが求められる。もとより、気づきのなかでさまざまな変化が起こってくるが、その場合も特定の変化が求められているわけではなく、そのつど起こってくることは異なっている。このことは、人格に変容をもたらす各種の技法が重要ではないということを、決して意味するのではない。それらは、必要な変化を生みだすうえで、それぞれに有効なものである。しかしながら、自覚という次元を欠いていれば、それらは依然として部分的な取り組みということになる。自覚は、自己の中心からそうした作業や変化を見つめることで、個々の変化を包摂する全体性の次元を与えることができる。

自覚の存在次元

自覚は、思考、感情、感覚、外部知覚などで構成される意識内容や、自動化した行動とは次元を異にし、それらのプロセスや動きを見守る働きである。モーシェ・フェルデンクライスが言うように「意識と自覚のあいだには本質的なちがいがある。……自覚は、意識のなかで起こっていること、あるいは意識しているときに私たちの内部で進行していることについて、それを明確に知っている意識である」（Feldenkrais, 1977, p. 50）。ちなみに彼が考案した身体技法であるフェルデンクライス・メソッドは、からだの動きをとおして自覚を高めることを目的としている。

自覚は日常意識についての意識であり、メタ意識である。トランスパーソナル心理療法の先駆をなす重要な研究のなかで、アーサー・ダイクマンは、それを「観察する自己」（the observing self）と呼び、「思考的自己」「感情的自己」「機能的自己」から区別する（Deikman, 1982）。「観察する自己」は、思考・感情・身体の働きに気づくものであるため、それらよりも自己の中心にあるとみなされる。

自覚が独自の意識次元をなしているという点について、長年、意識研究にたずさわってきたタートは、自覚が精神（頭脳）の働きであるとする「精神の旧来の見方」に対して、「精神のラディカルな見方」を提唱した。後者において「自覚は、脳の構造……や文化的プログラミングに影響される何かであると同時に、肉体的な頭脳の構造の外からあらわれる何かとして示される」（Tart, 1983, p. 30）。つまり、自覚はたんに脳の生理的機能に還元されるのではなく、それとは次元を異にする意識状態だというのである。

シューマッハーは、存在には四つの次元があるとして、人間存在はそのすべてをふくむという。四つの次元とは「物質」（matter）、「生命」（life）、「意識」（consciousness）、「自覚」（self-awareness）であり、これらは存在論的に非連続な次元である。シューマッハーの指摘で重要なのは、意識と自覚のちがいを識別することは難しいという点である。彼はその理由として「自覚の力がほとんど発達していない人びとは、それを独自の力としてとらえることができず、たんに意識のかすかな延長にほかならないと受けとりがちである」（Schumacher, 1977, p. 21）と述べている。「自覚」は「意識」と区別される存在次元であるが、人間においてそれは現実態として与えられているのではなく、むしろ可能態としてあり、修練をとおして育まれなくてはならない。「自覚の力は本質的に現実の力というよりも、むしろ無限の潜在力である」(Ibid., p. 22)。自覚の技法とは、自覚というトランスパーソナルな意識次元を喚起するための訓練である。

2　ハクスレーにおける自覚の教育

自覚をとおした意識変容の過程については後ほどとりあげるが、そのまえに、自覚の技法がホリスティック臨床教育学にとっていかに重要であるかという点を、オルダス・ハクスレーの考えを見ながら明らかにしておきたい。ハクスレーは二〇世紀を代表する作家・知識人の一人である[1]。彼は『永遠の哲学』といった神秘主義研究の古典を著すなど、古今東西の霊性の伝統に深い造詣をもち、同時に最新の心理療法や身体技法にも精通し、そのいくつかはみずからも実践していた。教育に対しても強い関心を寄せ、霊性修行や心理療法や身体技法に関する知見をもとに、ホリスティックな教育論を提唱した。これまでほとんど知られることのなかった彼の教育論の全体像については別のところで論じてあるので(中川、1992、Nakagawa, 2002)、ここではハクスレーが自覚の技法を教育との関連でどのように位置づけていたかを検討する。

非言語的人文教育

ハクスレーによれば、人間は一種の「両棲類」(amphibian)であり、言語の世界と直接経験の世界の両方に棲むという。ここで重要なのは、両方の世界を最善に生かすことであるが、実際には両者は著しくバランスを欠いた状態にある。たしかにハクスレーは、言語が人間にとって本質的な構成要因であることを認めているが、その一方で言語能力を獲得した結果、人間はそれに伴う代償を支払うことになったという。「言語には明らかにグレシャムの法則がある。……言葉は概して……直接経験と、直接経験の記憶を駆逐しがちである」（Huxley, 1975a, p.13）。私たちは言語の枠組みのなかで、ものごとを知覚し、思考する習慣にとらわれ、言葉や概念を媒介としない直接経験を著しく失っている。『知覚の扉』のなかでは、こう述べられている。

> 私たちは、こうしたシステム（言語やその他のシンボル・システム）の恩恵を受けると同時に、たやすくその犠牲者にもなってしまう。私たちは言葉を効果的に使う方法を学ばなければならないが、それと同時に、概念という不透明な媒体を通さず世界を直接的に見る能力を保ち、必要ならその能力を強めなくてはならない。（Huxley, 1968a, p. 59）

言語と直接経験のバランスを保つためには、言語の作用を制限するとともに、直接経験を回復するように努めなくてはならない。これに関連してハクスレーは教育の現状についてこう述べる。「あらゆる子どもは、特定の言語のなかで……また世界と自分と他者に関する一定の基本的観念のなかで教育される。……西洋式の文明化された社会では、こうした言語的・観念的教育は、組織的で徹底している」（1965, p. 35）。それゆえ近代の教育システムのなかで欠けているのは、子どもに言語の本質および限界についての認識を与えることであり、それと同時に非言語的レベルの教育をおこなうことである。

そこでハクスレーが提唱するのは「非言語的人文教育」（nonverbal humanities）である。これは「運動感覚の訓練、特定の感覚の訓練、記憶の訓練、自律神経系をコントロールする訓練、スピリチュアルな洞察のための訓練」（Huxley, 1975a, p.19）などをふくんでいる。具体的には、運動感覚の訓練としてアレクサンダー・テクニーク、視覚の訓練としてベイツ式訓練、自律神経系の訓練としてジェイコブソンの弛緩法、ヨーガ、催眠、そしてスピリチュアルな洞察の訓練として禅、エックハルト、クリシュナムルティなどの方法があげられる。ハクスレーはほかにも、知覚の訓練として、ゲシュタルト・セラピー、スイスの心理療法家ヴィトズの方法、インドに伝わるシヴァのタントラの行法などをとりあげている。非言語的人文教育は、最新の心理療法とともに、古くからある霊性修行の技法をとり入れるかたちで構想されているが、そこでとりあげられている多くの方法は自覚の技法である。

非自己

非言語的人文教育は、言語的次元の背後に広がる人間の深層次元を探究していくものである。ハクスレーによれば、人間は「意識的自己・自我」と、複数の無意識的「非自己」(not-selves) からなる重層的存在である。無意識的非自己には以下のような層がふくまれる。(1) 習慣や条件づけ、抑圧された衝動、幼児期の心理的外傷などからなる個人的潜在意識、(2) 身体の成長や機能をつかさどる「植物魂」(vegetative soul)、(3) 洞察や霊感の源泉となる叡知的非自己、(4) ユングのいう元型や、人類に共有されているシンボルの世界、(5) ヴィジョン体験をする神秘的な非自己、(6) 万物に内在し、かつ超越的な「普遍的非自己」(the universal Not-Self) である (Ibid., pp.16-18)。

ハクスレーは、無意識を「否定的無意識」と「肯定的無意識」に分けてとらえるが (Huxley, 1978b, pp.152-167)、これらの非自己のうち、最初の個人的潜在意識は否定的無意識に属している。否定的無意識は生得的なものではなく、抑圧と条件づけによって形成され、神経症を生みだし、人間に否定的な影響をおよぼす。これに対し、その他の非自己は個人的潜在意識よりも深層にあり、肯定的無意識に属している。それらは叡知的非自己、元型的非自己、神秘的非自己へと深まるにつれ、いっそうスピリチュアルなものとなり、最終的に普遍的非自己にいたる。

ハクスレーによれば、人間の本質は意識的自己や個人的潜在意識にあるのではなく、より深層の非自己にある。

しかし一般に「悪習慣を作ることで、意識的自我と個人的潜在意識は、より深層の非自己が正常に機能するのを妨げる」（Huxley, 1975a, p. 23）。人間は意識的自我に同一化し、潜在意識の力に支配されて、深層の非自己に近づくことを阻害されるのである。その結果、生理的知性が変調をきたしたり、洞察、霊感、元型、ヴィジョン、究極的現実などが覆い隠されてしまう。

こうした内なる分裂に対して「弛緩と活動」という処方箋が有効であると、ハクスレーは指摘する。「弛緩すべきものは自我と個人的潜在意識であり、活動的にされるべきものは、植物的魂と、それを超えたところにある非自己である」（Ibid., p. 23）。非言語的人文教育は、こうした弛緩と活動を可能にする方法である。そこにさまざまな心理療法的方法がふくまれるのは、個人的自我や潜在意識の層に働きかけるためである。自我と潜在意識を弛緩させ、その他の非自己を活性化するということは、霊性の深みが開かれていくことである。ハクスレーは人間の成熟や完成を、このような自己存在の深化に見ていた。ハクスレーは「究極的な非自己を知ること……これこそ人間の生の完成であり、個人の存在の目標であり、究極的な目的である」（Ibid., p. 33）と述べているが、彼は教育の最終目的を、こうした意味での「自己実現」や「悟り」に置いている。

アレクサンダー・テクニーク

ハクスレーは非言語的人文教育のなかでもアレクサンダー・テクニークを重視し、みずからも長年にわたってレッスンを受けていた。この身体技法は、フランツ・マシアス・アレクサンダーが二〇世紀初頭に開発した「自己の使い方」（the use of the self）の再教育法である。この場合、自己とは有機体（身心）のことであり、アレクサンダー・テクニークは、その不適切な使い方（misuse）を、適切な使い方へと再教育する方法である（Alexander, 1984）。

アレクサンダー・テクニークは、自己の使い方に対する意識的コントロール（すなわち自覚）を強調する。アレクサンダーによれば、人が自己の不適切な使い方を習慣化するのは、潜在意識のコントロールに身を委ね、無自覚に行動するからである。これに対し、自己の使い方を再教育するには、その使い方を自覚しつつ意識的にコントロールして、習慣化していた不適切な使い方を抑制し、有機体の「プライマリー・コントロール」（本来のコントロール）を回復しなくてはならない。アレクサンダー・テクニークでは、教師の助けを借りながら、自分のからだの使い方に対して自覚的になることで、不適切なパターンが自動的・機械的にくり返されることを防ぎ、それと同時に、からだの適切な方向づけをつねに意識しながら行動するようにする。したがって、この技法は、たんに心身機能の改善をもたらすだけでなく、自覚のレベルを高めるのである。

重要なのでつけ加えておくと、ジョン・デューイは、アレクサンダー本人からレッスンを受け、この方法の教育的な意義を高く評価していた(2)。デューイは、アレクサンダーの著作に寄せた序文のなかで「それは、あらゆる教育過程をその中心となって方向づけるための諸条件を提供する。アレクサンダー・テクニークは、教育そのものがほかのあらゆる人間の活動に対してもつのと同じ関係を、教育に対してもっている」（Dewey, 1984, p.xix）とまで評している。ハクスレーはこの発言に賛同して、こう述べている。

これは強い言い方である。なぜなら、デューイは、人間に残された唯一の希望は教育にある、と確信していたからである。しかし教育が世界全体にとって絶対に必要であるのと同様、心理＝身体的器官を訓練するアレクサンダーの方法は、教育にとって絶対に必要である。心理＝身体的器官の適切な訓練を欠いた学校教育は、本質的に……不適切な使い方の習慣を組織的に身につけさせることで、子どもに大きな害をもたらす。（Huxley, 1975a, p.21）

ところで、異分野間に橋を架ける達人であったハクスレーは、このような身体技法における自覚を、スピリチュアルなレベルの自覚と結びつけることで、自覚を軸とするホリスティックな臨床教育学のモデルを提示する。以下の一節は、アレクサンダー・テクニークに触発されて一九四一年という早い時期に書かれた「目的獲得と媒介手段」という論文のなかに出てくるのだが、自覚の臨床教育学にとって、いまだに計り知れない意味をもつものである。

……プライマリー・コントロールの意識的習得のためのアレクサンダー・テクニークがいまや利用できるようになっている。それは、究極的現実への自覚を高めていくことをつうじて人格を超越する神秘家の技法と結びつけられて、もっとも豊かな実を結ぶことができる。いまや、人間の活動の全領域に働きかける全面的に新しいタイプの教育を考えることができる。それは、生理的レベルに始まり、知的、道徳的、実践的レベルをへて、スピリチュアルなレベルにまで達するものである。この教育は、自己の適切な使い方を教えることで、子どもと大人を病気や有害な習慣のほとんどから守り、抑制と意識的コントロールを訓練することで、あらゆる男女に理性的に道徳的に行動するための心理・生理的な手段を与える。この教育は、それが到達しうる上限では、究極的現実の経験を可能にする。(Huxley, 1978a, p.152)

ここに述べられているように、自覚の技法という点に着目して、ハクスレーは、アレクサンダー・テクニークにおける意識的コントロールと、神秘家たちの自覚の修行とを結びつけ、自覚の教育の全容を提示する。自覚を軸にすることで、人間の重層的次元――身体レベルに始まり、知的、道徳的、実践的レベルをへて、スピリチュアルなレベルにいたる――の全域に働きかけるホリスティックな教育がここに姿をあらわしている。

自覚の連続的発展段階のなかで、アレクサンダー・テクニークは「基礎的自覚」(elementary awareness) を高める方法として位置づけられる。「基礎的自覚の教育は、内的な出来事への自覚を高める技法と、私たちの感覚器官に写しだされる外的出来事への自覚を高める技法をふくまなくてはならない」(Huxley, 1969, p.155)。アレクサンダー・テクニークは、とくに内的な運動感覚に対する基礎的自覚を高めるものである。非自己との関連で言えば「運動感覚は、一方にある意識的自己および個人的潜在意識と、他方にある植物魂とをつなぐ主要な通路である」(Huxley, 1975a, p.19)。したがって、この基礎的自覚の技法は、意識的自己と個人的潜在意識を弛緩させ、植物魂レベルの非自己を活性化するのである。

ハクスレーがアレクサンダー・テクニークを自覚の連続的スペクトルのなかに位置づけたことで、それはたんに有機体の使い方の再教育というだけでなく、自覚を高める基礎的な技法としての意味を担うことになる。「よき身体教育は、自覚を身体レベルで教えるべきである」(Huxley, 1966, p. 221) とハクスレーが言うとき、それはたんなる身体の教育ではなく、むしろ自覚の教育としての身体教育を意味している。

日常生活における自覚

自覚の技法は、ハクスレーにおいて中心的な意味をもつ。ハクスレーの思想の集大成である最後の小説『島』(一九六二年刊) のなかで、(3) マイナという鳥が人びとに「注意するのです」と連呼する場面に、それは象徴的に描かれている。この小説のなかで自覚は、幼少時から死にいたるまで、人が生涯にわたって持続すべき教育課題として登場する。初等教育段階では、アレクサンダー・テクニークのような心身の自覚的な使い方や、受動的な知覚の訓練がとりあげられ、青年期以降の高等教育レベルでは、「超越的合一」のための霊性教育が重視される。

成人において自覚は日常生活のあらゆる場面で実践されるべきものとして位置づけられる。ハクスレーは、それを「日常生活のヨーガ」と呼ぶ。「あなたがやっていることを完全に自覚するのだ。そうすると、仕事は仕事のヨーガとなり、遊びは遊びのヨーガとなり、日々の生活は日々の生活のヨーガとなる」（Huxley, 1972, p.149）。『島』に挿入されている「何が何であるかについてのノート」という、ハクスレーの思想的断片集には、こう記されている。「よい存在（Good Being）とは、あらゆる経験との関係において自分が本当は誰なのかを知ることにある。それゆえ自覚をするのだ。……これこそ唯一真なるヨーガであり、実行するに値する唯一のスピリチュアルな訓練である」（Ibid., p. 40）。

この言葉は、クリシュナムルティが主著『最初で最後の自由』（邦訳『自我の終焉』篠崎書林）の「自覚」に関する章で、その冒頭に置いた「自分自身を知るということは、私たちの世界との関係を知ることである」（Krishnamurti, 1975, p.94）という一文を思い起こさせる。それは、生の全体を織りなす関係のプロセスを自覚するということである。ハクスレーが自覚の技法を重視する背後には、盟友であったクリシュナムルティとの親交があったと思われるが、ハクスレーは、クリシュナムルティのいう「選択なき自覚」について、「この選択なき自覚は――あらゆる瞬間において、また生の情況全体のなかで――唯一効果のある瞑想である」（Huxley, 1975b, p.17）と強調している。

ハクスレーは、自覚の訓練が最終的には悟り（覚醒）にいたるための助けになると言う。「あらゆる種類の経験との関係において自分自身を知れば知るほど、突然ある晴れた朝、自分が本当は誰なのか、あるいは誰が本当に〈自分〉であるのかわかる機会が多くなる」（Huxley, 1972, p. 40）。したがって、ハクスレーは「それぞれの人の仕事――それは悟り（enlightenment）である。それは、いまここで、その準備の仕事として、自覚を高めるあらゆるヨーガを実行することを意味している」（Ibid., p. 236）と述べる。

非自己の存在論との関係で言えば、ここでハクスレーは、自覚が普遍的で究極的な非自己の実現にかかわるものだと言っている。自覚がそのほかの中間的な非自己（叡知的非自己、元型的非自己、神秘的非自己）とどのような関係にあるのかという点についてはふれられていないが、いずれにせよ中間的非自己は（それがいかに重要に見えようとも）通過されるべき地点であることに変わりはない。自覚はそうした内なる通過を可能にする。叡知的非自己、元型的非自己、神秘的非自己のさまざまなレベルであらわれる意識体験は、たしかに人間の深層を明らかにするが、自覚の観点からすれば、それらに対しても同一化することなく、それを超えてゆかなくてはならない。自己存在の深層領域もふくめ、何ものからも脱同一化してゆくとき、大いなる覚醒は近づいてくる。

自覚の実践は死にいたるまでつづく。『チベットの死者の書』をふまえて、ハクスレーは生と死のヨーガを説く。死にさいしても大切なのは「自覚しつづけることであり、それが死ぬということのすべてである」（Ibid., p.239）。なぜなら「自分が本当は誰なのかを知ること、私たち一人ひとりをつうじて生きている普遍的で、非個人的な生命を意識すること――それが生きるということであり、これこそ死にゆく人を助けて実践しつづけるようにできるものである」（Ibid., p.239）。妻のローラ・ハクスレーが伝えるところでは、その死にさいしてハクスレー自身もこうした死を迎えたという（Huxley, 1991, chap.21）。その後、ラム・ダスやスティーヴン・レヴァインの努力によって、ハクスレーの考えは「意識的に死にゆく」ためのプロジェクトとなって実現されている（Levine, 1982）。

3　自覚から覚醒へ

眠りと目覚め

ハクスレーも指摘しているように、自覚の修練をとおして「覚醒」（awakening）と呼ばれる大いなる意識変容が起こる。「覚醒」はさまざまな霊性修行の伝統のなかで共通して用いられてきた譬え《メタファー》である。たとえば「ブッダ」とは「覚醒した人」の意味であり、仏教の瞑想修行がめざすbodhiは覚醒を意味している。同じく覚醒を重視したスーフィズムから例をとると、ルーミーは、人間の意識を「うつけ心」と「覚めた心」に分け、通常の日常意識を構成する「うつけ心」から「覚めた心」への変化について、以下のように語っている。

うつけ心の眠りから揺り起こされると、人は現世に嫌気がさし、熱はさめ、それどころか、遂には自分自身も溶けてなくなってしまう。生れて育ち始めた赤ん坊の頃から人間はうつけ心ただ一筋に生きてきたのだ。さもなければ、成長して大人になれたはずがない。また、うつけ心のお蔭でこんなに立派に成長した身なればこそ、今度はそのうつけ心の汚れを洗い流し、きれいにしてやろうとして、こちらが望むと望まぬとにかかわらず、神は様々な苦労、心痛を課し給う。こうして始めてかの世界への目が開かれるのである。（井筒、1993、354頁）

「覚醒」とは無窮の現実に目覚めることである。これに対し通常の意識は「眠り」のなかの「夢見」に等しい。『荘子』には「覚めて後に其の夢なることを知る。且つ大覚ありて、而る後に此れ其の大夢なることを知る」（金谷、1971、81頁）とある。このような文脈で言われる「眠り」や「夢」とは、文化的・社会的に条件づけられた精神《マインド》が投影する思考の世界に、私たちの意識が自己同一化して、それに囚われていることを意味している。たとえば、自覚の瞑想をしていると、ある瞬間に思考が生まれ、それに同一化したとたんに自覚を忘れ、思考のなかをただよい、ふたたび思考から離れて自覚に立ちもどってくるというようなことが起こる。自覚を忘れた状態が「眠り」であり、思考をとおして世界を見ることが「夢」である。思考の働きへの同一化はきわめて容易に起こりやすい以上、「眠り」や「夢見」としての日常意識は強力であり、これに対して、自覚を維持することは難しく、ましてや「覚醒」は決して容易に起こるものではない。

グルジェフの心理学

スーフィズムの伝統を引きながら、意識の覚醒を主題として独自の活動を展開したグルジェフの意識論を少し見ておきたい[5]。グルジェフは、人間に可能な四つの意識状態を区別する。それは、(1)通常の睡眠と夢見の状態、(2)通常の目覚めた状態、(3)自己意識、(4)客観意識の四つである。グルジェフの心理学では、完全に発達した人だけがすべての意識状態をもち、通常の人間の意識は、(1)と(2)の状態に占有されているという。自己意識や客観意識は特別の修練をへてはじめて目覚めるのである。自己意識と客観意識は霊性の次元であり、本書の用語では魂とスピリットに相当する。グルジェフの教えの特徴は、客観意識にいたるうえでの中間的次元である自己意識の発達を重視した点である。

この意識モデルのなかで二番目の「通常の目覚めた状態」は、霊性の「覚醒」ではなく、むしろその「眠り」を意味している。グルジェフの言葉を忠実に伝えているウスペンスキーによれば、通常の目覚めた状態において「人間は真実の世界を見ているのではない。真実の世界は空想が生む壁によって隠されている。人は眠りの中で生きている。彼は眠っているのだ」(Ouspenski, 1987, p.143)。グルジェフはこうした「眠り」がいかに起こるかを、つぎのように説明している。

人間は、眠れる人たちのあいだに生まれ落ち、そして当然、自己の意識をもちはじめるまさにそのときに、彼らのあいだで眠りこんでしまう。あらゆるものがこれに手を貸している。たとえば、子どもの側で年上の人たちを知らず知らずのうちに模倣すること、それと意識して、あるいは意識しないで暗示を与えること、そして「教育」と呼ばれているものなどである。子どもの側の目覚めようとするあらゆる試みは、すぐに中断される。……ほとんどの場合、人間は子どものときすでに覚醒の可能性を失い、眠ったまま一生をおくり、眠ったまま死んでいく。（Ibid., p.144）

ルーミーと同じくグルジェフは、私たちが人びとのあいだで育つ場合、さまざまな条件づけを受け、それを内面化することで「眠り」に落ちていくことを指摘する。「眠り」とは、共同主観的な「ひと」が個人の意識の座を占有することである。ハイデガーのいう「ひと」を彷彿させながら、グルジェフは「人間はその内部では一人ではない。人は〈私〉ではなく〈私たち〉であり、もっと正確に言えば〈彼ら〉である」（Ibid., p.300）と述べている。タートは、こうした事態を、催眠との類比で、文化による「合意的トランス誘導」（consensus trance induction）と呼ぶ（Tart, 1987, chap.10）。文化はその成員となる子どもに対して、その周囲の文化的成員（親や教師など）をつうじて、当の文化の信念や価値観を反映する思考や感情や行動のパターンを暗示的に伝え、それを身につけるように仕向ける。その結果子どもは、文化的に適切な行為を一種の自然な習慣として自動的にくりかえす正常な人間となる。これは、ほかでもない通常の人間形成であるが、グルジェフやタートの言うように、それは同時に意識の眠りを生涯にわたってもたらすのである。

グルジェフは、意識の眠りにある人間を「機械」と呼ぶ。「人間は機械だ。彼の行為、活動、言葉、思考、感情、確信、意見、習慣――これらはすべて外的な影響、外的な印象の結果である。……彼の言うこと、行なうこと、考えること、感じること――これらすべては起こるのだ」（Ouspenski, 1987, p.21）。自己意識の眠りのなかで、人は意識的主体として何かを意志し、なすことはできない。実際には、その時点で優勢な人格の構成要素（思考、感情、感覚）のどれかに同一化し、その内容に自動的に反応しているだけである。この意味でそれは機械に等しい。人はそのつどの出来事に連鎖して生じる思考や感情や感覚の動きに無自覚のうちに同一化し、それに対する反応がつぎからつぎへと起こっているのである。「すべては起こるのである。人間に生じること、彼によってなされたこと、彼から出てくるもの――これはすべて起こるのだ」（Ibid., p.21）。

人びとが自己意識の「眠り」にあるなかでは、とくに自覚の価値が強調されることもなく、ましてやそうした試みは「眠り」を妨げるものとして排除される。「眠り」から「自己意識」さらには「客観意識」へと目覚めていくためには、自覚の意図的な修練が必要となる。グルジェフはそれを「自己観察」や「自己想起」と呼び、またその活動を「ワーク」と称していた。「自己観察は人間に自己変革の必要性を悟らせる。そして自己を観察するあいだに、自己観察そのものが自分の内的プロセスに一定の変化をもたらすことに気づく。自己観察は自己変革の道具であり、覚醒への手段であることを、人は理解しはじめる」（Ibid., pp.145-146）。人はまず、その自己意識が眠ったまま機械のように自動的に動いていることに気づく必要がある。自己観察はそのような自分から距離を置いて、そのあり方にありのままに気づくことである。自己観察は、それがどんなものであれ、好むと好まざるとにかかわらず、日常生活のなかで起こるどんなことにも注意を払いつづける実践である。

人は対象が何であれ、つねに何かに自己同一化している。したがって自己観察は、この自己同一化の働きを徹底して観察し、自己同一化の輪を断ち、そこから自分を解き放つのである。何かに自己同一化しているかぎり、自己はその個々の断片へと喪失されたままである。グルジェフの場合、自己観察をつづけると同時に、自己の全体を想起する作業が重視される。「自己想起」はつねに自己のさまざまな面を想起しておくという実践であり、たとえば、これについてタートは「感じること、見ること、聞くこと」というエクササイズをあげている。それは、からだの各部と全体に同時に注意を向けながら、それと並行して聞くことと見ることにも注意を払うという訓練であり、一度に自己の多様な面を意識のなかに保持することである。自己観察にせよ自己想起にせよ、それらは意志力と根気を要する作業である。さもなければ、私たちはあまりにも簡単に気づきのない眠りのなかに陥ってしまう。グルジェフは言っている。

> 自己想起を始めることによって初めて、人は真に目覚める。そして彼をとりまく生は、異なった様相と意味をもちはじめる。彼は、それが眠っている人びとの生活であり、眠りのなかの生活であることを見る。人びとは言うこと、なすこと、そのすべてを眠りのなかでおこなう。このようなことには少しも価値がない。覚醒と、覚醒に導くものだけが真に価値をもつ。(Ibid., p.143)

トランスパーソナル心理学の見方

以上のことをトランスパーソナル心理学の見地から考察してみよう。さきにふれたように、ダイクマンのいう「観察する自己」は自覚に相当する。この「観察する自己は、物質的世界と超越的領域とのあいだの架け橋になることができる。観察する自己の向上や発展がないなら、〈自己〉へのいっそう深い歩みは起こらない」(Deikman, 1982, p.176)。このように「観察する自己」の発達は、それにつづくスピリチュアルな成長の基礎となる。

この点は、サイコシンセシスの理論のなかでも明確にとらえられている。サイコシンセシスはトランスパーソナル心理学の先駆的モデルであるとともに、それ自体がホリスティック臨床教育学のひとつのすぐれた体系とみなされるものだが、そのサイコシンセシスでは、日常的人格を構成している複数のサブ・パーソナリティから脱同一化することで「セルフ」を見いだし、さらに「セルフ」を経由して、高次無意識の中枢をなす「トランスパーソナル・セルフ」へと中心を移し、全体の統合をはかろうとする。このとき「セルフ」は、観察する自己としての特徴をもち、アサジョーリによって「純粋な自覚」と呼ばれている[6]。

覚醒が起こりうるには、自覚のレベルをたえず高めてゆかなくてはならない。ロジャー・ウォルシュとフランシス・ヴォーンは、この点について以下のように述べている。

最終的に自覚は、もはや何ものにも排他的に同一化しなくなる。これは根源的かつ持続性のある意識の転換であり、悟りや解脱といったさまざまな名前で知られてきたことである。そこには、もはや何ものかに対する排他的な同一化がないため、〈私〉対〈私でないもの〉という二分法は超越され、そのような人たちは自分を無であると同時にすべてであると経験する。彼らは純粋な自覚（無 no thing）であると同時に、全宇宙（すべて every thing）である。どんな場所にも同一化しないと同時に、すべての場所と同一化しているため――どこにもいないと同時に、あらゆるところにあるため――彼らは空間と場所を超越する。（Walsh & Vaughan, 1980, pp. 58-59）

覚醒とは、「観察する自己」に残っていた微細な自己感覚が消え去り、自覚が統一意識へと転ずることである。ケン・ウィルバーは、これを、「トランスパーソナルな自己」（transpersonal self）から「統一意識」（unity consciousness）への転換と呼ぶ。「トランスパーソナルな自己」とは「自分の個的な精神、身体、感情、思考、感覚から創造的に離脱した自覚の中心と広がり」（Wilber, 1985, p.128）である。しかし、このトランスパーソナルな自己は統一意識ではない。トランスパーソナルな自己から統一意識への移行は大いなる飛躍を伴うものであり、トランスパーソナルな自己はそのための跳躍台となる。「統一意識においては、トランスパーソナルな観照そのものが、観照されるあらゆるものに融解していく。しかし、それが起こるまえに、まずトランスパーソナルな観照を見いださなくてはならない。そのあとで、それは〈跳躍点〉として働き、統一意識へ向かいやすくしてくれる」（Ibid., pp.129-130）。

ウィルバーは最近では「トランスパーソナルな自己」の代わりに「観察する自己」という言葉を用い、「観察する自己は、それ自身の源、すなわちスピリットそれ自身、空それ自体を開示する」（Wilber, 1996a, p.199）という。「観察する自己、目撃者を、純粋な空のなかの、まさにその源まで探究すれば、どんな対象もまったく意識に生じない」（Ibid., p. 220）。観察する自己は、無相の意識そのものである「純粋な空」を開示する。したがって、トランスパーソナルな成長とは、観察する自己を、純粋な空、純粋なスピリットにまで深めていくことを意味する。

ウィルバーは、この純粋な空、純粋なスピリットをこれまで「統一意識」や「元因レベル」と呼んできたが、最近の議論では「非二元レベル」（the Nondual）についても強調している。元因レベルは観想の最終地点を示しているのではなく、往道から還道への折り返し地点をなし、さらに非二元レベルが開かれる。非二元レベルとは、世界がそのありのままの姿で、純粋な空、純粋なスピリット（無限性）をあらわす普遍的現実となることである。ここでウィルバーは『般若心経』にいう空即是色のベクトルに従っている。非二元レベルとは、存在の空性（無限性）に覚醒したのちに開かれる真如（色）の次元である。空は他の状態と区別される超越的現実ではなく、「すべての状態のリアリティであり、真如であり、条件である。他の状態から離れた特別な状態ではなく、高低、聖俗、日常・非日常をふくめたすべての状態のリアリティであり、条件である」（Ibid., p. 227）。覚醒は元因レベルのなかにとどまることなく、非二元的現実のなかで、すなわちこの世界のただなかで実現される。それは存在の空性に根ざしながら、その顕現としての具体的な現実に具体的にかかわることである。それゆえ、悟りには終りがない。「悟りは新しい形が生起するなかで前進していく過程であり、あなたは、空の形としてのそれらにかかわるのである。あなたは、生起してくるそれらの形のすべてとひとつである」（Ibid., p. 239）。覚醒が慈悲をとおして社会行動や実践へと切り結んでいくための存在論的で倫理的な根拠はここにある。

東洋的自己

私は東洋哲学的ホリスティック教育論を展開したさい、それが覚醒を中心としている点を強調し、「東洋哲学的ホリスティック教育の要諦は覚醒にある。東洋的ホリスティック教育は覚醒の教育にほかならない。その第一の目的は、私たちを覚醒へと導くことである」(Nakagawa, 2000b, p.62)と述べた。覚醒は、どこか特別な(他の存在次元から隔絶された)超越的次元へ到達し、そこにとどまることを意味するのではない。自己は存在の深層における「無窮的現実」へと目覚めたのち、往相から還相へと転じて、生の全体を無限なるものとして生きることになる。こうした根底から変容した生を、私は「普遍的現実」と呼ぶことにした。無窮的現実はみずからを世界のなかにあらわし、普遍的現実へと転ずる。したがって、覚醒への教育は決してこの世界から離脱してゆくことを目的とするのではなく、覚醒によって変容する自己と世界の全体へと立ちもどり、その自己と世界とを、限りない深みから生きることを意味している。

この議論のなかで私は、無窮的現実へと目覚め、普遍的現実へと立ちもどる自己存在を、東洋的文脈を強調する意味で「東洋的自己」と呼んでみた。その古典的な例として、(ごく一部の例にすぎないが)老子のいう「賢人」、荘子のいう「真人」や「至人」、臨済における「無位の真人」などがある。それを、井筒俊彦は「東洋の哲人」、鈴木大拙は「超個の人」、西谷啓治や上田閑照は「自己ならざる自己」、久松真一は「無相の自己」などと呼んでいた。たとえば、井筒は「東洋の哲人」について、こう述べている。

いわゆる東洋の哲人とは、深層意識が拓かれて、そこに身を据えている人である。表層意識の次元に現われる事物、そこに生起する様々な事態を、深層意識の地平に置いて、その見地から眺めることのできる人。表層、深層の両領域にわたる彼の意識の形而上的・形而下的地平には、絶対無分節の次元の「存在」と、千々に分節された「存在」とが同時にありのままに現われている。（井筒、１９８３、１２頁）

また、鈴木大拙は「超個の人《にん》」について、「超個の人は、既に超個であるから個己の世界にはいない。それゆえ、人と言ってもそれは個己の上に動く人ではない。さればと言って万象を撥って、そこに残る人でもない。……人は大いに個己と縁がある、実に離れられない縁がある」（鈴木、１９７２、８６頁）と述べている。「超個の人」は個人を超えていると同時に個人に内在する存在である。

このように覚醒の意味について考察していくと、超越即内在的な人間存在へとゆきつく。実際そのような人間のあり方は古くから、さまざまに語られてきた。この事実に照らしてみると、自覚から覚醒へといたる教育は決して新しいモデルではなく、人類が古くから継承してきたひとつの教育類型であることがわかる。しかし、近代的教育観が台頭してくるなかで、それは彼方へと追いやられ、少なくとも教育学の視野からは姿を消したかに見える。これに対しホリスティック臨床教育学は、自覚と覚醒をあらためて教育の中心に据えようとするものである。

注

（１）オルダス・ハクスレーは一八九四年イギリスに生まれ、健康上の理由もあって一九三七年からはアメリカに移り住み、一九六三年、六九歳で亡くなっている。彼は名門の家に生まれ、その祖父は進化論者として、また教育家として有名なトマス・ハクスレーであり、兄ジュリアンも著名な生物学者であり、ユネスコの初代事務総長をつとめた。オルダスは最初、医学を志したが、失明の寸前まで衰えた視力のため医学を断念し、作家の道にすすみ、『対位法』『すばらしい新世界』『ガザに盲いて』など、すぐれた作品を著している。作家としては虚無主義、懐疑主義の作家としてスタートし、世界的な名声を博すが、その後は一転して神秘主義や東洋思想に傾倒するようになる。一九四五年に発表された『永遠の哲学』は、神秘主義に関する書としては、すでに古典的なものである。また孤高の哲人クリシュナムルティとも親交をもち、カリフォルニアのオハイに創られたクリシュナムルティの学校の理事をつとめていた。彼は社会的関心も強く、平和主義者として知られていた。ハクスレーは、解脱や悟り、愛や慈悲、平和、理想社会などについて、作家として、一個人として真剣な探究をつづけた人物である。カリフォルニア定住後、晩年には西海岸一帯で盛りあがりを見せ始めていたヒューマン・ポテンシャル運動に大きな影響を与えている。当時(一九五〇年代)の著作としては、メスカリン体験を綴った『知覚の扉』と『天国と地獄』、評論集『アドニスとアルファベット』、小説『天才と女神』、文明評論『すばらしい新世界再訪』があり、カリフォルニア大学サンタバーバラ校の客員教授だったときの講義録『人間の状況』や、一九六二年に出された最後の小説『島』などがある。この時期、彼は致命的な病気にかかっていたにもかかわらず精力的に講演活動をおこない、とくに「人間の潜在的可能性」(Human Potentialities)と題する講演は何度もおこなっている。エサレン研究所の創設も、ハクスレーのこのような活動に負うところが大きい。ハクスレーは、人間性心理学やトランスパーソナル心理学、そしてホリスティック教育の流れの源に位置する重要な人物である。

(2) デューイは、アレクサンダーが一九一四年にイギリスからアメリカに来たのち、アメリカにおける最初の弟子の一人になった。一九一八年以降、デューイはアレクサンダーの三冊の著作に序文を寄せている。

(3) ハクスレーの最後の小説となった『島』(人文書院)は、最晩年のハクスレーが思索のすべてを傾けて書きあげたユートピア小説である。そこには古今東西の最良の思想を取りだして最善に生かそうとする彼の姿勢がよくあらわれている。理想郷の島パラは、人間が潜在的可能性を実現し、自由と至福に満ちた生活を営むコミューン社会であり、ハクスレーはこの作品のなかで、人間の可能性が実現されるための諸条件を明確にしようと試みている。それと同時に、そうした試みが人間の暴力によっていかに破壊されやすいかも描いている。『島』は、ホリスティック臨床教育学にとって不可欠な文献のひとつである。

（4）ローラ・ハクスレーはオルダスの考えを受けつぎ、その後「私たちの究極的投資」という非営利組織をつくり、人間の誕生や子育てにかかわるプロジェクトを展開している。そのなかでは、意識的な出産《コンシャス・バース》というかたちで、自覚とサイコシンセシスを組み合わせた方法がとり入れられている（Huxley & Ferrucci, 1992）。このように、誕生と死を意識してむかえる取り組みをもつことで、「意識的に生きる」というハクスレーの提案は、文字どおり人間の生涯をふくむものになった。

（5）グルジェフへの入門書としては、ウスペンスキーの『奇蹟を求めて』（平河出版社）が知られているが、トランスパーソナル心理学の立場からチャールズ・タートが著した『覚醒のメカニズム』（コスモス・ライブラリー）も推薦しておきたい。

（6）興味深い事実なのだが、アサジョーリの後継者として、サイコシンセシスを代表しているピエロ・フェルッチは、オルダス・ハクスレーのイタリア人の妻であるローラ・ハクスレーの甥にあたり、ハクスレーの講義録『人間の状況』（邦訳『ハクスレーの集中講義』人文書院）の編者でもある。

第8章　感情の変容
――SEL・バイオエナジェティックス・マインドフルネス

感情教育をとおした非暴力への取り組み

本章では、ホリスティック臨床教育学の視点から感情の教育について考察する。本書のなかでホリスティック臨床教育学は、教育と心理療法とスピリチュアリティとを統合するものとして提案されているが、感情に対する臨床教育学的アプローチにおいても、これら三つの方向から接近することができる。本章では、これら三つの領域にかかわる実践モデルを検討しながら、ホリスティックな感情教育のかたちを考察していく。

ここで感情の教育をとりあげるのは、それをつうじて、教育における非暴力への取り組みについて吟味したいからである。いじめや少年犯罪をふくめ、暴力はそれぞれに複雑な現象であるが、暴力の発生を考えるとき、感情の問題はひとつの核をなしている。たとえば、いわゆる否定的感情と呼ばれる怒りや憎しみのような感情は、それがそのまま行動と結びつくと、暴力的で破壊的な行動につながりやすい。たとえそれが行動にあらわれなくとも、私たちの気持ちを混乱させ、葛藤や抑圧を引き起こし、内なる暴力を生みだすことになる。教育との関連で非暴力を問題にするとき、感情に対する取り組みは不可欠なものとなる。以下で見ていくが、最近では教育のなかで、否定的な感情への対処法がとりあげられるようになってきている。しかし、それと並んで重要なのは、肯定的な感情を育むような教育をつくりだすことである。たとえば、シュタイナー教育の場合、その教育活動の全体が一種の感情教育をなし、そのなかで喜びや楽しさといった肯定的な感情が育まれることが目指されている。最終的には、そうした両方の取り組みが統合されなくてはならないが、以下の考察はそのひとつの試みである[1]。

本章のなかで感情教育の実践モデルとしてとりあげるのは、教育領域からは社会的・感情的学習、心理療法領域からはバイオエナジェティックス、スピリチュアリティの領域からはマインドフルネス瞑想である。これらは、それぞれ異なるアプローチをとっているが、怒りや憎しみなどの感情に取り組んでいる点では共通している。社会的・感情的学習は総合的な予防教育の枠組みとして一九九〇年代中葉に登場してきたものであり、とくに感情的知性の考えにもとづいている。これに対して、バイオエナジェティックス臨床教育学の観点からすれば重要なものである。この見地からみればほとんど知られていないが、ホリスティック臨床教育学の観点からすれば重要なものである。この見地からみれば、社会的・感情的学習はいまだ感情に対して十分に取り組んでいるとは言えず、自我が感情をコントロールすることに力点が置かれている。これに対して身体志向セラピーのバイオエナジェティックスは、感情の抑圧が身体に構造化されることに着目して、身体への働きかけをとおした感情解放を促し、愛や喜びなどの感情を体験できるようにする。マインドフルネス瞑想の場合には、感情体験のプロセスに十全な気づきをもって接することで、怒りのような感情も慈愛へと変容していくことが明らかにされている。

類型的に言えば、社会的・感情的学習が感情管理型の教育モデルであるのに対して、バイオエナジェティックスとマインドフルネス瞑想は感情変容型の教育モデルである。非暴力のための感情教育は、社会的・感情的学習のような感情管理型だけでは不十分である。それはたしかに暴力的行動の発生を抑え、社会の秩序を維持することには貢献するであろうが、それ自体は否定的な感情の変容を目的としたものではない。これに対して、バイオエナジェティックスやマインドフルネス瞑想は、感情変容のための積極的な方法である。昨今の予防教育をめぐる動向を見ていると、今後、社会的・感情的学習に寄せられる期待はますます大きくなると思われるが、それはバイオエナジェティックスやマインドフルネス瞑想のような感情変容型のアプローチとも結びつけられなくてはならない。以下では、これら三つのアプローチについて個別に検討したのち、最後に全体を統合することの必要性について考察する。

1　社会的・感情的学習

総合的な予防教育としてのＳＥＬ

北米、とりわけアメリカでは、学齢期の子どもたちが、自他の生命を傷つけ破壊するような、さまざまな事件や問題に巻き込まれる危険が高まり、その対応策として多種多様な予防教育の取り組みが展開されてきた。たとえば、薬物依存予防、一〇代の妊娠予防、エイズ予防、ストレス予防、暴力防止、自殺予防、死の教育などがある。これらの取り組みのなかでは多くの教育プログラムがつくられている。たとえば、問題解決、意思決定、ライフスキル、社会的スキル、怒りの管理、ストレス管理、対立解決、ピア・メディエーション、自己主張といった内容のプログラムが開発されている。それらのプログラムは、多くの教育方法を組み合わせて構成されており、ほとんどが高度にマニュアル化されている。(2) 個々の教育プログラムには、よく練り上げられ充実した内容をもつものも多く、学校教育の現場で実際に用いられ、成果をあげている。

しかしながら、その一方で、これらの取り組み、プログラム、教育方法があまりにも多種多様になったため、教育現場に混乱をもたらすような状況も生まれている。そこで一九九〇年代半ばに、これらの取り組みに共通する枠組みを画定しようとする動きがあらわれ、それが「社会的・感情的学習」（ＳＥＬ＝Social and Emotional Learning）というかたちに整理されたのである。一九九四年には教育者や研究者が集まって、ＣＡＳＥＬ（The Collaborative to Advance Social and Emotional Learning）という組織がつくられ、ＳＥＬを積極的に提唱する活動をつづけている。ＣＡＳＥＬは、子どもを「知識と責任と心くばり」のある人間へと形成することが教育の目標であり、そのためにはＳＥＬをとおして、必要なスキル、態度、価値観などを育成することが重要であるとみなしている。ＳＥＬは、ＣＡＳＥＬによれば、以下のように定義される。

社会的・感情的能力とは、自分の生の社会的・感情的な諸側面を理解し、管理し、表現する能力であり、それによって、学習、人間関係づくり、日々の問題解決、成長や発達が課す複雑な要求への適応といった人生課題に上手に対処できるようにする力である。この能力にふくまれるのは、自己知覚、衝動のコントロール、協同作業、自分自身や他者への心くばりである。社会的・感情的学習とは、子どもや大人が、社会的・感情的能力を獲得するために必要とされるスキル、態度、価値観を発達させる過程である。（Elias, 1997, p.2）

要するに、ＳＥＬとは、人が自他の感情に対して適切な対応をとり、社会的関係を良好につくっていくための力量を養うということである。ＣＡＳＥＬは、ＳＥＬが子どもの行動や対人関係に変化を引き起こすだけでなく、学力面でも改善が見られるとして、ＳＥＬが教育にとって必須の要件である点を強調する。ＳＥＬはいまや教科学習にとっても重要な教育領域として認識されはじめているのである[3]。

感情リテラシーの教育

ＳＥＬでは、対人関係能力である社会的スキルと並んで「感情リテラシー」の学習が中心となり、プログラムをとおして子どもたちは人間の感情について学ぶことになる。たとえば、感情にはどのようなものがあるのか。怒りや悲しみといった感情的体験はどのようなときに起こるのか。そのような強烈な感情を体験するとき、どう対処すればよいのか、といったことが学ばれる。そして、どんな感情でも、それをもつことは決して恥ずかしいことではなく、人間として自然なことであり、感情を静めるためのスキルを用い、誰かに適切な仕方で感情表明することも許される、というようなことを子どもたちは学んでいくのである。

対立解決法やピア・メディエーションのような、喧嘩やもめごとの解決をめざす取り組みでは、自分の感情を他者に伝え、他者の感情に共感するスキルを学ぶことになる。仲裁役の第三者によって導かれる対立解決の場面では、何があったのか、そのときどのように感じたのかが、当事者の双方に問いかけられる。それに対して、いわゆる「わたしメッセージ」を用いた自己主張がなされ、相手がそれを傾聴して受けとめる。そして感情面の整理が一応ついたところで、つぎにどのような解決策をとりたいのかが話し合われ、ともに納得のいく合意が生まれたところで、問題は解決したとみなされる（クライドラー、１９９７）。

このような実践を展開していくと、たしかに学校は、子どもたちが安心して学習できるような安全な場所になっていくと思われる。「安全な学校」（safe school）や「平和を実現できる学校」（peaceable school）といった概念は、多くの学校の基本的な目標に掲げられている。個々の学校は、安全で平和な学校となるために、外部機関とも連携しながら多様な取り組みをおこなっているが、子どもたちに教えられる暴力防止プログラムは、そのなかでも重要な役割を果たしている。そしてさらに子どもたちは、自分と仲間の安全を守るというかたちで基本的な人権意識を養っていく。身近なところから暴力を回避し、平和を実現する具体的なノウハウを学び、ひいてはそれが安全な社会と平和な世界の形成にとって役に立つことが期待されているのである。このほかにもプログラムをとおして学ばれるのは、協力、民主的な人間関係のつくり方、自主的に問題を解決する力などである（Lantieri & Patti, 1996）。

ＳＥＬにおける感情リテラシーの教育は、たしかに従来の教育論には見られなかった新しい臨床教育学的視点を提供しているが、それはまだ一面的なものにとどまっていると考えられる。なぜなら、それは感情の重要性を認めつつも、最終的には感情を管理することに力点を置いているからである。この点は、ＳＥＬの基本的な考え方としてしばしば言及される「感情的知性」（Emotional Intelligence 通称 ＥＱ）の考えのなかにあらわれている。ＥＱを一躍有名にしたダニエル・ゴールマン自身、ＣＡＳＥＬの創始者の一人であり、感情教育の重要性を強調している。最新の生理学や心理学の研究成果をもとに書かれた『感情的知性』のなかでも、感情教育について多くの紙数をさいている。そのなかで感情的知性は、感情の自己知覚、感情の管理、共感、人間関係の処理といった視点からとらえられる。ゴールマンが感情管理（感情マネジメント）をＥＱの特徴としてあげているように、ＳＥＬには、社会的な自我によって感情を水路づけるという面が強くあらわれている。ＳＥＬは、なるほど感情をとりあげてはいるものの、自我、意志、理性のレベルによる感情のコントロールを重視しているのである。

ＳＥＬの問題点

方法論的な角度から見ると、ＳＥＬは主として認知的・対人行動的なアプローチをとっている。ここで認知的というのは、感情を言語化していく側面を指しており、対人行動的というのは、そうした言語化が対人関係場面で表明され、対人行動の改善と結びつけられることを意味している。言語による感情表現は、感情を否認することでも、行動化することでもなく、たしかに有効である。それは衝動的な行動を抑えるという点では一定の効果があるかもしれないが、このアプローチそのものは感情反応のパターンを根底からつくり変えるものではない。言いかえると、ＳＥＬのプログラムや方法は、否定的感情に対する対処法を中心に構成されており、それをとおして肯定的な感情が積極的に生みだされるわけではないのである。

ＳＥＬの以上のような特徴は、社会学的な観点からの批判的考察と結びつけて理解することができる。感情的知性およびＳＥＬの社会的機能とは、社会によって認められた感情規則に即した感情管理の技法を教え、それをとおして社会の維持と安定に寄与するということである。社会のもつ感情規則は暗黙のうちに内面化され、それにしたがって感情を自動的に処理する仕組みが個人のなかにつくられる。ノルベルト・エリアスは「文明化」のひとつの特徴として、この点を指摘している（Elias, 1976, pp. 312-336）。文明化とは、感情表現の抑制が自動的な習慣となるように、各個人が自己抑制のための心理的装置を内面化することを意味している。自分のなかにセットされた監視装置が「いわば社会的基準の中継点」として自動的に危険な衝動や感情を抑制するようになるのである。一面では、ＳＥＬはこのような意味での文明化に寄与する教育システムとみなすことができ、それゆえ感情の自己認識や管理に大きな比重が置かれている(4)。

高度に合理化された現代社会において、私たちは多大なストレスにさらされ、その感情生活において、ますます否定的感情をつのらせているようにみえる。それに呼応するかのように感情を合理的に管理する方向での対処法が提唱されている。安全という観点から、社会生活におけるそのような取り組みの必要性は一定程度認められるとしても、それだけでは感情は二重三重に押さえつけられることになり、感情生活そのものはさらに困難なものになっていくと予想される。それは結局、潜在的な危険性を高め、犯罪や紛争の要因となる。これに対して、もうひとつの方向として私たちが取り組まなくてはならないのは、感情の変容であり、感情の可能性を開き、解放することである。以下では、そのような試みの例として、バイオエナジェティックスとマインドフルネス瞑想について考察する。

2　バイオエナジェティックス

生命エネルギーの流れ

バイオエナジェティックスは、ウィルヘルム・ライヒの治療論を高弟の一人アレクサンダー・ローエンが発展させた身体志向のセラピーであり、数あるライヒ派の療法のなかでも代表的なものである。ライヒ派の特徴は、生命エネルギーのプロセスを中心に置いて、心身の有機的統一をもたらそうとすることであり、そのアプローチのなかでは、身体、感情、思考が不可分にとりあつかわれる。

バイオエナジェティックスは、人の健康を生命エネルギー論の観点からとらえる。生命エネルギーが全身をくまなく自由に流れている状態が、健康で、生気のある状態である。そのさい生命エネルギーの現れとしての衝動や感情は、どんなものでも感じとられ、表現することができる。これに対して不健康なあり方とは、からだが硬く、動きが少なく、エネルギーが減少し、衝動や感情が抑えられた状態である。生命エネルギーの流れ、感情表現、生きた身体はつねに不可分な統合体として機能している。

ところで、私たちが日常的に見いだす自分自身はどうであろうか。個人差はあるにせよ、ここで言われるような健康からはほど遠く、大なり小なり不健康なあり方が定着しているようにみえる。からだは硬くなり、低調な感情状態がつづき、活力があまり感じられないのではないだろうか。ライヒ派では、それは慢性的な筋緊張によって感情が抑えられ、生命エネルギーの流れが滞っているからだと考える。しかし私たちにとっては、それがむしろ「第二の自然」となるほどに定着している。それゆえバイオエナジェティックスは、人格に構造化された第二の自然から第一の自然へと立ちもどることを試みる。「バイオエナジェティックスの目標は、人びとが第一の自然を回復するように助けることである。それは自由さの条件であり、優美《グレイスフル》さの状態であり、美しさの質である。……自由さとは、感情の流れに対する内的規制がないということであり、優美さとは、そうした流れが動きに表現されることであり、美しさとは、そうした流れが生みだす内的調和のあらわれである」（Lowen, 1976, pp. 43-44）。以下では、ライヒにまで立ち返って、第二の自然がいかにして形成されるのかを見たうえで、バイオエナジェティックスの取り組み方を見ていく。そのいずれにおいても感情が中心的な位置を占めていることがわかるであろう。

感情的疫病と筋肉の鎧化

ライヒの偉大な功績は「筋肉の鎧」（muscular armor）の発見である（Reich, 1987, pp. 337-398）。精神分析のサークルのなかで「性格分析」をつくりあげたことで高く評価されていたライヒは、さらに進んで、性格の鎧は筋肉の鎧と対応していることを見いだし、みずからが考案した「ヴェジトセラピー」（後にはオルゴン療法という）のなかで、筋肉の鎧に働きかける方法を採用し、心理療法における身体志向的アプローチを切り開いたのである。筋肉の鎧は、感情表現（衝動）を抑えるなかで身体に構造化される慢性的な筋緊張である。ライヒは、現代社会では人びとが「感情的疫病」（emotional plague）に侵され、反生命的文化をつくりあげていると見ていた。感情的疫病とは、生命のありのままの発現を脅威と感じ、無意識のうちにそれを妨げようとする心的反応であり、ライヒはそれが現代人の性格構造を深く規定していると同時に、社会生活のなかで制度化されていると考えた（Ibid., pp. 504-539）。

感情的疫病下では、生命エネルギーの表現としての衝動や感情は、多くの場面で、その表現を抑えられる。一般的に言って、抑えられる衝動や感情は、怒ることと泣くことであり、ほかにも恐怖、苦痛、不安、性的感情などが抑えられる。ローエンによれば、衝動や感情を抑えるには一定の段階がある。第一段階は、衝動や感情が直接意識され、からだは今にもそれを表現しようとする態勢に入っているのだが、自我が意識的にそれを押しとどめる段階である。このとき自我と身体のあいだに内的葛藤が生じるが、自我はコントロールのきく随意筋を緊張させることで、感情表現のために外へと向かってくる動きを抑える。たとえば、泣くことを抑えるには、あごを固くし、のどを締めつけ、息をとめ、腹を緊張させなくてはならないし、怒りは、肩の筋肉を硬直させることによって抑えつけられる。ローエンは、この段階を「抑止」(holding back)と呼ぶ。

抑止は一時的な現象としては誰でも経験することであり、そのこと自体が問題なのではない。しかし、抑止がたえずくり返される状況のもとでは「抑制」(suppression)という第二段階が生じる。「抑制とは、表現の抑止がたえずつづいたために、ついにはその抑止が習慣的様式や、無意識の身体態度にまでなったものである。抑止と比較して言えば、結局、衝動の表現にかかわるはずだった身体の部位は、抑止のパターンがつづくために生じる慢性の筋緊張によって死んだようになる」(Lowen, 1973, p.81)。この第二段階で、抑止が身体に構造化され、筋肉の鎧が形成される。鎧化した筋肉にさえぎられて、衝動や感情は知覚されることなく無意識のうちに抑え込まれるのである。

筋肉の鎧(別名ブロックともいう)ができやすい部位は、眼のまわり、口のまわり、あご、喉、首の裏側、肩、腕、胸、横隔膜、腹部、腰など、全身におよんでいる。ライヒは、筋肉の鎧が体節部分に円環状に生じることを見いだした。したがってそれを「鎧の輪」(armor ring)とも呼んでいる。鎧の輪は七つの体節、すなわち眼、口、首、胸、横隔膜、下腹部、骨盤を、それぞれ取り囲むかたちで生じる。生命エネルギーは体幹にそって上下に流れるのであり、その流れを妨げる筋肉の鎧は、体幹を横切り、輪切りにするかたちで水平に生じる。ライヒ派の治療家エルズワース・ベーカーによれば、七つの鎧の輪は、最初に動きをとりもどす胸の部分を除いて、通常この順で、眼から骨盤へ向かって解消されていかなくてはならないという(Baker, 1967, p. 72)。

筋肉の鎧、ブロックが形成される結果、いくつかの特徴的な現象があらわれる。まず有機体全体のエネルギー・レベルが低下する。呼吸は抑えられ、摂取されるエネルギーは減少する。からだの自然な運動能力は制限され、動きが鈍くなる。からだの表現は乏しくなる。感情や衝動はあまり感じられなくなる。筋肉の鎧を身にまとうことで、内部で起こる感情のプロセスから自己防衛でき、その感情は表面から消え去ることになるが、感情そのものは筋肉のなかに凍結される。ここで問題となるのは、特定の感情だけでなく、すべての感情表現が滞ってしまうことである。その結果、怒りや悲しみを感じないだけでなく、喜びや愛情を感じることが難しくなる。

ローエンは、感情の流れがブロックされることで、そこから陰湿な気持ちが生まれるという。その場合「流れが中断されるのみならず、各体節の内部で興奮の流れが停滞し、否定的な徴候をあらわす悪い感情があらわれる」(Lowen, 1973, p.314)。ここにあげた二つの図（図13と図14）を見くらべ、右側の「生じる感情」の箇所を対照すると、感情の流れがブロックされていないときと、それがブロックされている場合のちがいがわかる。ローエンが示しているように、陰湿な気持ちというのは、感情の表現が押しとどめられた結果生じる二次的な感情状態である。

図13　ハート（心臓）から始まる感情の流れ

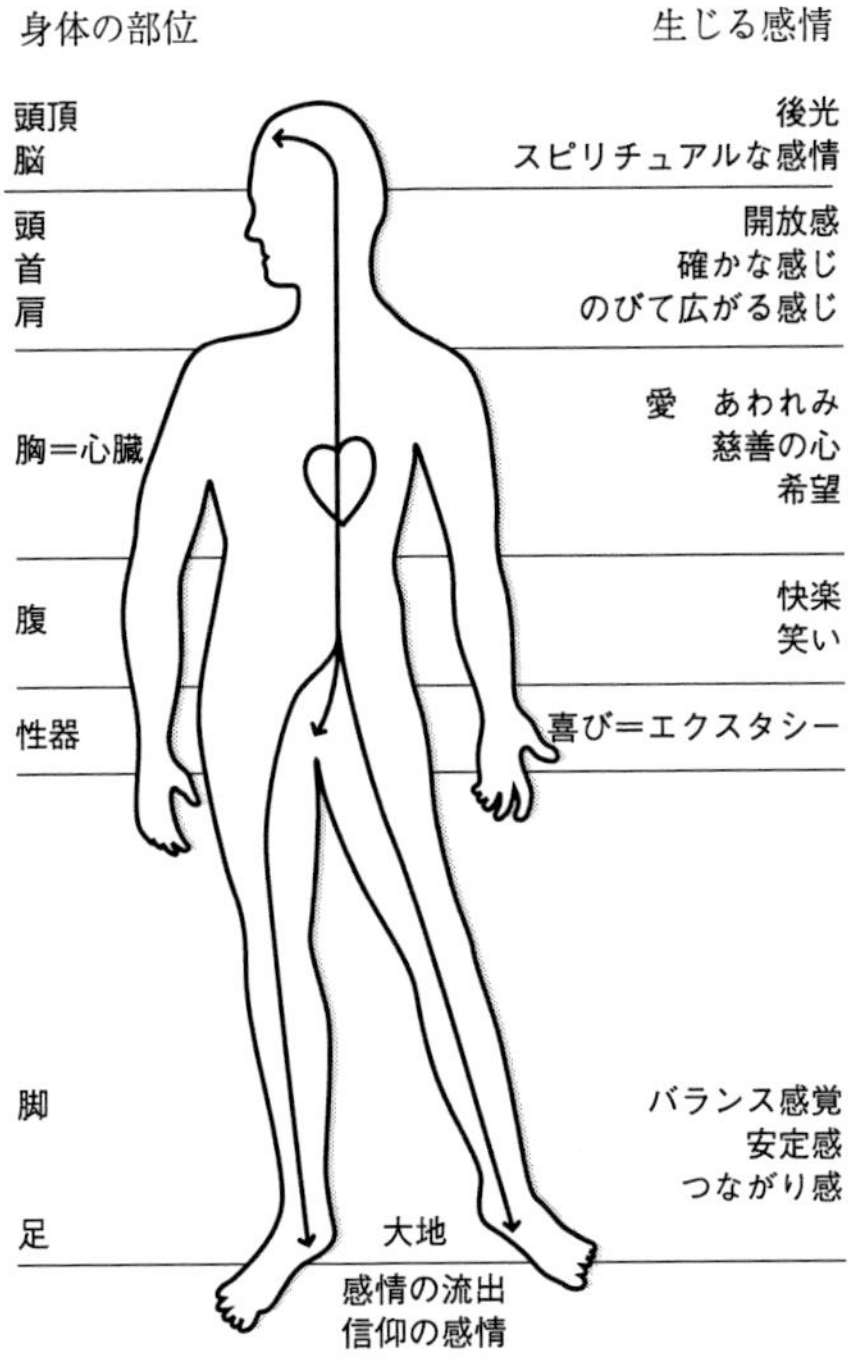

ローエン『甦る生命エネルギー』春秋社 p. 363

また、ときに過剰なストレスを体験すると、筋肉の鎧を突破して、感情の爆発が一気に起こることもある。しかし筋肉の鎧があると、突発的な感情反応は自然に流れだすこと

図14　慢性的筋緊張による感情の流れの中断

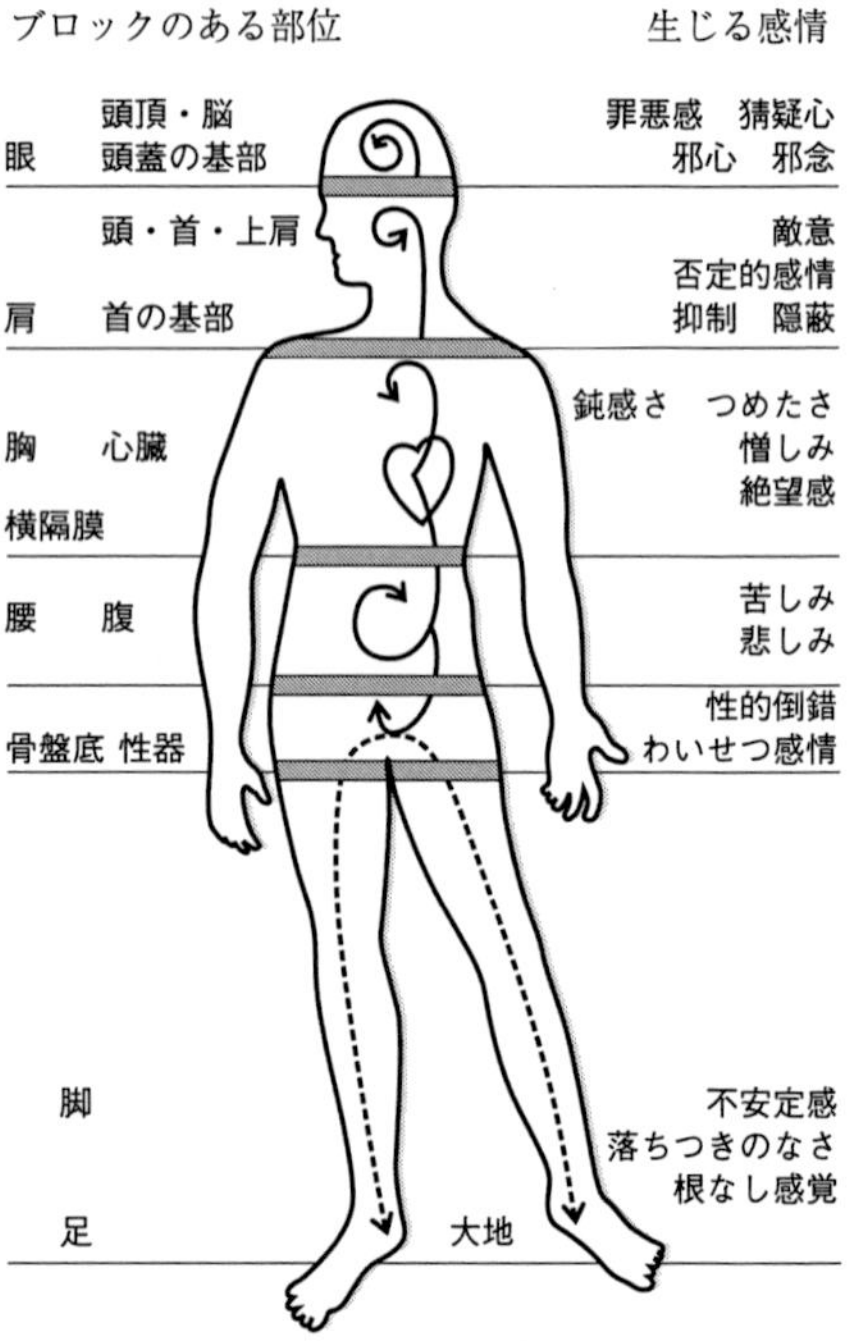

ローエン『甦る生命エネルギー』春秋社 p. 364

ができず、不自然な、極端な反応となってあらわれやすい。その結果、感情はますます脅威に感じられ、いっそう抑制されることになる。そして、衝動や感情の流れを阻止する慢性的な筋緊張は、世界との生きた相互作用を制限するようになる。なぜなら、衝動や感情は個人の境界を越えて外へと向かっていき、現実世界とのつながりを生みだすものだからである。

以上の点を整理して、ローエンは、人間の防衛システムが同心円的な多重構造をなしているとみなした（図15）。人格のもっとも表層にあるのが自我の層であり、ここには精神《マインド》による心理的防衛（否定、不信、非難、投影、正当化）がある。その内側に筋肉の層があり、自我の防衛に対応するかたちで、慢性的な筋緊張によって衝動や感情を抑圧している。感情の層には、怒り、恐怖、絶望、悲しみ、苦痛といった抑圧された感情がある。核心部分にはハートの感情として愛がある。愛が外に向かって表現されるとき、人はそれを快や喜びと感じ、現実とのつながりを体験する。しかし、自我は社会の要請するさまざまな禁止をとり入れることで心身両面にわたる防衛を築き、内なる感情を閉ざすのである。

バイオエナジェティックスの治療法

人格が根底から変容され、内奥の愛が自由に表現されるためには、その外側を覆っている何層もの防衛が解消されなくてはならない。これがバイオエナジェティックスの治療の基本である。そのさい、どれか個別の層にアプローチするだけでは人格の全体的変容は生じない。たとえば、自我層の防衛を解明する言語的アプローチだけでは、筋緊張をゆるめたり、抑圧されていた感情を解放することにはならず、また筋緊張をゆるめるボディワークだけでは、感情の解放や心理的防衛への洞察は起こらない。また叫んだり、泣いたり、怒ったりする感情の発散だけでは、一時的な突破や浄化にはなっても、人格変容にまでは結びつかない。

図15　人間の防衛システム

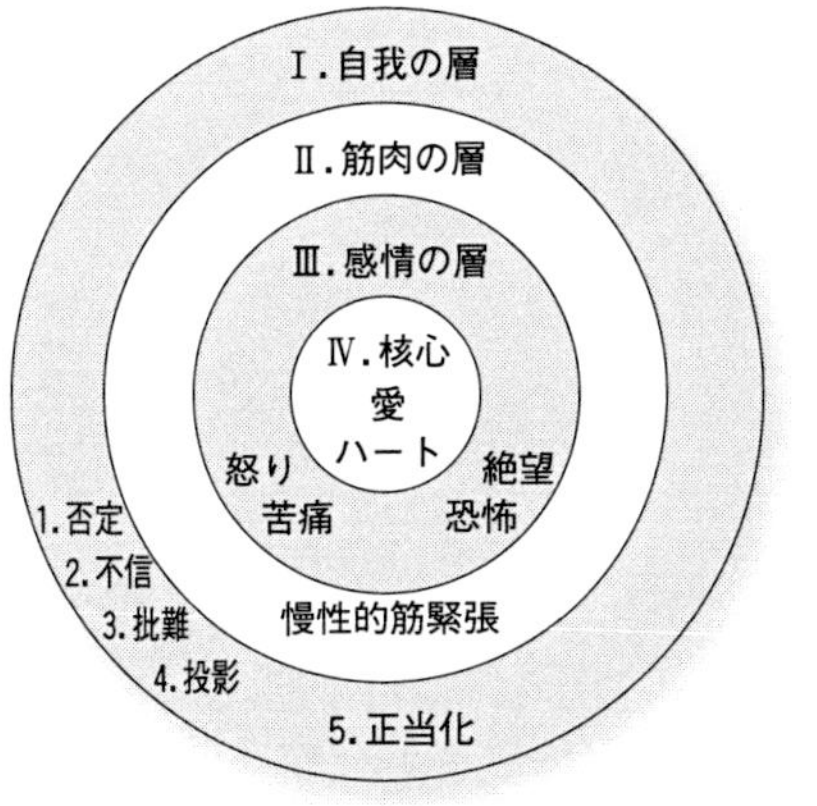

ローエン『バイオエナジェティックス—原理と実践』春秋社 p. 139

　たしかにローエンは、抑圧された感情を表現させることが治療の基本的な戦略として不可欠である点を強調するが、「第三層〔感情の層〕に働きかけるだけでは、望ましい結果は得られない。第一層と第二層を飛び越えても、それらの層はなくならない」(Lowen, 1976, p. 121) と指摘する。感情発散による浄化作用が生じているあいだに限っては、その他の防衛は機能しないが、防衛自体が消失するわけではない。したがって人格変容にとって重要なのは、各層を橋渡ししながら働きかけることである。そのさい、心理的防衛と感情的防衛は中間の筋緊張をとおしてつながっている以上、「第二層〔筋肉の層〕に直接働きかければ、いつでも必要なときに、第一層や第三層に入っていくことができる」（Ibid., p.122）。つまり、一方では筋緊張と心理的防衛の対応関係をとりあげ、生活史を分析することで防衛がつくられた経緯を洞察し、他方では筋緊張に直接働きかけて、抑圧されていた感情に出口を与えるのである。このように治療としてのバイオエナジェティックスは、たんなる感情のワークでもなければ、身体のワークでもなく、精神《マインド》と感情と身体を結びあわせるところに、そのもっとも重要な特徴がある(5)。

ローエンは、かりに防衛がすべて解消された「健康な人間」を以下のように描きだす（図16）。もちろん治療には終わりがなく、これはあくまでも理想のモデルである。

> 四つの層は依然として存在するが、いまやそれらは防衛層ではなく、たがいに協調しあう表現的な層になる。すべての衝動はハートから流れだす。つまり、その人は自分のするあらゆることに心《ハート》を注ぎ込むのである。これは、仕事であれ、遊びであれ、セックスであれ、自分のするどんなことでも愛することを意味する。また彼は、すべての状況において感情をもって応える。その反応にはいつも感情的基盤がある。状況におうじて、怒ることも、悲しむことも、おびえることも、喜ぶこともある。これらの感情は、子ども時代の体験から生まれる抑圧された情動が混じっていないので、純粋な反応をあらわす。筋肉の層は慢性的な緊張から解放されているので、動作や動きは優雅で、むだがない。それらの動きは一方で感情を反映しながら、もう一方で自我のコントロールに服する。それらは適切で協調性のとれた動きである。そうした人間の基本的性質は、やすらぎを欠いた状態（dis-ease）とは対照的な、やすらかさであり、その基本的な気持ちは幸福感（well-being）である。周りの状況におうじて喜んだり悲しんだりするかもしれないが、そのような人は、どんな反応においてもハートをもった人間である。（Ibid., pp.122-124）

この引用のなかで注目すべき点は、自我の機能である。自我はもはや感情や身体を統制する内的な権力装置ではなく、感情や身体と協調して働くようになる。自我は現実を的確に認識し、調整機関としてバランスのとれた適切な行動を導くのである。誤解のないように言うと、バイオエナジェティックスでは、感情はいかなる場合にも必ず表現しなくてはならないものだとは考えていない。「感情は表現したり実行に移したりしなくてはならぬ、というものではないのです。私たちの関心は自己の感情を表現できる能力を獲得することにありますが、いつ、いかに上手に感情表現を行なうかは、状況に応じて自分の行為が適切かどうかを意識的に見分ける力にかかっています」（ローウェン＆ローウェン、1985、39頁）と、ローエン夫妻は述べている。重要なのは、感情を体験し表現できる能力を獲得することであり、それを前提としたうえで、自我が状況におうじて自在にコントロールできることが必要なのである。バイオエナジェティックスは、このような身体と自我の統合を目指している。

図16　防衛のない健康な人間

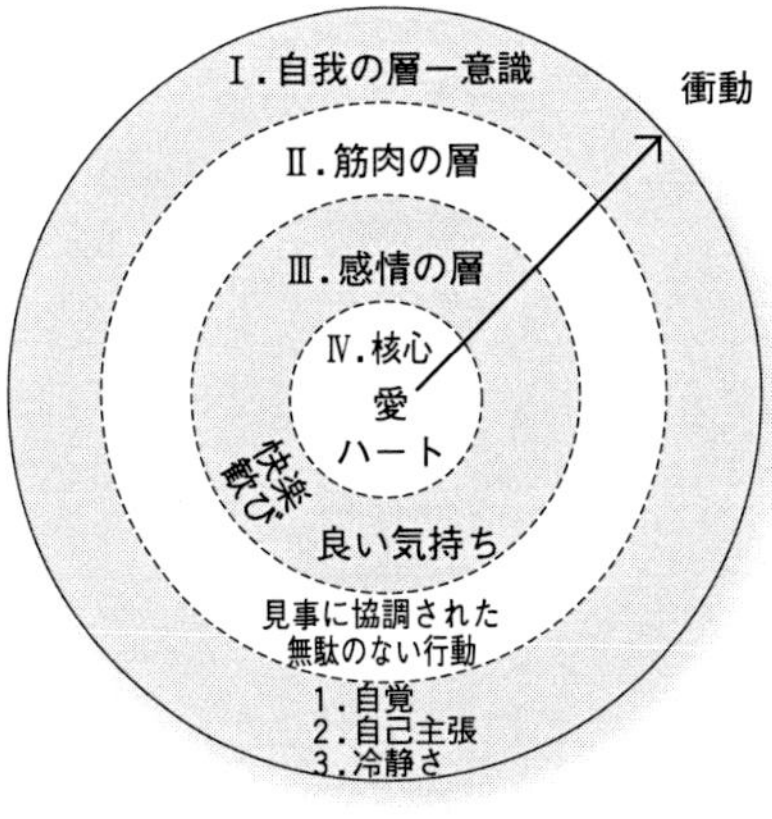

ローエン『バイオエナジェティックス―原理と実践』春秋社 p. 143

健康教育としてのバイオエナジェティックス

バイオエナジェティックスの治療は専門のセラピストによって導かれなくてはならない。しかし治療とならんで重要なのは、筋肉の鎧をつくらないように予防することであり、これは健康教育の一環に位置づけられる。ライヒは、乳幼児の段階からそれが重要であるとみなしていた（Reich, 1983）。というのも、赤ん坊は、生命エネルギーの流れを損なわれていないのだが、鎧をつけた親や教育者、そして鎧化した制度によって、それが妨げられるからである。鎧化した大人たちがおこなう子育てや教育は、子どもに対する鎧化の再生産になる。これは決して一部の人たちにみられる現象ではなく、鎧化した社会が教育をとおして人間の鎧化を再生産し、その結果、鎧化した人間が鎧化した社会を維持するという循環関係が存在している。したがって、鎧化を予防する健康教育は、こうした循環を打開するものとして位置づけられる。

バイオエナジェティックスでは、治療の補助的手段として多数のエクササイズが用意されている。ローエン夫妻は、家庭や教育現場で用いることができる一〇〇種類のエクササイズを考案している（ローウェン&ローウェン、1985）。それらの多くは、一定のポーズをとり、からだの内発的な動きを喚起することで、呼吸を深くし、グラウンディングを改善し、自己表現力を高めるものである。こうしたエクササイズは、治療に取って代わるものではないが、安全な仕方で感情を解放して、鎧化の発生を予防し、鎧化の進行を抑えることに役立つ。

この関連で紹介しておくと、オルダス・ハクスレーは『島』のなかで教育をとりあげたさい、バイオエナジェティックスに先立って、似たような方法を提唱している（Huxley, 1972, pp. 221-223）。小説のなかで「羅刹《ラセツ》のホーンパイプ」と名づけられたこの方法は、子どもたちがリズミカルな音にあわせて足で床を踏みしだくことで、激しい感情を放出していくエクササイズである。これは内部で高まった否定的な感情の圧力を下げる方法であり、そのあとでエネルギーの方向づけを変え、肯定的な感情を表現するようなダンスがおこなわれる。ハクスレーはこの方法をたんなるダンスではなく、子どもたちの精神衛生を保つための処方箋とみなしていた。『島』で紹介されている方法は、オルダスの妻で心理療法家のローラ・ハクスレーのいう「エネルギーの変容」をもとにしている。ローラによれば、エネルギー現象である感情は本来ニュートラルなものであるが、社会ではそれが適切に（意識的・建設的に）表現される工夫がなされていないために、神経症や暴力行動というかたちをとってあらわれやすいのである。「私たちの目的は、望まずしてエネルギーの犠牲者になるかわりに、エネルギー変容の自発的なエキスパートになることである」（Huxley, 1994, p.13）。ローラ・ハクスレーが言うように、教育のなかでエネルギー変容の技法を教えることは、感情教育の基本的な領域となる。バイオエナジェティックスのエクササイズの多くは、教育のなかでも、安全で有効なものとして活用できる(6)（言うまでもなく、実際の導入にあたっては慎重な取り組みが必要とされる）。

鎧化に対するこうした予防教育は、子どもだけでなく、大人も実行しなくてはならない。現時点では実際問題としてバイオエナジェティックスの治療が一般に広まることはほとんど期待できない以上、鎧化の循環を断ち切るためには、大人たちが日常的にエクササイズに取り組むことが必要となる。とくに子どもと接する教育者には、それが求められる。

3　マインドフルネス瞑想

感情に対する瞑想の取り組み

つぎに感情教育に対するスピリチュアリティの領域からの取り組みとして、初期仏教以来の伝統に根ざすマインドフルネス瞑想をとりあげる。伝統的な瞑想修行においても、感情は重要なテーマであるが、その取り組み方は、SELやバイオエナジェティックスの場合とは大きく異なっている。感情に対する瞑想的なアプローチにおいては、感情を自己探究の素材として利用し、感情に対する自覚の訓練をとおして慈悲を涵養することが、その特徴としてあげられる。

感情に対する瞑想的取り組みでは、感情の発生から推移、そして鎮静化にいたる一連のプロセスに非常に細やかな注意が向けられる。つまり、生起した感情を即座に抑えたり変えようとするのではなく、あるがままの感情をそのままのかたちで受けとめ、その内部にわけ入っていくのである。チョギャム・トゥルンパによれば、感情とのかかわりにはいくつかの段階がある（Trungpa, 1988, pp. 69-70）。彼はそれを、見ること、聞くこと、匂いをかぐこと、ふれること、そして変成することと表現する。見る段階では感情独自の空間と展開に気づく。聞く段階では感情エネルギーの高まりを感じる。匂いをかぐ段階では、そのエネルギーに取り組めることを喜ぶ。ふれる段階では、感情の核心、つまり感情がエネルギーの高まりにほかならないことを感じとる。最後の変成の段階では、錬金術のごとく素材の質を否定せず、かたちを変えていく。このように、感情を瞑想の対象とするときには、感情体験の意味や中身ではなく、そのエネルギーとしての面に焦点があてられる。トゥルンパは以下のように言っている。

感情との聡明な取り組み方は、その基本的な実質、いわば感情の抽象的な質とかかわるように努めることである。「いまここにある」という感情の基本的な質、すなわち感情の本質は、エネルギーにほかならない。そのエネルギーとかかわりをもつことができれば、そのエネルギーとあなたのあいだに葛藤は生まれない。そのエネルギーは自然なプロセスとなる。ひとたび感情の基本的な性質をすっかり見通すことができれば、感情を抑えたり、感情に流されたりすることが重要でなくなる。ありのままの感情とは、空《シューニャター》なのである。（Ibid., p. 67）

トゥルンパが言うように、感情は強いエネルギー体験である。重要なのは、その感情体験の内容（肯定的なものであれ、否定的なものであれ）ではなく、そのエネルギーとしての側面である。トランスパーソナル心理学者のジョン・

ウェルウッドは、感情に対する瞑想的アプローチについて以下のように述べている。

要するに、感情に対する瞑想的アプローチでは、とりわけタントラ仏教において開発されたように、感情の嵐の最中でも、それに動ずることなく、自分の存在を保ち、〔感情に対する〕非難や物語を断ち切り、感情そのものにもっと直接入り込み、そのエネルギーの生《なま》の力に開かれるようにする。そうすることで私たちは、生き生きとした敏感な流れを見いだす。（Welwood, 2000, p.192）

ウェルウッドによれば、感情は層をなして生起するのであり、その根底には私たちが生きていることに付随する生命感覚や原初的な生命力がある。中間には、ジェンドリンのいう「フェルトセンス」の層がある。ここには明確ではないが複雑で多様な感じがふくまれる。このフェルトセンスのうえに、悲しみや喜びや怒りのような明確な感情が生まれ、それらのうち強烈な感情が情動となる。感情にまつわる問題が生じるのは、そうした感情や情動に固執して、それらが感情の深層から切り離されるときである。ウェルウッドによれば、フォーカシングのような方法は、フェルトセンスにまでさかのぼることで、感情の問題をより広い感覚の世界に開いて解消していき、瞑想はさらに根底の生命感覚にまでさかのぼって、そこでの動きにふれる。つまり瞑想は、根底で起こっているエネルギー過程にありのままに開かれ、それに気づき、エネルギーが流れるままにするのである。

感情を自覚する方法

感情への瞑想的なアプローチでは、自覚《アウェアネス》をとおして感情エネルギーに取り組むことになる。ＳＥＬでは言語が、バイオエナジェティックスでは身体がそれぞれ主要な通路となっていたが、ここでは前章でとりあげた自覚の働きが中心となる。ここには東洋と西洋のアプローチのちがいがある。西洋のアプローチは、問題を解決するために、問題そのものを対象とするのに対して、東洋では、あることがらが問題となるのは、それに同一化するからであり、同一化すればするほど、それは深刻なものになるとみなす。したがって問題から脱同一化し、ただ気づくという手法がとられる。

感情に対する取り組みは、自覚の技法であるマインドフルネス瞑想のなかでとりあげられている。たとえば、ダニエル・ゴールマンの妻で心理療法家のタラ＝ベネット・ゴールマンは『感情の錬金術』のなかで、これを詳しく論じている（Bennett-Goleman, 2001）。また、行動する仏教者として知られるティク・ナット・ハンは、感情への取り組み方として、マインドフルネスがもっともすぐれていると主張する。マインドフルネスとは、自分の中心にとどまりながら、自分のなかに起こってくる感情のプロセスと同一化することなく、ただ感情の流れを観察していく方法である。このとき批判や判断をまじえず、感情を抑えたり変えようとしないで、ただ起こってくるままに感情の動きを見つめていく。

仏教では「三毒」といって貪《とん》・瞋《じん》・痴《ち》があげられるが、このうち瞋は怒りを意味し、怒りの感情への取り組みが重視されている。怒りに対する瞑想的取り組みのなかでは、ただ怒りのプロセスを見守るようにする。怒りの雲がやってきても、それだけに目をむけ、雲をなくそうと努力するのではなく、ただそれが流れていくのをながめ、むしろ背景にある空とひとつになる。こうした気づきを保つことで、感情にとらわれない純粋な意識にとどまるのである。ティク・ナット・ハンの著作には文字どおり『怒り』というものがあるが、そのなかでは以下のように述べられている。

怒りは、私たちのなかにあるエネルギー・ゾーンである。それは私たちの一部である。それは、私たちが面倒をみなくてはならない、苦しむ赤ん坊である。その最良の方法は、別のエネルギー・ゾーンを生みだし、怒りを抱きとり、世話をすることである。その第二のエネルギー・ゾーンは、マインドフルネスのエネルギーである。マインドフルネスは、ブッダ〔内なる覚者〕のエネルギーである。（Nhat Hanh, 2001, p.67）

怒りに必要なのは、マインドフルネスのエネルギーによって、それを抱きとり、ケアをすることである。ティク・ナット・ハンによれば、マインドフルネスの働きにはいくつかの段階がある。第一の働きは、感情を確認することである。第二に、感情を抱きとる。第三は、感情をいたわり、なだめることである。

怒りを認め、やさしく抱きしめて数分すると、結果があらわれてくる。あなたは、ほっとする。怒りはそこにあるが、あなたは、もはやそれほど苦しまない。なぜなら、あなたは赤ん坊の面倒の見方を知っているからである。このようにマインドフルネスの第三の働きは、なだめること、やすらぎを与えることである。怒りはそこにあるが、面倒をみられている。状況はもはや混沌としていない。（Ibid., pp.168-169）

瞑想をとおした感情変容

マインドフルネスのなかでは、怒りから脱同一化していながら、怒りにくまなく注意が向けられる。同一化しないで、あるがままの感情に気づき、そのエネルギーを手放すのである。そうすると、そのなかで感情はみずから変容し、怒りのような感情も慈悲へと変化していく。こうした感情の錬金術について、現代インドの神秘家で、霊性の教師として知られていたオショー（バグワン・シュリ・ラジニーシ）は以下のように述べている。

そこに怒りがあれば、それを見つめ、観察するのだ。やがてあなたは変化を目にするだろう。観察する者が入ってくると、そのときすでに怒りは冷めはじめている。熱は失われている。そのとき、あなたは熱が自分によって与えられていたことを理解できる。あなたが怒りに同一化することで、それを熱くしていたのだ。そして熱さを感じなくなったとき、恐れは消え去り、怒りへの同一化はなく、何かがちがってきて、距離が生まれる。それはそこにある。稲妻は自分のまわりにある。しかし、あなたは稲妻ではない。〔観察する者の立つ〕丘が盛り上がりはじめる。あなたは見つめる者となる。谷底では、稲妻があるが、距離は広がりつづける。そして突然、あなたが怒りにまったく属していないときがおとずれる。同一化が崩れる。同一化が崩れるとき、たちまち熱にみちたプロセス全体が冷めたプロセスとなる――怒りは慈悲となる。(Osho, 1975, p. 53)

4　統合的アプローチの必要性

SEL、バイオエナジェティックス、マインドフルネス瞑想の統合

以上、SEL、バイオエナジェティックス、マインドフルネス瞑想という三つの取り組みをとりあげ、それぞれの特徴について考察してきた。最後に、これらのあいだに築かれる関係について検討する。これらの取り組みはそれぞれ単独で主張されているが、それぞれの限界を乗り越えるために、たがいに補完しあう必要がある。

SELはすでに学校教育のなかでも実践されているため、バイオエナジェティックスやマインドフルネス瞑想を教育に組み入れていくには、それらをSELと結びつけることが順当な道筋である。(7) これによってSELには、言語化と対人関係の手法に加えて、身体的および瞑想的な方法が導入されることになる。ただし、これら三者の結合

によって、バイオエナジェティックスとマインドフルネス瞑想は、その本来の機能を矮小化され、感情管理の新たな技法としてSELのなかに組みこまれてはならない。むしろSELをその根底からつくり変えるものとならなくてはならない。たしかにSELのような感情管理型教育の社会的必要性は認められるとしても、感情教育の本来の目的は、人間の感情の可能性を開くことにあり、この点で感情変容型の取り組みは、より本質的なものとして認められなくてはならない。

ところで、バイオエナジェティックスとマインドフルネス瞑想も相互に補完しあう必要がある。バイオエナジェティックスは感情を表現する方法であり、マインドフルネス瞑想は感情に気づく方法であるが、両者にはそれぞれ問題点が見受けられる。マインドフルネスを提唱する人たちは、感情表現という方法は危険であるという（Nhat Hanh, 1991, chap.2）。それは感情を解消するのではなく、逆に強化するというのである。これに対して、マインドフルネスは決して簡単な方法ではなく、感情表現を伴わないために逆に内的な緊張を高めるおそれがある。

感情表現の問題

第一の点、すなわち感情表現は危険な感情を強化するという指摘について検討してみると、たしかに感情抑圧の強い一部の人にとって、突然の感情解放は、抑圧されていた否定的感情のプールを開き、それにのみ込まれ、そこから逃れられなくなるという危険性をはらんでいる。しかしながら、それは、感情表現はどんなものでも決しておこなわないほうがよいという結論を導くものではない。実際のところ多くの人にとって感情表現はパンドラの箱を開けるような体験ではない。たとえば、ケン・ウィルバーはつぎのように指摘している。

これらの〔筋肉に〕「埋め込まれた感情」は、凶暴なまでの飽くなき快楽衝動でも、父母や兄弟を抹殺したいという悪魔にとりつかれた野獣的衝動でもない。それらは、長期にわたり筋肉のなかに押し込まれてきたために劇的なものに見えるかもしれないが、たいていは、もっと穏やかなものである。それらはふつう、涙を流したり、一、二度大声で叫んだり、妨げのないオルガスムを体験したり、昔ながらの見事な癇癪《かんしゃく》を起こしたり、それ用にしつらえた枕を少しの時間、猛り狂ってなぐったりすることによって表現される類のものである。たとえ、かなり強い否定的感情――顔色がどす黒くなるほどの怒りの爆発――が生じたとしても、それほど心配するにはあたらない。というのも、それがあなたの人格の主要な部分をなしているわけではないからである。

（Wilber, 1985, p.115）

感情表現はふつう一時的なものであり、感情表現に対して抱く私たちの恐れは、感情をいつも抑制しているがゆえに増幅されているのである。むしろ、より深刻な問題は、私たちが筋肉の鎧をまとい、感情表現ができなくなっていることのほうである。多くの人にとって必要なのは、感情を喚起し、表現してみることである。

バイオエナジェティックスも感情表現のみで人格変容が生じるとはみなしていないが、感情表現の中心的な役割を認めている。怒ったり泣いたりしたいとき、それを抑えていると筋肉の鎧がつくられ、反対に感情が表現されることで筋肉の鎧化は予防できる。ライヒ派の治療家たちが長年にわたって探求してきたこの点は簡単に無視されるべきではない。ローエンも言っているように、「感情とは生の内面であり、表現とは生の外面である。この簡潔な言いまわしに従うと、完全な生が実現されるためには、生の豊かな内面（豊かな感情）と、生の自由な外面（表現の自由）が必要であることが容易に見てとれる」（Lowen, 1973, p. 310）。

また、私たちが激しい感情にのみ込まれているときには、その感情を言語化したり、瞑想のなかでそれを淡々と見つめるという作業は実際のところ困難である。そのようなとき安全な環境のもとで、何らかの感情表現のエクササイズをおこなうことは助けになる。さもなければ、ひどく不適切なかたちで感情が発散され、行動化されるおそれがある。

感情表現の必要性は以上のように考えられるが、その問題点については、ここであらためて指摘しておかなくてはならない。他の方法と適切に組み合わせられないとき、それはたんに感情表現のみを自己目的化するものに陥りやすい。そのような場合、感情のとめどない発散や、過去の感情的物語への耽溺や、みせかけの感情表現などが生じやすい。また感情表現が無自覚な反応としてパターン化され、自動化されてしまう場合もある。それゆえ逆説的であるが、感情表現が有効に働くためには、感情から脱同一化する方法が同時に組み入れられていなくてはならない。そのさい、感情への気づきを中心とするマインドフルネスは重要な働きをする。

マインドフルネスの問題

つぎにマインドフルネス瞑想に関する問題点を検討する。しばしばそれは簡単な方法と受けとられやすいが、それに熟達した人にはそうであるとしても、実際には決して容易なものではない。内面の動きに対して敏感な気づきを維持することは大変に難しいという点に加え、とくに感情の場合は、すぐにそれにのみ込まれ、気づきを維持することはできない。したがって感情に取り組むには、日常的にマインドフルネスを訓練しておかなくてはならない。さもなければ、感情表現による圧力減少を伴わないがゆえに、それは内的な緊張を高め、感情を抑圧することにもなりかねない。

実際問題として現代人にとって、ただ坐って瞑想するということほど難しいことはない。私たちは多かれ少なかれ自分のなかに押し殺してきた感情をかかえこんでいる。ただ坐ることは、それらが解放されることなくその動きを抑えることになりかねない。この点について、オショーはつぎのように言う。

ただ坐ろうとすればするほど、あなたはますます自分のなかに動きを感じる。坐るという方法を用いることができるのは、はじめにほかのことをしてからである。ただ歩くことはできる。そのほうがやさしい。ただ踊ることはできる。そのほうが簡単だ。ほかのやさしいことをやったあとで、あなたは坐ることができる。実際のところ仏陀の姿勢で坐るのは最後にすることであって、決して最初にするべきではない。(Osho, 1976, p. 54)

私たちは自分のなかに押し殺してきたものをかかえこんでいるため、「なにか抑圧的な瞑想——たとえば、ただ坐ること——から始めるなら、それらすべてを抑圧することになり、それが解放されるのを許さない」(Ibid., p. 56)。したがって必要なのは、自分のなかにある動きをまず解き放つことである。「最初になすべきことは、洗浄、つまり浄化である。さもなければ、呼吸の訓練や、ただ坐ることや、ヨーガの姿勢などをやっても、なにかを抑圧するだけである」(Ibid., p. 57)。

浄化による感情表現は、必ずしも感情の危険な暴発を伴うものでない。それだけでなく、さらに重要なことも起こる。オショーによれば、浄化のプロセスのなかでこそ「あなたは内側にある微妙な点、深い点に気づきはじめる。それは静かで静止している。……あなたの中心には、内なる沈黙が存在するのである」(Ibid., p. 55)。逆説的であるが、動的な浄化のプロセスのなかにあって、不動の中心を見いだすことができる。「活動的なもの、積極的で生き生きと動きがあるものから始めるなら、そのほうがよい。そうすると内なる静けさが大きくなっていくのを感じはじめる。その静けさが大きくなればなるほど、坐る姿勢や、横臥の姿勢をとれるようになる。静かな瞑想ができるようになる」(Ibid., p. 55)。

この洞察は、バイオエナジェティックスが瞑想につうじるものであり、マインドフルネス瞑想が動的な感情表現をもちえることを意味している。バイオエナジェティックスとマインドフルネス瞑想は二者択一の関係にあるのではなく、むしろ両者は積極的に結びつき、感情表現と自覚を統合したアプローチが生みだされるべきである。この結びつきは二つの技法を組み合わせるというかたちで可能になる。たとえば、静かに坐って瞑想をするまえに感情表現のエクササイズをおこなうことによって、マインドフルネス瞑想にもっと集中しやすくなり、動きのあとにおとずれる深い静寂のときを味わうことができる。しかし、最終的にもっとも重要なのは、感情表現をおこなっている最中においても、感情の自然な流れを解き放ちながら、そのプロセスに同一化することなく目覚めた気づきを保つことである。

以上、これまで述べてきたように、ＳＥＬとバイオエナジェティックスとマインドフルネス瞑想を統合することができるならば、そこにひとつのホリスティックな感情教育が生まれることになるであろう[8]。

注

（1）「否定的感情」や「肯定的感情」という表現は二元対立的な言いまわしになっているが、「否定的感情」ということで、それを短絡的に悪しきものとみなして排除することが望ましいわけではない。人はどんな感情でも体験できなくてはならないし、まずはそれを、価値判断をまじえず、ありのままに受けとめることができなくてはならない。しかしながら、否定的な感情については、それをそのまま放置すればよいというわけでなく、ましてやその破壊的な行動化が許容されるわけでもない。つまり、困難な感情に対して何らかの取り組みをなすことは必要なのである。ある感情を体験することと、体験された感情に対して取り組むことは次元を異にしているのであり、本章の議論はその取り組み方を問題にしている。本章でとりあげる仏教的アプローチにおいても、否定的な感情への取り組みは重要な実践課題とみなされてきたのである。

（2）有名な教育プログラムには、セカンド・ステップ、ライオンズ・クエスト、トライブス、ＲＣＣＰ（Resolving Conflict Creatively Program）などがある。

（3）ＣＡＳＥＬの名称は、その後 The Collaborative for Academic, Social, and Emotional Learning と改められた。これは学業面との統合を、より強調したかたちになっている。

（4）ＳＥＬは、いわゆる「感情の社会学」の文脈のなかでも批判的なとらえ返しがなされるであろう。本章の議論との関連では、社会学者、森真一（２０００）のいう「心理主義化」をとりあげる必要がある。森は知識社会学の視点から、現代社会における心理学的知識の流行現象をとらえ、社会の「心理主義化」を指摘する。とりわけ数あるＥＱ本が、それを立証する分析対象とされている。心理主義化した社会では、現代社会の暗黙の規範と化した「人格崇拝」（自己の聖化）と「合理化」（ものごとのスムーズな進行）に適応すべく、個人は高度の自己コントロールと感情マネジメントのスキルを習得するように求められる。ＥＱ本のような心理学的自助マニュアルがもてはやされるのは、このためである。この議論に従えば、ＥＱ論との結びつきが強いＳＥＬは「心の教育」として、心理主義化した社会に適合したものであり、そうした点からの批判的なとらえ返しが必要とされる。

この点については、これ以上ふれないが、本書全体の試みとの関連で、より重要な問いは、ホリスティック臨床教育学のアプローチそのものが心理主義か否かという点である。結論的に言えば、ホリスティック臨床教育学は決して心理主義ではない。とくにスピリチュアリティを重視している以上、そこには人格崇拝や合理化に収斂しない、それを超え出ていく可能性がふくまれている。ただし、たとえばマインドフルネス瞑想がたんにストレス緩和の方法として用いられるようなケースは、心理主義化した社会の「合理化」に貢献するものである。またチョギャム・トゥルンパがいう「スピリチュアルな物質主義」（spiritual materialism）、すなわち霊性修行が自我の欲望に奉仕するような場合には、「人格崇拝」へのかかわりが生じる（Trungpa, 1973）。しかし、それは本来のスピリチュアルなアプローチが矮小化されたものであり、本書で提唱している枠組みとは異なっている。

（5）治療家のもとですすめられる実際の治療プロセスでは、さまざまな手法が組み合わされるが、基本的なものとしては、深く楽な呼吸、グラウンディング、声をだし叫んだり泣いたりすること、手をさしのべること、けったり叩いたりする動作表現、目の緊張をとりのぞくことなどがあり、身体に直接働きかけ慢性的な筋緊張をゆるめ、抑圧されていた感情を喚起するものが多い。バイオエナジェティックスで重視されるグラウンディングは、一定のポーズをとり、脚にふるえを引き起こすことで、からだに下方向のエネルギーの流れを起こすことを目的としている。なぜなら、上方向のエネルギーは、精神《マインド》のつくりだす幻想世界のなかへと昇華され、現実との接触をなくしてしまうためである。グラウンディングは、下へと向かうことで、身体・大地・現実とのつながりを回復していく。

（６）この関連でつけ加えておくと、野口晴哉（１９７６）が、身体の無意識的な動き（錘体外路系の運動）を訓練する体育法として提唱した「活元運動」も、たんに身体の偏り疲労を修正するだけでなく、感情をふくめたエネルギーの変容という効果をもっている。活元運動もバイオエナジェティックスのエクササイズと同様に、身体の自発的な運動が生じるように働きかけるが、よりいっそう簡便に利用できるという点で、野口自身が勧めているように、教育のなかに組み入れることができる。

（７）ここでは三つのアプローチの統合について述べているが、ダニエル・ゴールマンも、感情的知性がスピリチュアルな次元と結びつく可能性について検討している。ゴールマン自身は以前から瞑想についての研究もおこなっており、最近では、仏教と生命科学の対話を目的とした、ダライ・ラマを囲んだ「心と生命会議」の記録 *Healing Emotions*（邦訳『心ひとつで人生は変えられる』徳間書店）や、*Destructive Emotions*（邦訳『なぜ人は破壊的な感情を持つのか』アーティストハウス）の編者をつとめている。とくに後者の記録は、本章の議論と重なるところが多い。

（８）本章では三つの有力なモデルだけに絞ったが、感情変容型のアプローチには、ほかにも重要なものがある。たとえば、サイコシンセシスなどのイメージワーク、表現アートセラピーなどの芸術を用いた方法がある。またアーノルド・ミンデルは、対立解決法を国際社会や民族間の紛争にまで押し広げ、ワールドワークという手法をつくりだしているが、そのなかで心理療法と自覚を結びつけ、「自覚の政治学」を提唱している点で注目される（Mindell, 1995）。

第9章　教育者の自己変容
――反省的アプローチと観想的アプローチ

1　ホリスティック教育と教師教育

ホリスティック臨床教育学の実践において、教育者の自己変容にかかわる再教育や継続教育の取り組みは重要なものである。本書をしめくくるこの章では、最後にこの問題をとりあげておきたい。ところで、一九八〇年代後半以降のホリスティック教育の展開において、教師教育論はカリキュラム論と並んで、その中心領域をなしており、現在の教師教育論全体のなかでも重要な問題提起をしている。そこで本章では、ホリスティック教育における教師教育の試みを「観想的アプローチ」ととらえ、一方の主流的な「反省的アプローチ」との対比のもとに、その意義を明らかにしてみたい。

ジョン・ミラーの立場

まず、ホリスティック教育が教師教育についてどのような考えをもっているのかを、ジョン・ミラーの見解を引きながら一瞥しておく。カリキュラム研究で知られるミラーは、教師論の分野でも『共感する教師』『ホリスティックな教師』『観想的実践家』『教育と魂』といった著書をあらわしている。ミラーが所属するトロント大学大学院オンタリオ教育研究所は、先進的な教育研究機関であるだけでなく、常時一〇〇〇名以上の教師が学ぶカナダ最大の現職教育機関である。ミラーは、そのなかでホリスティック教育のコースを統括する立場にある。

ミラーは『ホリスティックな教師』（邦訳『ホリスティックな教師たち』学研）の序で、エマーソンのエッセイ「教育」を引きながら、こう述べている。「エマーソンがいう〈存在〉（presence）がホリスティック教育にとってきわめて重要である。究極的には、ホリスティック教育は、教育政策や教授法によってもたらされるのではなく、エマーソンが〈深み〉や〈存在〉と呼んでいるところから生まれる」（Miller, 1993, pp. vii-viii, cf. Emerson, 1966, p. 227）。さらに「〈私たちそのものを、私たちは教えようとしている〉というエマーソンの見方は、ホリスティック教育にとって基本的である」（Ibid., pp.3-4）とも述べている。

ホリスティック教育は、その思想や方法や教育内容によってすべてが語られるようなものではなく、また教師が方法や理論に精通しているからといって必ずしも実現されるものでもない。そこには一人ひとりの教師の存在と、そのあり方が深くかかわっている。ホリスティック教育は、教師の実存的な存在様式が教育実践において本質的な次元をなしているとみなす。したがって教師教育では、教師が自分自身の存在様式に気づき、自己の「深み」を探究するような取り組みがなされる。ここではそれを総称して「観想的アプローチ」（contemplative approach）と呼んでおくが、その実際については後ほど見ていくことにする。

いま少しミラーの考えを見ておくと、ホリスティックな教師のあり方として特徴的なのは、教師が「自己」（Self）にふれ、「自己」にもとづいて教えられるようになることである。「最終的には〈自己〉から教えることが、どんな教授法を使いこなすことよりも重要である」（Ibid., p.95）と、ミラーは言う。ここで教師のあり方は、ユング心理学的に二つのレベルでとらえられる。ひとつは人格の表層をなす「自我」（ego）にもとづき、もうひとつは深層の「自己」にもとづく。自我にもとづく教師というのは、社会的役割としての教師を演じ、生徒や学生に知識や規則を教える。自我レベルの教育は、自己から見れば表面的な社会的レベルで教師と生徒が交流しているということである。これに対し、人間存在の深みをあらわしている「自己」にもとづく教師は、一人ひとりの生徒や学生と深いところで出会い、つながることになる。

自我は自分を他者から区別して見て、しばしば他人と果てしなく競いあう。しかし、自己には他者との争いはない。なぜなら、自己は他者やあらゆる生命との深いつながりを感じとっているからである。分裂というものが、根底にある一体性からすれば幻想にすぎないということに、自己は気づいている。（Ibid., p.16）

教師は自己の深みにおいて他者と深くつながるのであり、そこに「共感」（compassion）が生まれる。自我にもとづいていると、教育的関係が自我の演ずるゲームになるのに対して、自己と自己のあいだにつながりがあると、自我境界をこえた共感が生まれる。ミラーは、ホリスティックな教師の特質として、自己に根ざす「本来性」（authenticity）と、この「共感性」をあげている。「私たちが共感的で、本来的であるとき、他者の核心、すなわち自己を知ることができる。このとき私たちは、その核心と核心で他者にかかわることができる」（Ibid., p. 40）。しかし、自己にもとづいて教えるためには、教師の内なる変容が求められる。

ホリスティック教育の源は、古代ギリシアの格言である「汝自身を知れ」にまでさかのぼる。これは外から自分をながめるのではなく、むしろ〔自分の内部で働いている〕信念や行動様式に気づくということである。そ

してさらに内へと旅をすすめ、「自己」を見いだすということである。（Ibid., p.22）

2　反省的アプローチ

ホリスティック教育の観点から見た教師教育は、主流の教師教育論に対してどのような意味をもつのであろうか。つぎに最近の教師教育論をとりあげることで、ホリスティックな教師教育の特徴をより明確にしてみたい。ここで注目するのは、教師教育と教師研究との結びつきである。昨今の教師教育は、教師の実践経験をとおした教師研究との結びつきを深めている。このような動向が生じているひとつの社会的背景として、大学院を中心とする高等教育機関が現職社会人の再教育と研究の場として機能するようになり、そのなかで多くの現職教師がみずからの経験を研究対象とするような状況が生じている点をあげることができる。その結果、教師教育と教師研究といった隣接領域が交差しあう状況が生まれている。

ショーンの「反省的実践家」

教師教育と教師研究においては、「反省的転回」と呼べるような大きな動向が一九八〇年代以降つづいており、「反省的アプローチ」（reflective approach）と総称できる一連の方法がとりあげられている。これには、ドナルド・ショーンが提唱した「反省的実践家」（reflective practitioner）についての議論と、それがもたらした広範な影響、および物語様式（narrative）にもとづく多様な質的研究（自伝的研究、ライフヒストリーなど）の広がりなどがかかわっている。

ショーンは、その主著『反省的実践家』（邦訳『専門家の知恵』ゆみる出版）のなかで専門家の定義を一新した。ショーンによれば、現代の専門的職業は、実証主義にもとづく「技術的合理性」（technical rationality）に席巻されているという。「技術的合理性のモデルに従えば……専門的活動は、科学的な理論や技術を適用することで厳密に遂行される道具的問題解決となる」（Schön, 1983, p.21）。技術的合理性に依拠している各専門分野は、基礎科学の応用科学として位置づけられ、専門家は、科学技術の合理的適用をおこなう「技術的エキスパート」とみなされる。教師の場合、教科に関する知識と教授技術をあわせもった実践者がこれに当たる。このような技術的な専門家像はますます強まっているようにみえる。教育のような場面においてすら、産業社会のシステムにしたがって経済的効率性や合理的管理が求められるようになってきているが、それにもっとも適しているのは技術的エキスパートとしての教師なのである。

技術的エキスパートに対して、ショーンは反省的実践家という別のかたちの専門家像を示す。すなわち、技術的合理性は、複雑な様相を呈する社会的実践（医療、看護、教育、福祉、心理臨床、建築、経営、都市計画など）のなかでは決して厳密に機能しているわけではなく、通常そうした実践は、各実践者が経験をとおして身につけた実践的認識や技量（artistry）によって遂行されているというのである。

ショーンは、専門的行為に埋め込まれている知と反省のプロセスに注目し、専門家の実践的思考様式をとりあげる。実践のなかには、おもに二つの思考過程がある。ひとつは「活動のなかの知」（knowing-in-action）であり、もうひとつは「活動のなかの反省」（reflection-in-action）である。「活動のなかの知」とは、ふつうそれとして自覚されることなく暗黙のうちに実践を導く実践知である。それはその場におうじた的確な判断や技能を導き、実践を可能にしている。これに対して「活動のなかの反省」というのは、活動の円滑な進行を妨げるような問題や事態が生じたときに働くもので、そのとき実践家は暗黙の実践過程に反省を加えるのである。「活動のなかの反省」は実際の活動中に生じ、活動の混乱を防いで調整や修正をはかるものである。また、それは活動のあとに、その活動をふり返るかたちで生じることもある。したがって、ショーンのいう反省的思考には二つのレベルが認められる。活動中の調整レベルでは、予期される目的に向けて活動の継続が目指されるが、活動後の反省では、活動そのものの問題点が洗いだされ、活動そのものの更新がはかられる。後者の点について「反省をつうじて実践家は、専門的な実践経験をつみ重ねるなかで培われてきた暗黙の理解を表面に浮かびあがらせ、それを批判的に見ることができる。そして、不確実で特別なその状況を新しく理解しなおし、経験を増すことができる」(Ibid., p.61) と指摘されている。このように反省は、機能不全を起こした暗黙的実践知を更新することで、困難や問題をのり越えていく実践的能力である。「活動のなかの反省過程全体は、不確実、不安定で、独特で価値葛藤をふくんだ状況に実践家がうまく対処するうえで不可欠な〈わざ〉である」(Ibid., p.50)。したがって、すぐれた反省的実践家というのは、すでに身につけた知識や理解にとらわれず、たえず反省をくり返し、新しい見方や方法を創造的に生みだしていくことのできるような人物である。

ショーンが明らかにした反省的実践は、現実の実践のなかに埋め込まれた知的活動の様式であり、そこで、とり立てて特別なことが言われているわけではない。しかしそれは、さまざまな社会的実践にかかわる専門家たちを技術的合理性の呪縛から解放するとともに、現実の複雑な実践をその内部から解明する道筋を開くものであった。ショーンの画期的な問題提起によって、その後、教育をふくめて多くの分野の専門家が反省的実践家として自己規定するようになり、その実践様式に対する反省的研究(たとえばアクション・リサーチ)や、反省的実践家を育成するための専門家教育が広くおこなわれるようになった。

教育という複雑な実践に従事する教師もまた反省的実践家である。反省的実践家としての教師は、日々の実践のなかで試行錯誤しながら問題解決をはかり、みずからの体験をふり返り、それによって個人的な実践的見識を高め、教師として成長をとげる存在である。わが国においては、佐藤学がショーンの問題提起を受けとめ、反省的実践家としての教師、および反省的実践としての教育活動について広範な議論を展開している。ここでその詳細を追うことはしないが、以下の引用において、その要点を確認しておきたい。

反省的実践家としての教師は、技術的熟達者としての教師と比べ、より複雑な文脈に身をゆだね、子どもたちとのよりパーソナルで対等な関係を築きあげて、文化的な意味の形成や価値の高い経験の創造を追求し、より複雑で難解な問題の解決に、子どもたちや父母や同僚と協同で立ち向かう実践を推進している。反省的実践家としての教師は、教師も子どもも反省的思考を展開できる状況を準備し、その複雑な状況に対する洞察、その状況における学習の意味や価値の発見と省察、その学習の可能性や発展性に対する洞察に全力を傾注しながら、状況や場面に応じた選択と判断の実践を行っている。（佐藤、1997、163頁）

このように佐藤は、反省の活動を核とすることで、教師の実践および子どもの学習をふくめた教育活動全体を、反省的実践としてとらえることを試みている。

ナラティヴ法による教師研究

つぎに物語様式《ナラティブ》にもとづく教師研究の分野をとりあげる。そこでは、現職教師が自分の経験や実践知を対象とする研究が展開され、みずからの教育実践や、教師としての人生をふり返り、物語るという手法がとられる。このような教師研究は多様な広がりをみせており、以下では若干の例を引きながら、それらのなかで反省的方法がいかに重視されているかを見ておく。

マイケル・コネリーとジーン・クランディニンは、教師の観点に立ってカリキュラム研究をおこない、カリキュラムを再定義して、それを人と物とプロセスが相互作用しあう「状況」としてとらえる（Connelly & Clandinin, 1988）。生徒とともに教師はこうした状況に属し、それを経験している当事者である。つまりカリキュラムと教師は分離できるものではなく、教師こそがカリキュラムなのであり、生徒のカリキュラムとともに教師のカリキュラムが存在するのである。したがって、カリキュラム研究において教師研究は基本的な位置を占めることになる。コネリーとクランディニンは「教師の〈個人的知識〉こそが、教室の計画された行為にかかわる重要な事柄をすべて決定する」（Ibid., p.4）と述べ、教師が状況のなかで形成する「個人的実践知」（personal practical knowledge）のもつ意味を強調する。それゆえ教師研究の中心は、教師の個人的実践知を解明することとなる。そのために適切な方法は物語様式であり、コネリーとクランディニンは、個人的実践知に対する「反省の道具」として、日記、自伝、伝記、イメージ、文書分析といった単独でおこなえる作業と、語り、手紙、教師へのインタヴュー、参与観察といった同僚やグループでおこなえる作業をあげている。このようにコネリーたちのカリキュラム研究においては、教師の個人的実践知に対する反省的アプローチがとられている。

教師の反省的な語りは、教師自身の自己理解を深め、自己成長を助けることにつながり、この意味で教師研究と教師教育は互いに循環しあう関係にある。この循環関係を積極的に活用しているのが、アードラ・コールとゲーリー・ノウルズである（Cole & Knowles, 2000）。ミラーやコネリーと同じく、オンタリオ教育研究所で教師教育と教師研究に携わっているコールとノウルズは、教育活動そのものが「探求」であるとともに「研究」であるという。というのも、教育活動はたんなる客観的な理論の適用ではなく、複雑で個人的な知的過程の表現であり、そこでは個人的な知識が実践のなかに埋め込まれていて、教師はそうした知を発展させていくのである。したがって教育活動を研究することは、教師の専門的な成長に資するのであり、とりわけそれは教師自身がおこなうべきこととされる。「実践の組織的な反省と分析をとおして、教師は自分自身の専門的発達に責任をおう」(Ibid., p. 2)。ところで、コールとノウルズは、こうした研究を、あえて「反省的」ではなく、「反映的探求」(reflexive inquiry)と呼ぶ。ここで「反映的」という言葉が用いられるのは、教育活動と教師の成長にとって「個人的」側面がより重要であるということを示すためである。教育活動というのは「教師の、人としてのあり方の表現」であり、そこには教師がその人生をつうじて培ってきた信念、価値、見方、経験などが、分かちがたく反映されている(Ibid., p. 2)。それゆえ教師が自己理解を深め、専門家として発達するためには、そうした個人的側面を形成してきた経験や影響を理解しなくてはならない。反映的探求は教育実践を対象とするが、そのさい個人の人生や生活史と教師の仕事を結びつけ、個人の人生を形成してきたものに光をあてるのである。

個人的な人生を構成するのは、複雑多岐にわたる相互作用と、多様な文脈と、そこにおける経験の過程であり、コールとノウルズはそれらを研究する方法として「自伝的探求」(autobiographical inquiry)をとりあげる。教師個人の人生を形成してきたものを理解することが教師の専門家としての発達にとって不可欠である以上、教師研究は教師による自伝的研究となる。教師が人間としての自分自身をよりよく理解することは、教師としての自分をより深く知ることになる。反映的教師は、教育実践のみならず自伝的人生をふりかえるとともに、そこで見いだされるものを教育活動に結びつけて理解するのである。

コールとノウルズの場合、反省的ではなく反映的な方法が強調されているが、しかしそれは自伝的探求を重視している点からもわかるように、実際には本章でいう反省的アプローチにふくめられる。コールとノウルズは、教師教育の改革について論じた別の箇所においても、「自己研究」(Self-Study)をとおした教師教育について言及しているが、そこでは「自己理解と専門性の発達を目的とする自己研究は、本質的に――デューイ的な意味で――自分の仕事について熟考するものである。それは反省的探求である」(Cole, Elijah, & Knowles, 1998, p. 42)と述べ、この研究法の反省的性格を明らかにしている。

以上のように、教師研究と結びついた教師教育において反省的アプローチが重視されていることが見てとれる。(1)これに対してホリスティック教育では、反省的アプローチの意義を十分に認めたうえで、さらに観想的アプローチの必要性が主張される。反省的アプローチは、教師の個人的な経験、実践、人生そのものに注目し、すでに全人的《ホリスティック》な方向に大きく踏み出している。しかし、その方法のほとんどが、デューイのいう探求や反省に依拠していることからもわかるように、反省という思考の働きを中心としたものである。科学的合理性に対しては批判的であっても、それはまだ思考の働きを実践の中核にすえている。たしかに反省は人間に備わった意識変革の力であるが、反省的思考を行使するのみで人は自己の深みにふれられるわけではなく、それには何らかの観想的取り組みが必要なのである。

3　観想的アプローチ

観想的実践家の存在様式

本章の冒頭でふれたジョン・ミラーの「ホリスティックな教師」という考えは、その後「観想的実践家」(contemplative practitioner) というかたちで再定義され、ショーンのいう反省的実践家と明確に対比されるものになった。ミラーは『観想的実践家』(Miller, 1994) のなかで、ショーンの研究を高く評価しつつも、反省的実践家とは異なる観想的実践家の次元があると指摘する。ショーンは、実践のなかで働いている暗黙知や反省的思考を明らかにしたが、実践にはほかにも実践家の「存在の質」(the quality of Being and Presence) という次元が認められるのである (Ibid.

図17　人間存在の３つのレベル

感覚的経験	伝達	肉の眼	もつ	技術的エキスパート
反省的経験	交流	理知の眼	なす	反省的実践家
ホリスティックな経験	変容	観想の眼	ある	観想的実践家

p. 21)。

実践家の存在の質は、ふつう言葉や概念によって明示的にとらえることはできないが、たとえば誰かの話を聞いたり活動を見たりするとき、私たちはそれをおこなう人の存在の質を、一種の「フェルトセンス」として直感的に感じとることができる。同じ技量をもった人でも、その人物から受ける印象や影響が異なるのは、その人物の存在の質が異なっているからであり、とりわけすぐれた活動や表現には、エマーソンが言ったような意味で「深い」という形容がなされることがある。このように私たちは、ふだんから他者の存在の質を経験しているのだが、それはこれまでほとんど主題化されたことのない実践次元である。

これに関連して、ミラーは、人間の経験に三つのレベルを認めている (Ibid., p. 22)。第一のレベルは、客観的現実にかかわる感覚的経験や技術的合理性のレベル、第二のレベルは、反省的経験のような個人的知識にかかわるレベルである。そして第三の「ホリスティックな経験」のレベルは、人がより大きな現実につながる存在のレベルである。技術的エキスパートは第一の経験レベルに、反省的実践家は第二の経験レベルに、観想的実践家は第三の経験レベルに、それぞれかかわっている。このうち深い存在の質があらわれるのは第三の経験レベルにおいてである。

ミラーのいう経験の三つのレベルは、他の概念群によっても置き換えられる。ミラーが『ホリスティック・カリキュラム』（邦訳『ホリスティック教育』春秋社）のなかで示した「伝達」(transmission)、「交流」(transaction)、「変容」(transformation) という教育観の三つの立場がある（Miller, 1996, pp.5-8）。「伝達」とは、教える側が細分化された知識や技能を伝達し、学習者がそれを獲得していくことであり、「交流」とは、問題解決や知的探求を中心とし、学習者が主体となって対話的な共同作業をおこなうことを意味する。そして「変容」は、人間の存在の内的な深化にかかわるものである。したがって、第一レベルの客観的経験は「伝達」に、第二レベルの反省的経験は「交流」に、第三レベルのホリスティックな経験は「変容」に対応している。第二の交流レベルは、反省的思考による探求過程を意味しており、反省的実践家はこの交流レベルの経験にかかわっている。第三の変容レベルは、存在の深層とのつながりによって生じる自己変容を意味しており、観想的実践家はこの変容レベルにかかわっている。

ミラー自身も言及しているが、ケン・ウィルバーが聖ボナヴェントゥラの考えを引いて示した「三つの眼」、すなわち認識の三様式についての区別も、三つの経験レベルに対応している（Wilber, 1996b, pp.1-37）。三つの眼とは、外的な客観的世界を感覚的経験によって知覚する「肉の眼」、イメージ、論理、概念といった精神（理性）の働きについて知る「理知の眼」、そして超越的現実について認識する「観想の眼」である。さらに私見であるが、フロムのいう有名な「もつ」（having）と「ある」（being）の区別に、新たに「なす」（doing）をつけ加えれば、ここにも三つの経験に対応する存在様式を見いだすことができる（Fromm, 1981）。つまり、技術的エキスパートの伝達レベルは「もつ」様式に対応し、反省的実践家の交流レベルは「なす」様式に、そして観想的実践家の変容レベルは「ある」様式に対応するのである。このように、人間の経験、学習、認識、存在様式などには主要な三つのレベルを区別することができ、したがって技術的エキスパートや反省的実践家に加えて、観想的実践家という第三の次元を示すことができる（図17）。

私たちが観想的実践家となるうえで大切なのは、そうしたあり方を求める個人の潜在的な傾向性に加えて、身体技法、瞑想、自然体験、芸術などのような、何らかの観想的アプローチを日常の生活や訓練にとり入れ、存在の深みに開かれる経験をつむことである。今日では、そうした観想的アプローチを自己変容や実際の実践活動に用いている観想的実践家は、すでにさまざまな分野（スポーツ、芸術、医療、健康、教育、心理臨床、産業界など）に出現している。

観想の人間学的意味

ところで、観想技法（とくに瞑想）の生理的効果や心理的効果については、これまでも研究が重ねられており、それらが観想の意義（効用）を説明するためにとりあげられることが多いのだが、それはむしろ副次的なものであり、観想の意味は根本的には存在論的・人間学的に解明されなくてはならない。なぜなら、それは人間の基本的な存在様式にかかわっているからである。つまり観想とは、行為することではなく、行為しないこと、あるいは、何もしないということをすることであり、日常の存在様式とは対称的な位置にある。ただし、ここで観想の人間学的条件について詳しく論じる余裕はないので、上田閑照の言葉を引いて、それに代えておきたい。上田は、直立との関連で、坐禅における「坐る」ということの意味を以下のように記しているが、これは観想の意味を端的に言い表したものである。

「坐って、なにもしない」。直立を零度におさめ、手足を組んで背骨を真っ直ぐにしてまとめた全身体を、静かに座に、したがってさらに座を支えている大地に委ね、沈潜する。手も使わず（物事につかみかからない）、脚も使わず（物事を追わない）、頭も使わず（人間の思惑で物事を決めない）ということは、直立と結びついた人間の優性を零度に戻して浄めることであり、手も脚も頭も存在全体を無にして出直すことである。「無にする」……とは、この場合、「世界」を超えつつむ虚空のごとき限りない「開け」に「我なくして」開かれることである。それも、空虚の中へではなく、支える大地に「我なくして」自己をすっかり委ねてである。そして、無から出直す、すなわち坐禅から立ち上がる……。このとき、ふたたび世界内ではあるが、脚下の大地にしっかり、底なく立脚しつつ、坐禅において開かれた「限りない開け」は閉ざされることなく、「我」がふたたびそこに居る世界は見えない二重性になっており、「我」も世界にありつつ同時に世界を透りぬけている「我ならざる我」である。坐禅から立ち上がって動き働くことは、いわば「無からの創造」である。（上田、2002c、54頁）

上田は、人間の存在論的条件を「私は、私ならずして、私である」と定式化するが、観想は、私ならずして、限りない開けに開かれ、いったん零にまで立ちもどることであり、そのことが無からの創造、つまり私（我ならざる我）の蘇りを可能にするのである。観想とは、行為連関である反省的実践から離れることで、行為の始原に立ち返り、そこから新たに行為が生まれでてくる運動である。その何もしないということのなかに、実践者の根源的な蘇生がふくまれている。

4　観想的アプローチの実際

つぎに観想的アプローチを実際にとり入れている教師教育の試みとして、デイヴィッド・ハント、ジョン・ミラー、リチャード・ブラウン、パーカー・パーマーの実践、および人智学の成人教育論をとりあげて考察する。(2)

イメージによるエネルギー回復

デイヴィッド・ハント（オンタリオ教育研究所名誉教授）は、対人援助職者の燃えつきからの回復について、イメージワークを中心においた体系的な取り組みを考案した（イメージワークは広義の意味で観想に属す方法とみなされる）。私自身も留学中に彼の講義を二つ受講したが、それをふまえてハントの方法を紹介する。

燃えつきは周知のトピックであるにもかかわらず、燃えつきたエネルギーを回復する方法の研究はほとんどなされていない。ハントはそれを「リニューアル」と呼び、この問題に取り組んだ先駆的研究者である。リニューアルとは「個人のエネルギーとつながり、それを解放し、行動へと変容していく過程」（Hunt, 1992, p. 2）である。ハントはみずからの立場を「自分自身から始める」とか、「内から外へのアプローチ」（Inside-out approach）と呼ぶ。これは、枯渇したエネルギーを回復する資源は、その人自身のなかにあるという立場である。自己の内なる資源は、個人的な人生知としての「経験知」（experienced knowledge）のなかに潜んでいる。ハントによれば、経験知は、自己知覚、隠れた理論、個人的イメージという三つのかたちをとってあらわれる。経験知への着目は、反省的アプローチの場合と同じであるが、ハントの方法では、イメージを重視する点が大きく異なっている。この経験知を喚起することが、リニューアル・プロセスの第一段階である。

私が受講した、ハントの「実践家の経験知」というクラスは、内から外へのアプローチにふさわしく、ワークブックの作業をとおして丹念に自己の内側を探っていくものであった。まず内的作業の妨げとなる「内なる批判者」（経験の善悪を裁定する内なる声）を見つけだし、それを一時的に手放す作業をおこなった。そして「内側を開く」という作業のなかで、感覚、感情、身体、精神へのつながりをつくり、そのうえで、それらを通路としてさらに自己の中心にある経験知を解明した。そのさい主として過去の肯定的な経験を手がかりに「内なる智恵」（隠れた理論）を導きだし、これに加えて「内なるイメージ」を喚起する取り組みがおこなわれ、さらに「内なる資質」をとりだすことで潜在的な可能性を導きだしていった。講義では、内なる資源にふれるために、意味の地図（meaning map）の作成、デイヴィッド・コルブのいう経験学習のサイクル（具体的経験→反省的観察→概念化→試行）を用いた解明、実際のイメージワークなどが頻繁におこなわれた。

講義の修了時に内なる智恵、内なるイメージ、内なる資質についてレポートを提出するのだが、私が当時提出したレポートを見ると、内なる智恵として「意味深いものは見えないところからくる」という言葉を書き記し、内なるイメージとして「濁った大河を漂う自分」をあげ、内なる資質としては「沈黙」をあげていた。ハントのクラスは、こうした項目を明確にすることで、それらを日常生活のなかに組み入れるための手助けをするものであった。

ハントの取り組みのなかで、イメージは、経験知を浮上させるだけでなく、内なるエネルギーを解放し、そのエネルギーを行動へと変容する媒体として、中心的な働きをする。それは以下のようにまとめられる（Ibid., p. 23）。


私たちが自分の個人的なイメージを見つけると、個人のエネルギーにつながる。

私たちが自分たちのイメージを共有すると、エネルギーを解放する。

私たちが共有されたイメージを用いると、エネルギーを行動へと変容する。


自分の内面へと向かってイメージを見いだしたのち、それを他者と共有することが重要になる。ハントはこれを「共同創造としての共有」（sharing as co-creation）と呼ぶが、この共有をとおしてエネルギーが他者とのあいだで循環する。リニューアルのこの段階は「シナジー（協働）」（synergy）とも呼ばれる。

循環するエネルギーを行動へと結びつけ、生活に具体的な変化をもたらすのが「C-RE-A-T-E」の段階である。ここではコルブの経験学習の図式を用いて、創造的な問題解決というかたちをとる行動変容が導かれる。C-RE-A-T-Eとは、問題解決の五つの段階によって構成される実践モデルである。まずCは関心（concern）であり、問題となっている関心領域を特定することである。つぎのREはふりかえり（reflect）であるが、ここでは特定のイメージを選んで、それを深める作業をする。つぎにAは行動計画（action plan）であり、深められたイメージからその叡知をくみとり、行動計画を立てる。最後にTとEは、実際に計画をおこなってみて（try out）、それを経験する（experience）という段階である。

ハントのもうひとつのクラス「成人教育におけるリニューアル」は、ハントが立てた「リニューアルの精神」という、エネルギー回復のための価値や質を、連想やイメージや内省をつうじて探求するというものであった。ハントが立てた図式にふくまれる価値（value）と信念（belief）は、専門的な経験の質、共有によるシナジー、肯定面の強調、連続性、矛盾であり、これらに対応する質（quality）は、尊敬、開放性、楽観主義、忍耐、ユーモア・驚きである。実際のクラスでは、個々の価値や質について、意味の地図を使ってそれから連想されるものを導きだし、それをイメージワークで深め、さらに日常の経験との結びつきをふりかえる作業をおこなった。この場合のイメージワークは、特定の経験を想起するところから始まり、それがもたらした感情を浮上させ、今度はその感情から新たにイメージが生まれてくるようにするという複雑なものであった。クラスでは、最後に特定の質についてグループで発表する機会があったが、私たちのグループは忍耐をとりあげ、影絵を使ってシルバスタインの『あたえる木』を演じた。以上のように、イメージの力を中心に置きつつ多用な方法を組み合わせるハントの試みは、観想的アプローチのひとつのかたちを生みだしている。

観想的現職教育――ミラーの試み

ハントの友人でもあるミラーは、オンタリオ教育研究所で修士および博士課程に在籍する現職教師を対象に「ホリスティック教育」と「観想的実践家としての教師」という二つのコースを担当し、観想的アプローチをとり入れた講義をつづけてきた。ミラーは、観想、とくに瞑想を高等教育機関の専門家教育にとり入れる理由として、以下

トロント大学で定期的に開かれている
ホリスティック教育の研究会

の四点をあげている（Miller, 1994, pp.120-121）。第一に、瞑想という方法は「自己についての学習」の一形態である。それは、みずからの経験を見つめる作業をとおして学ぶことであり、それによって自分自身の直観を信頼できるようになる。第二に、それはストレスをはじめ多くの健康問題に対処するのに有効な方法である。第三に、それは個人の分離感を解消する助けになる。役割に同一化していると分離感はつのっていくが、瞑想は役割から脱同一化し、生徒と共感的につながることを助けてくれる。そして最後に、瞑想によって開かれる「自己」にもとづいて教えられるようになると、教育活動は深くみたされる体験になる。もちろん瞑想実習が個人に与える影響は、個人の状況におうじて異なるが、概括すれば、これらの点が期待できるということである。

　ミラーは実際にはいくつもの方法をとり入れて、観想的アプローチを構成している。そのなかには、各種の瞑想（とくにマインドフルネス瞑想と慈しみの瞑想）、イメージワーク、ドリームワーク、身体技法（ムーブメント、ヨーガなど）、芸術、語り、神話論、自伝、日記法、観想的生活のすすめ（スローダウン、音楽、空間と沈黙）などがある。講義ではこれらの方法が紹介されるとともに、瞑想については（強制ではなく）講義期間中、約六週間にわたって試み、その体験を日記に記述することが求められる。[3]ミラーは二〇〇二年に、瞑想をとり入れることの効果に関する追跡調査の結果を公表している（Miller & Nozawa, 2002）。一九八八年に始められたこの試みに、二〇〇二年時点で、すでに一〇〇〇人以上の学生が参加していたことになる。追跡調査のなかでは「瞑想が大学院教育の場に導入されると、教育者の個人的生活および職業生活の両面において積極的な長期的効果があらわれる。参加者の大半は瞑想の助けで、以前より穏やかになり、生活と仕事により深く根づくようになったと感じている」(Ibid., p.191) と報告されている。

その一方で、ミラーは反省的アプローチも決して疎かにすることなく、自分史の語りの様式をとり入れている。しかしミラーは、反省的語りには、教師の実践経験や人生経験だけでなく、(神話学者ジョゼフ・キャンベルにならって) 宇宙論的な文脈から自己の意味を再定義するような「大きな物語」、すなわち神話論的な語りも必要であるという。これまで近代が提供してきた大きな物語が解体し、私たち現代人が個人の自我に閉ざされた物語世界で生きていることに対し、神話論はあらためて宇宙論的な物語を与え、人生の意味づけを重層化する。「大きな物語というのは、本質的に、私たちがいかにして自我の牢獄をのり越え、私たちの〈存在〉の全体性を実現できるのか、ということを物語るものである」(Miller, 1994, p.28)。ウィルバーとともに言えば「神話的に生きるとは、みずからを無境界の広大な世界に開いていくことである。これは、境界をもった慣習的世界をすべて放り出して神話的空想にふけることではない (これはもちろん危険な状態である)。むしろ、みずからを神話的超越に開き、その意識を慣習的世界にもちこみ、はるかに深い源に慣習的世界をもう一度結びつけることで、存在を蘇らせるのである」(Wilber, 1985, pp.126-127)。ミラーは、現代人に必要な大きな物語として、自然哲学者トーマス・ベリー (およびブライアン・スウィム) のいう「宇宙の物語」にしばしば言及する (Swimme & Berry, 1992)。

なお最近の展開において、ミラーは「教育におけるスピリチュアリティ」にかかわる議論を積極的にリードし、とくに教育に魂をとりもどすことを主張し、教師教育についても「魂をもった教師」(soulful teacher) の必要性を提唱している (Miller, 2000)。

観想的教育——ナローパ大学の教師教育

コロラド州ボールダーにあるナローパ大学は、チベット人の仏教者チョギャム・トゥルンパが創設した小さな大学であるが、ここでは仏教の要素（瞑想実習）をとり入れた非宗派的な教師養成をおこなっている。「観想的教育」（Contemplative Education）という名を冠する学部には、幼児教育課程と、一般の教師養成をおこなう修士課程が開設されている（Brown, 1991, 1998/1999, 2002）。トゥルンパはナローパ大学以外にも子ども向けの学校を開き、それがいまでは学生の実習施設となっているが、そこでは瞑想実習で得られた成果を日々の教育活動に生かすことが探求されている。

「観想的教育」は、教師の「内面の準備」をとくに重視している。このプログラムを指揮するリチャード・ブラウンは、「私たちがほかの人をホリスティックに教えられるまえに、私たちは自分自身をよく知り、真に全体的な教師となることを妨げている習慣を脱学習しなくてはならない」（Brown, 1991, p.17）と言う。ブラウンは、瞑想の導入に関して「瞑想の原理と実習を日々の非宗派的教育に統合することは……仏教がホリスティック教育に対してもたらす、もっとも刺激的で、個人にとって実りの多い貢献である」（Brown, 2002, p.4）と述べている。ここでいう瞑想は、宗教的修行に見られるような特別な境地や体験を求めるものではなく、それをとおして教師が各瞬間に開かれ、その場に十分に存在し、それによって生徒との関係を深め、適切な行動をとれるようにするものである。このように瞑想は、教師がその日常に深くかかわれるようにするのである。

観想的教育は、教師が瞑想（坐る瞑想、歩く瞑想など）を実習することで自分の内的経験に気づき、さらに生徒への共感をまし、生徒の内面をもっとよく受け入れられるようにする。教師の内面では、個人的生活や教育活動をとおして、知覚・思考・感情のプロセスが織りなす複雑な経験がたえず生じているが、そうした内的な経験過程は、外的な社会的要求に合わせるためにしばしば無視される。そのことがかえってストレスや内的葛藤を引き起こすことになるが、社会生活においては、それもまた無視せざるをえないような状況があり、そうした悪循環が燃えつきの大きな原因となる。これに対して瞑想は、この複雑で葛藤をはらむ内的な生にありのままに気づき、それを日々の生活に統合するような働きをする。教育活動以外の場面で規則的に瞑想を実習することで、内的な生に対する気づきを高めることができ、教師はそうした気づきを保ちながら、内的な生を教育活動と結びつけるのである。

観想的教育における瞑想とは、自分の内面で起こっていること（感覚、感情、思考）に、価値判断や解釈を差しはさむことなく、ありのままに気づくという作業である。ブラウンは、これを「観想的観察」(contemplative observation) と呼ぶ。観察にさいしては、注意をとぎすまし、事態を正確にとらえることができなくてはならない。そのための訓練として、たとえば木の葉がたてる細かな音のちがいを聴きとるような、感覚知覚の訓練がおこなわれる。感覚的な直接経験はしばしば、そこに持ち込まれた思考過程によって解釈され覆われてしまうが、観想的観察は思考と感覚的経験を注意ぶかく識別する。観想では思考に気づくことで、それから脱同一化し、直接に経験していることに立ちもどる。なぜなら、思考は状況に対して習慣的に反応することが多く、それから離れることではじめて、その瞬間の経験が新鮮にうかびあがるからである。

ロッキーの山々を望むナローパ大学のキャンパス

観想的観察は、思考の働きそのものを気づきの対象とする点で、思考の働きによって問題状況の解決をはかる反省的アプローチとは基本的に異なっている。しかし、これは決して知的活動を無意味なものとして排除することではない。推論、解釈、理解、分析といった思考の働きは、その状況に起こっていることを歪曲したり隠蔽しないかぎり重要である。そのさい観想的観察は知的活動をより効果的なものにする。というのも「知的探求は、瞑想実習のホリスティックな経験に根ざしているとき、［ものごとを］広く、新鮮に、まっすぐに見てとる」(Brown, 1991, p.18) からである。観想の訓練は、ものごとを識別する力を高めるのであり、それが知的活動と結びつくことで明晰な知性が養われる。

ブラウンが教師教育のなかで重視するもうひとつの点は、感情への取り組みである。教師も人間として、その教育活動をつうじてさまざまな感情を体験し、そのなかで苛立ち、悲しみ、苦痛、不安、混乱、怒り、絶望などといった感情を抱くことも日常的である。生徒や同僚のことで、教師にこうした感情が起こったら、習慣的に反応して、それを表さないように隠すか、感情のままに行動してしまうか、何かに転化したりする。このような感情にまつわる葛藤が教師の活動を難しくさせるのだが、これに対してブラウンは観想的アプローチの有効性を主張する。とくにチベット仏教は感情に対する取り組みを練りあげている点で重要である。それは感情を抑圧するのでもなく、それに支配されるのでもなく、感情をありのままに受け入れ、その動きを見守る。この点については前章で詳しく論じてあるので、ここではブラウンの言葉を引いておくだけにする。

瞑想の実習をとおして、感情が生じるときに正確に気づき、感情の質を感じとり、感情が通りすぎていくことに気づけるようになる。私たちが感情の経験とともにあり、しかもそれを軽く包んでいると、その感情に対するとらわれは解消されていく。感情のエネルギーとの調和があるとき、〔感情を包み込む〕空間があり、〔感情が変化していくための〕創造性がある。(Brown, 2002, p. 9)

感情を変えようとするのではなく、感情に気づき、それを見守っていると、それはもはや脅威ではなく、くつろいで信頼できるものになり、そして、その感情がみずから変化していくのである。

ナローパ大学の観想的教育学部の修士課程では、このような観想実習を核として「教育における存在」「観想的教師」「観想的教育」「観想的カリキュラム」「共感的教育」といった科目群が組まれており、観想的アプローチを体系的に履修できるようになっている。

教師のリトリート――パーマーの取り組み

現代の教育思想家として知られるパーカー・パーマーは、名著『知られているが如くに知る』のなかの教師教育をあつかった章で、「教育活動の変容は、教師の変容された心のうちで始められなくてはならない」（Palmer, 1993, p. 107）と述べている。その本のなかでパーマーは、変容のための訓練として、沈黙すること、独りになること、祈ることをあげており、観想的な方法に言及している。その後一九九八年に出された『教える勇気』（邦訳『大学教師の自己改善』玉川大学出版部）は、教師教育に焦点をあてた重要なものである。パーマーによると、教育は教師の内なる生から起こるのであり、「私たちは、私たちそのものを教えている」（Palmer, 1998, p. 2）のである。

> 良かれ悪しかれ、教育活動は、あらゆる真に人間的な活動と同様に、人の内面から生まれる。教えるとき、私は自分の魂の状態を、学生に、教科に、そして私たちの関係に投げ入れている。私が教室で経験する困難は、私自身の内面の混乱にほかならない。この角度から見ると、教育活動は魂の鏡である。私が鏡のなかを見て、自分が見ているものから逃げ出さないなら、自分を知る機会が得られる――自分を知ることは、学生や科目を知るのと同じほど、よい授業に欠かせないものである。（Ibid., p. 2）

鍵は、教師が自分自身を知ることであるにもかかわらず、教師教育において、この部分は大きく欠落している。パーマーは「よい教育活動は技術に還元できない。よい教育活動は教師のアイデンティティと統合性（integrity）からくる」（Ibid., p.10 原文イタリック）という。人間のアイデンティティは、多様な力が交差するなかで生まれるが、

フェッツァー研究所内の研修ルーム

それらが分断された状態になるのではなく、多様な力を知ることで全体として統合されることが必要なのである。このような統合された教師は、つながりを生みだすことができる。「よい教師は、自分自身、教科、学生のあいだの複雑なつながりの網をつむぎだすことができ、学生が自分のために世界をつむげるようにする」（Ibid., p.11）。パーマーによれば「現実は、つながりあう関係（communal relationships）の網目であり、私たちが現実を知るのは、それとつながることによってのみである」（Ibid., p.95 原文イタリック）。したがって「教えるということは、真実のつながり（the community of truth）が実現される場を創造することである」（Ibid., p. 90 原文イタリック）。

パーマーは、教師がその魂を知り、アイデンティティと統合性を実現するための方法として、なにか特別な方法を提案しているわけではない。『教える勇気』では、独りになることと、沈黙することに加えて、瞑想的な読書、森を歩くこと、日記をつけること、話を聴いてくれる友人を見つけることなどがあげられている。しかし、これらはやはり何らかのきっかけがなければ実行しづらいことである。そこでパーマーは、教師の内的な取り組みを支援するプログラムを開発している（Palmer, with Jackson, Jackson, & Sluyter, 2001, Hare, Jackson, & Jackson, 2001）。

パーマーの指導のもと、一九九四年に「教える勇気」プログラム（The Courage to Teach program）が発足し、フェッツァー研究所（ミシガン州）の支援を受けて二年間の実験的な試みがなされ、その後さらに四つの実験的プログラムが実施された。これらの成果をもとに一九九七年に創設された「教師形成センター」(Center for Teacher Formation)は、このプログラムを実施しようとする組織やグループに対する情報提供、コンサルタント業務、ファシリテーター養成などをおこない、その結果このプログラムは全米各地でおこなわれるようになっている。「教える勇気」プログラムは、幼稚園から一二学年までの公立学校の教師、管理職、カウンセラー、大学教師などを対象にし、各グループは(公募で申し込んだ)二〇〜三〇人で構成される。この同一メンバーのグループで二年間にわたって、年に四回、つまり計八回のリトリート(一回三〜四日間)がもたれる。

このプログラムの基本的な視点は、自分の魂が内外の力によって歪められた教師は、生徒によい教育をおこなうことは困難であり、ましてや生徒の魂を教育のなかに回復することもできない、というものである。したがって、このプログラムでは、教師が自分の魂とのつながりを回復し、魂をその仕事と結びつけられるような内的な作業が中心となる。たとえば、教師になろうとしたときの初心や、人に教えることを使命や天職と感じる情熱を、魂とつながる経験として呼びもどそうとする。プログラムでは、教師たちの魂がその姿をあらわし、声を発することができるように、自己探究のための安全な空間が用意される。そのため、リトリートというかたちがとられる。

季節ごとに開かれるので「四季」とも呼ばれるこのプログラムは、秋に始まり(人生の秋に対応する)、冬の死と、春の再生をへて、夏の豊かさへと向かい、教師の甦りを助ける。秋では「真の自己の種」を見いだすために、参加者は子ども時代のことや、最初に教師になろうと意識したときのことなどを語る。冬では、人生の闇や死の側面、深く埋もれたままの種について思いをめぐらせる。再生の時期である春には、人生や教師の仕事につきもののパラドックスについて問いかける。作物が豊かに育つ夏には、他者への寛大さや、他者に与えることが探究される。

リトリートは、グループ全体、小グループ、そして一人でおこなうさまざまな作業によって構成されるが、以下の六つの基本的要素をふくんでいる。(1)参加者の反省的考察を喚起するような問いが立てられる。たとえば、自分の仕事のなかで好きなところと、そうでないところ、というように相反する内容の問いが立てられる。⑵沈黙が全体の流れのなかで重視され尊重される。⑶人生のさまざまなパラドックスに取り組む。⑷自分の短所や欠点に焦点を合わせるのではなく、生得的な才能、強み、感受性などを発見し、それらを教育実践に結びつけるようにする。⑸意味の多義性を表現するために物語や詩を用いる。⑹最後に、このプログラムに特徴的な（クエーカーの伝統に由来するという）「浄化の委員会」（clearness committee）がある。これは何らかの問題に悩んでいる特定の人を対象にして、五、六名の人が集まり、その人の内的な探究を助けるというものである。そのさいグループのメンバーは、相手に自分たちの問題解決法を決して示唆することなく、相手の探究を助けるような問いかけを二時間ほどつづけ、相手の話に耳を傾け、相手が自分で自分の内的真実を発見できるように手助けをする。

このプログラムでは、一人ひとりの語りや、話しあいがあり、また書きものや散歩をして独りですごす時間も大切にされる。リトリートの期間中、参加者はたがいに関心を払いながら、各自が集中的に自分自身と教師の仕事を見つめる作業をする。このプログラムの効果として指摘されているのは、教師の活力を甦らせること、教師が生徒との関係を深め、心から教えられるようになること、教育実践に対して反省的な吟味をするようになること、同僚との関係が深まること、新しい挑戦に対する指導性が高まること、気づきとバランスのある生活ができるようになることなどである。教育改革のなかで欠けているのは、教育活動をおこなっている当事者たちに対して、教師としてのアイデンティティと統合性を確保できるようにする持続的な支援であり、「教える勇気」プログラムのように、そうした支援を必要とする人たちに、それを提供する仕組みの整備である。

人智学の成人教育

観想的実践家というのは、スピリチュアルな深みに開かれた実践者である。したがって、観想的実践家をめぐる議論は、成人の霊性発達論と結びつく。反省的実践家の議論では批判的な反省的思考力をもつことが成人の条件とみなされているが、観想的実践家においては、観想によって開かれる霊性が強調される。ここでは成人のスピリチュアルな発達について、ルドルフ・シュタイナーが創始した人智学の発達論をとりあげてみたい。とくにオランダの人智学者にして児童精神科医・教育者であるリーヴァフッドが描きだした人智学的発達論を紹介する。

人智学の人間観では、人間は体と魂と霊の三層（私の図式では、これは身体・精神・魂に近い）によって構成されるとみなされる。そこでリーヴァフッドは、人間の一生をつぎの三つの発達面からとらえる。すなわち、「生物学的発達」と「心理学的発達」と「スピリチュアルな発達」である。このうち生物学的発達は、肉体の発達や変化を意味している。おおまかに言って、肉体は二〇歳頃まで成長していき、その後二〇年ほど平衡状態がつづき、四〇歳をむかえた頃からしだいに衰えていく。心理学的発達とは心の発達を指しているが、それは二〇歳頃まで、意志、感情、思考という順で、肉体の成長に平行して発達していき、その後の二〇年間もっとも活動的になる。その後四〇歳頃から心理的機能は衰えはじめる。これは仕事の遂行能力の衰えというかたちをとってあらわれる。三番目のスピリチュアルな発達は、肉体的・心理的な発達とは異なる道筋をたどる。それは、肉体が衰える頃、心理的なプロセスから分岐して発達をはじめる。スピリチュアルな成長は中年期以降に顕著にあらわれる。

リーヴァフッドによれば、「発達における生物学的リズムは、成人期にいたる以前の時期にもっとも深い影響をおよぼし、心理学的発達は中年期にもっとも明瞭にその姿をあらわし、スピリチュアルな発達は人生の最終段階を特徴づけるものである」(Lievegoed, 1997, p. 39)。ただしスピリチュアルな発達は、人が内面的成長を無視していれば、たんなる可能性にとどまってしまう。ここに、中年期の大きな課題がある。リーヴァフッドは「ある程度、この発達は自然に生じるものだが、それが完成の域に達するのは、私たちが意識的にそれを最後までやりとげようとするときにかぎられる」(Ibid., p. 13) と述べている。

図18　成人の発達段階

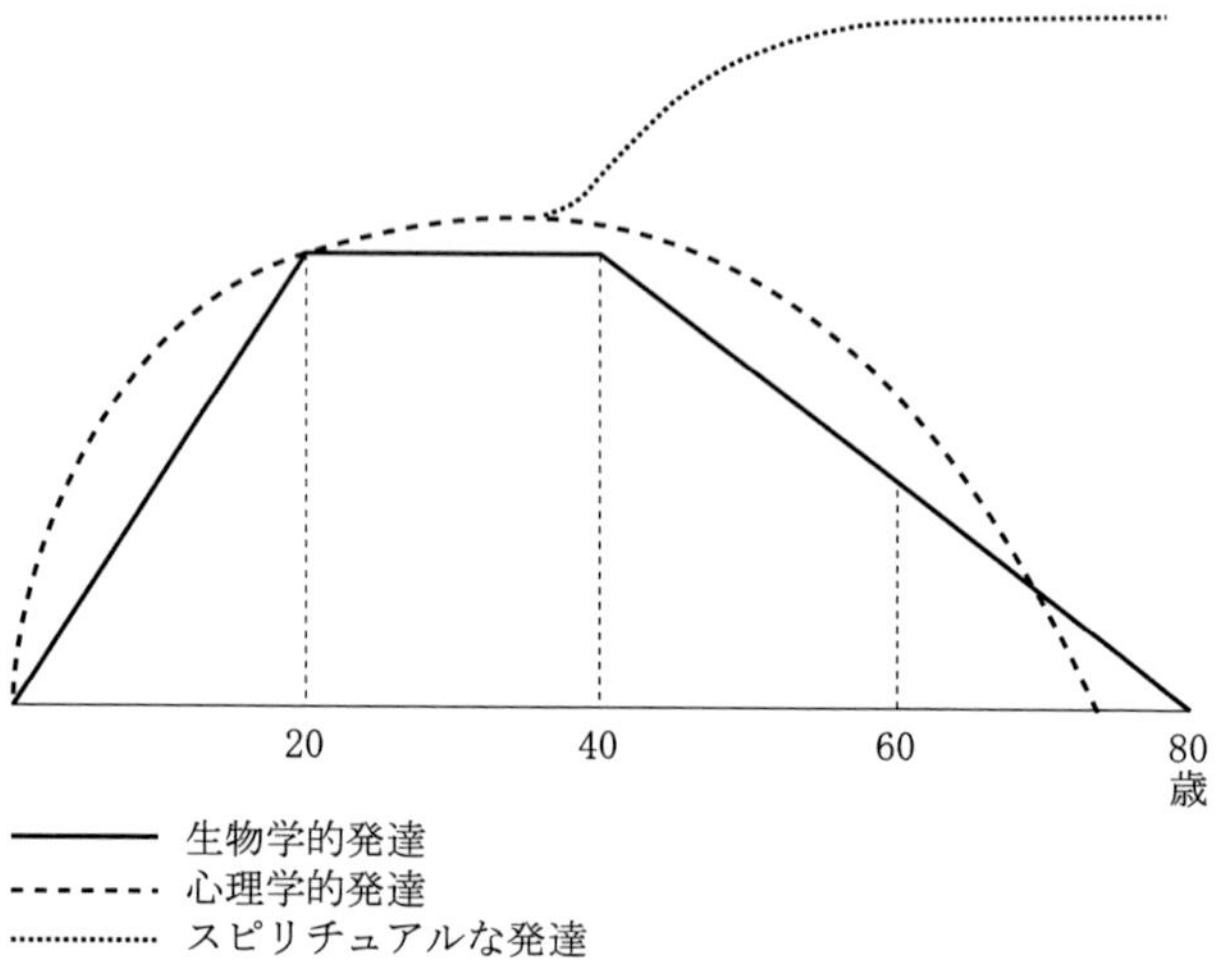

人智学は七年周期で人間の発達をとらえるが、二一歳以降に起こる成人の七年周期の発達段階を、ブルクハルトの解説も加えながら、もう少し詳しく見ていきたい（Burkhard, 1997）。二一歳をすぎると、人は大人の社会に船出し、自立した生活をはじめ、多くは職業生活や家庭生活を開始する。二〇歳代は、人が試行錯誤をくりかえしながらも、積極的に外の世界にかかわっていく自己拡大の時期である。この時期は「感情的な心」（感覚魂）が耕される時期である。二八歳頃になると、感情の波は弱まり、知的な面が強くなる。この時期に優勢になるのは「知的な心」（悟性魂）である。一般的に言って、二八歳から三五歳までの時期、仕事は軌道にのり、社会的な地位もついてきて、人生は安定してくる。

三五歳というのは、外的な物質世界とのつながりがもっとも強まり、人間の活動が物質的に生産性をあげるときである。人間の誕生をつうじて霊は肉体と結びつき、その後その結びつきを強めていくが、霊が肉体（物質）のなかに完全に根をはるのが三五歳のときである。この意味で三五歳までは「肉体化」（incarnation）の期間と呼ばれる。しかし、それは人生の折り返し点でもある。霊はその後、衰えてゆく肉体との結びつきを弱め、ふたたび霊として活動しはじめる。これを「脱肉体化」（excarnation）という。

人生の第一期は二一歳までだが、第二期は二一歳から四二歳までである。この第二期の終わりに向けて、三五歳から四二歳までのあいだに、人生は内的に変わりはじめる。それは、それまでの人生行路と、その後予想される人生の行く末への「疑い」となってあらわれる。身につけていた価値観が疑われ、危機に陥るときもある。このとき「意識的な心」（意識魂）が芽生え、自分とは何か、自分の本当の仕事は何か、人生の意味や目的は何か、といったことが問われ、人生の新しい局面が開かれてくる。たとえば、シュタイナー自身も四〇歳をさかいに霊学の活動にふみだしている。

こうして四二歳以降の人生の第三期がはじまる。四〇歳代はスピリチュアルな成長にとって大きな分岐点となる。肉体や生命力は陰りを見せはじめ、さまざまな肉体的変化が起こってくる。仕事の面でも後続世代に追い越されそうになる。ここで問題なのは、そうした変化を受け入れず、権威や地位に固執して、以前のままの自己拡大的な人生をつづけて物質的達成を求めていくのか、それとも非物質的で内面的な成熟をとげる方向にむかっていくのか、ということである。前者の方向は、いずれその限界によって難しい局面をむかえる。後者の方向にすすむと、成熟した創造性や智恵が生まれてくる。それが霊性の顕現となる。しかし、それは容易なものではなく、長い内的作業をともなうこともある。一見、安定しているかに見える生活の背後で、四〇歳代の危機は進行していく。その内なる苦闘のなかでスピリチュアルな面が磨かれていく。

四〇歳代の危機をのりこえ五〇歳代をむかえた人には、新しい局面が開けてくる。五〇歳代の半ばは、創造的な生活がピークをむかえるときである。いまや長年の蓄積と経験を真に生かすことができる。組織に属している人はすぐれた指導者となる。仕事の最前線から離れ、後続の世代をうまく助け、すぐれた方針を示すことができる。

五〇歳代への移行がうまくゆかなかった人は、しだいに衰えていく自分を苦々しく思い、不満をつのらせ、かたくなになっていく。五〇歳代の創造的な時期をすごしたあと、五六歳から六三歳の期間に人生はいちおうの完結をみる。この間、人生の終盤へむけての再吟味が起こり、多くの価値がふるいにかけられる。歳をとるにつれ、人は内面への沈潜を深め、智恵をみがくようになる。

簡単であるが、人智学から見た成人の発達はこのようになる。もちろん、これはひとつの理念モデルであり、実際の人生行路がこのように進んでいくとはかぎらない。また、すべてが流動的な現代社会では、一定の人生行路を想定することはほとんど不可能になりつつある。しかしながら、人智学が問題にするのは、社会の外的な変化に影響された発達上の変化ではなく、人間の構成体にもとづく人間学的な発達であり、それは外的な影響に晒されて覆い隠されやすいが、各個人のなかに埋め込まれている可能性である。とりわけこの図式は、中年の危機の意味をスピリチュアルな成長の観点から的確に説明している。人智学では、このような考えにもとづく自伝的ワークショップがおこなわれる(4)。

人間がその霊性もふくめて発達していくには自己教育が必要である。教師もまたひとりの大人として、こうした発達過程を歩んでゆき、そのなかで子どもの教育にたずさわることになる。実際、シュタイナー教育の教師養成では教師の内面性を豊かにしていくことに大きな力点が置かれている。教師もまたスピリチュアルな成長をとげる存在であり、教師教育に観想的アプローチをとり入れることは、むしろ必然的なことである。

反省的で観想的な実践家を求めて

以上、教師教育における反省的アプローチと観想的アプローチという二つの動向をとりあげてみた。ここでは反省的アプローチのもつ特長を評価しつつも、そこに認められる限界を指摘し、それをのり越える試みとして観想的アプローチを示した。最後に誤解を避けるために述べておくと、反省的アプローチと観想的アプローチは決して二者択一的なものとしてとらえられるべきではなく、また観想的アプローチのみが強調されるべきでもなく、両者はむしろ積極的に統合されなくてはならない。

人間学的に見れば、主体の働きにおいて反省と観想はそれぞれ異なる次元にかかわるものであり、両者でより全体的な主体が実現される。もし両者が互いに排斥しあうものとみなされるなら、それぞれが危険性をもつことになる。思考の働きである反省は、日常実践で遭遇する問題を解決するうえで不可欠であるが、反省のみが強調されれば思考活動がすべてを統括するという人間モデルが帰結し、私たちは理性的立場のなかに閉ざされてしまう。反対に観想のみが強調されれば、内面性が重視されるあまり、客観的に解決されるべき諸問題に対する取り組みがおろそかになる。反省と観想の統合がなされれば、反省の働きは観想のなかで、より広い視野をもつようになり、逆に観想体験は反省によって日常生活のなかに位置づけられる。実際、観想的アプローチにおいて紹介したミラーの試みにせよ、パーマーの試みにせよ、反省的要素は多くふくまれている。したがって教師教育において求められているのは、反省的で観想的な実践家の形成であると言えよう。

反省的アプローチと観想的アプローチがともに目指しているのは、教師が自分自身をよりよく知り、それを教育活動と結びつけるということである。両者が異なるのは、その方法論においてである。反省的アプローチでは、反省という思考の働きをとおして自己への知的理解が深められ、同時に知的な問題解決がさぐられる。人生はたえず変化していく以上、反省的作業はとどまることのない過程であり、たえず反省を継続し、既存の理解を更新していくことが求められる。一方、観想的アプローチでは、観想をとおして自己を知ることが試みられる。自己探究は観想の本来の目的であり、それゆえ観想を教師の自己知を深める実践として用いることは妥当なことである。ただし観想は、あくまでも自己を見つめ、自分の内面で起こっていることを知るための方法であり、具体的な問題解決を目的としているのではない。たしかに観想のなかで問題に対する自分のかかわり方に変化が生じるが、それは問題の解決策を導きだすわけではない。この点で反省的作業の有効性が認められなくてはならない。それゆえ教師教育において観想的アプローチを導入することの第一の意味は、観想的伝統に見られる人間の自己探究の理想が教師教育のなかにも引き入れられるということである。

注

（1）教師教育と教師研究との関連に、さらに成人教育の動向を結びつけることができる。つまり、教師教育は成人教育のひとつの主要な領域をなすのである。成人教育においても反省的アプローチは重視されている。「変容的学習」(transformative learning) という観点から成人教育について研究しているジャック・メジローたちは、成人教育において「批判的反省」(critical reflection) がもっとも重要な契機であるとみなしている。「変容的学習とは、批判的な自己反省をとおした学習の過程であり、それは意味地平の再構成にいたり、自分の経験について、より包括的で精緻で統合的な理解をもたらす」(Mezirow & Associates, 1990, p. xvi)。意味地平とは、経験の意味を解釈する参照枠を生みだす前提構造である。批判的反省は、意味地平すなわち前提の妥当性を問うものであり、その変容につながる学習をもたらす。メジローによれば、成人教育の中心的な役割は、大人たちを組織的に助けて、その価値観や信念の暗黙の前提となっている意味地平を批判的に反省し、新たな意味地平をさぐり、それにもとづいて行動できるようにすることである。

（2）わが国におけるホリスティックな教師教育の取り組みとして注目されるのは、河津雄介（百芳教育研究所主宰、故人）による教師のための研修講座である。河津は合流教育を日本に伝え、その後シュタイナー教師養成コースで学び、日本のホリスティック教育の草創期に多大な貢献をなした人物である。河津が主催していた百芳教育研修講座では、「教師の生き方の自己改革」と称して、授業を生き生きとしたものにする力量を高めることと、人間として生き生きといきていくこととを結びつけ、その基本に「自己のたがやし」を置いていた（河津、１９９７）。

（３）私が参加したミラー教授の講義の様子を伝えておくと、受講していた学生たちは、すでに中年にさしかかり、教師としても熟練している人が多かったが、彼らは自分自身のあり方や生き方に強い関心をもっているように見受けられた。講義のなかでは、イメージワークや瞑想が紹介され、それらを専門にしている講師が招かれることも多く、体験的な実習がおこなわれた。瞑想は日課として自宅でおこない、その体験は日記に書いて提出することになっていた。これは講義全体のなかで重要な課題として位置づけられていた。学生のなかには毎日の瞑想をつづけることで深い気づきや洞察を体験する人もいた。ミラーのクラスでは、瞑想やイメージワークのような内面的活動に対する抵抗はほとんど見られず、むしろそこから何かを汲みとろうとする姿勢のほうが目立っていた。講義をとおして人生を見つめ直す機会を得たという感想を述べている人が、クラスの大半を占めていた。

（４）私のトロント留学中のもっとも印象深い体験のいくつかは、シュタイナー教育や人智学に関するものだった。ルドルフ・シュタイナー・センターで開かれていた成人教育講座にもいくつか出てみて、私には人智学にもとづく成人教育の取り組みが、とても重要なものに思われた。シュタイナー教育というのは、ふつう二一歳までの教育を意味しているが、その基礎にある人智学には、人間の一生を見渡した発達論があり、それをもとに成人教育がおこなわれている。

一九九九年の冬、トロントのシュタイナー・センターで開かれた講座のひとつに、三五歳から五五歳までの人を対象にした、成人の職業生活を問いなおす三日間のワークショップがあった。講師はジェフリー・サンダースというイギリス人で、ほかの六名の参加者とともに、私もこれに参加した。ワークショップに参加したのは、そのテーマが自分の状況にふさわしいと思われたからである。私は三〇代も後半に入ってから初めて日本を離れることになった。これは一大転機で、その後の身のふり方も決まっていなかった。結果的に、私にとって留学は、自分の人生をふりかえるためのリトリートの時間になった。日本では多忙で、自分のことを見るゆとりもなかったが、ここでは独りになれる時間があった。また私は留学中に精神的な危機を体験し、長い月日をへて回復しつつあった。このようなわけで、シュタイナー・センターが中年の危機に焦点をあわせたワークショップを開いていることを知り、すすんで参加した。ほかの参加者も、三〇代後半から五〇代にかけての人たちで、教師、芸術家、ビジネスマンなどだったが、各人各様に人生のトランジション（移行期）にさしかかっていた。

このワークショップでは、人生を四つの側面から考察した。まず「自分史」をとおして過去をふりかえり、つぎに過去・現在・未来の「価値観」を調べ、ついで自分がこれまでに獲得した「技能」を明らかにし、最後に未来の「運命」を見ていった。自分史をもとに人生をふりかえるワークは興味深いものだった。まず私たちは自分の人生を各自一枚のチャート（ライフライン）にまとめた。時間の流れを横軸にとり、人生の重要な出来事がもたらした浮き沈みを、ちょうど心電図のように描きだした。そして一人ずつ、それを皆のまえで話し、皆でそれを観察した。チャートを見ていくと、特徴的なパターンが見えてくる。そこには個人的な人生のテーマが見え隠れしていた。

つぎに価値観のワークでは、自分の価値観と思われるものをリストアップしていった。まず自分がそれとともに育ち、身につけた過去の価値観をあげ、つぎに現在の価値観、そして将来とり入れたい価値観をあげていった。私の過去の価値観は、親からとり入れたものや、学校で身につけたものがほとんどであった。正直であれ、勤勉であれ、真面目であれ、完全であれ、優秀であれ、といったものがすぐに思いあたった。現在の価値観も過去のそれに大きく影響されていた。たとえば「たえず勤勉に仕事をつづける」というような価値に自分がひどく縛られていることがわかった。くつろいだり、休憩をとるのはよくないという価値観が根強く支配していた。これに対して未来の価値観は、創造性や、遊び、楽しみといったものに向かっていた。

技能は四つの面からとらえた。知的な技能、社会的技能、実際的な技能、そして興味・趣味・楽しみである。知的な技能として私は、異なる考えをまとめ総合する力をあげたが、批判的な技能には欠けていた。社会的な技能として、少し奇妙なのだが、独りになれることをあげた。人びとを宥和する力もあったが、統率する力には欠けていた。実際的な技能には家事全般をふくめた。趣味には読書や散歩をあげた。

ワークショップの最終日をまえにして、ジェフリーは宿題をだした。グループのみんなが近い将来どんな人物になっているかをイメージしてくるように、というものだった。二日間のワークをつうじて、私たちは互いに知り合うようになっていたが、最後にみんなで一人ずつの未来を見ていくことになった。最終日、私たちは自分の未来を絵に描いた。それを壁にはって、一人ずつ説明をした。ほかの参加者は「私はあなたについて、こんなヴィジョンがあります」と切りだして、それぞれストーリーを語った。自分の確信を勇気づけるような言葉のほかに、思いもよらぬ言葉もあり、新たに気づかされる点もあった。他者からのメッセージは、自分で思っているものよりも一歩ふみこんだ、新鮮なものが多かった。私自身は、あなたは彫刻をしているとか、本を書いているとか、旅をしているとか、大学院で学んでいるとか、学校を経営している、といったメッセージを送った。このような言葉がどのくらい的確なものかわからないが、少なくとも私の場合には、彼らの語ったことの多くが実現しているように思われる。

あとがき

本書は私の著書としては二冊目にあたりますが、最初のもの（博士論文）が英文で書かれ、アメリカで出版されたため、本書が日本語では最初のものとなります。本書は、トロント大学留学中から現在にいたるまでに書いたもののなかから、いくつかの論文を選んで、新たに一冊の書物として書き直したものです。スピリチュアリティを中心的なテーマとして掲げている点で、本書は教育学の書物としては多くの挑戦的な内容をふくんでいると思います。もちろん個々の議論においては不十分なところが目立ちますが、それでも、おそらくこれまでにない新たな問題提起を果たしていると思います。

スピリチュアリティにかかわって、私は本書のなかで魂やスピリットといった言葉をたびたび用いましたが、私自身の体験から、それにまつわるエピソードを記して、あとがきにかえたいと思います。私は岡山県の瀬戸内海沿岸の田舎町で育ちましたが、高校生になったころ近くの私塾にかよいはじめました。もちろん勉強をすることが目的だったのですが、しばらくして、そこの先生がひとりの哲人教師であることに気づきました。先生は何であれ教えるのではなく、ただ質問に答えるというかたちで私たちに接していました。一クラスは三人程度なのですが、あるとき別の生徒が何かを質問したとき、先生は一時間以上におよぶ長い話をして、その生徒に答えていました。たしか人間の幸福とか、そういう難しい内容だったように思います。私はとなりで問題を解いていましたが、耳に入ってくる言葉を聞いているうちに、自分のなかに何かが起こってくるのを感じました。その後もその感触はつづきました。不思議な体験でしたが、いまから思うと、それは、私の眠っていた魂が初めて目覚めたような瞬間でした。その後、先生からは多くのことを学びましたが、私がまだ学生の頃、先生は急逝されました。大げさな話ではなく、私が現在のような仕事にすすみ、このような本を書くことになったのも、高校生のときの体験が根本にあったからだと思います。あのときから三〇年近くになりますが、あらためて感謝の気持ちをこめて、本書を今は亡き石井隆彦先生に捧げます。

最後になりましたが、表紙の絵を描いたトロント在住の画家、斉藤祝子さん、編集の労をとっていただいた、せせらぎ出版の山崎朝さん、せせらぎ出版社長の山崎亮一さんに、それぞれ感謝をいたします。

二〇〇五年二月一日

中川　吉晴

再版に際して

昨今のきびしい出版状況のなか、本書の意義を認め、再版にふみきっていただいた、せせらぎ出版の現社長、岩本恵三氏に感謝申し上げます。ホリスティック教育や臨床教育学に関心のある方にとって、本書が今後とも役立つように願っています。

二〇二四年四月

本書は、二〇〇四年度、立命館大学学術研究助成による補助を受けた出版物である。

初出一覧

本書への収録にさいしては、いずれも大幅に加筆修正してある。

第Ⅰ部

第1章　ホリスティック臨床教育学とは何か　斎藤稔正・林信弘編『教育人間学の挑戦』高菅出版、二〇〇三年

第2章　「教育における霊性」について　『トランスパーソナル心理学・精神医学』四号、二〇〇三年

クリシュナムルティ学校30周年ホリスティック教育会議『ホリスティック教育研究』三号、二〇〇〇年

第3章　Care of the Soul と臨床教育学　『立命館教育科学研究』一三号、一九九八年

第4章　「ケアリング」から「慈悲」へ　『神戸親和女子大学教育専攻科紀要』六号、二〇〇一年

第5章　ホリスティック教育の存在論　『ホリスティック教育研究』四号、二〇〇一年

第Ⅱ部

第6章　ソマティックスにおける「からだとスピリチュアリティ」『人間性心理学研究』二一号（一）、二〇〇三年

第7章　自覚の臨床教育学序説　『立命館人間科学研究』四号、二〇〇二年

第8章　感情変容の臨床教育学　『立命館人間科学研究』七号、二〇〇四年

第9章　ホリスティックな観点から見た教師教育　『教育文化』一三号、二〇〇四年

教育者のホリスティックな自己成長　吉田敦彦・今井重孝編『日本のシュタイナー教育』せせらぎ出版、二〇〇一年

文献一覧

以下の文献表は、邦文文献（50音順）と欧文文献（アルファベット順）に分けてある。引用や参照に際して、本文中では原則的に著者名と出版年と頁数を記した。欧文原典を用いたものについては原典のデータのみを記した。出版年は、本書で使用した版の初版刊行年（あるいは実際に使用した版の刊行年）を記してある。別版でさらに古い版があるものについては、参考までに［ ］内にその刊行年を記入した。欧文文献で邦訳のあるものについては、その邦訳書名を文献表に付記した。作業にあたっては、それらの邦訳書を参照したが、訳文はすべて拙訳である。書名の副題は、とくに必要と思われないかぎり省略してある。

邦文文献

浅野誠・セルビー, D. 編. 2002.『グローバル教育からの提案』日本評論社.

朝比奈宗源（訳注）. 1935.『臨済録』岩波文庫.

安藤治. 1993.『瞑想の精神医学』春秋社.

安藤治. 2003.『心理療法としての仏教』法藏館.

井筒俊彦. 1983.『意識と本質』岩波書店.

井筒俊彦. 1985.『意味の深みへ』岩波書店.

井筒俊彦. 1989.『コスモスとアンチコスモス』岩波書店.

井筒俊彦. 1991.『井筒俊彦著作集1　神秘哲学』中央公論社.

井筒俊彦. 1993.『井筒俊彦著作集 11　ルーミー語録』中央公論社.

伊藤隆二. 2002.『続 人間形成の臨床教育心理学研究』風間書房.

井上ウィマラ. 2003.『心を開く瞑想レッスン』大法輪閣.

上田閑照. 2002a.『上田閑照集 第八巻　非神秘主義』岩波書店.

上田閑照. 2002b.『上田閑照集 第九巻　虚空／世界』岩波書店.

上田閑照. 2002c.『上田閑照集 第十巻　自己の現象学』岩波書店.

葛西賢太. 2003.「『スピリチュアリティ』を使う人々」湯浅泰雄監修『スピリチュアリティの現在』人文書院.

金谷治（訳注）. 1971.『荘子』1, 岩波文庫.

金子大栄（校注）. 1981 [1931].『嘆異抄』岩波文庫.

金子晴勇. 2003.『人間学から見た霊性』教文館.

河津雄介. 1997.『教師の生き方革命』明治図書.

木原活信. 2003.『対人援助の福祉エートス』ミネルヴァ書房.

空海. 1983.「即身成仏義」『弘法大師　空海全集』2巻, 筑摩書房.

クライドラー, W. J. 1997.『対立から学ぼう』国際理解教育センター訳, ERIC.

西光義敞. 1995.「仏教とカウンセリング」恩田彰編『東洋の知恵と心理学』大日本図書.
佐藤学. 1995.『学び——その死と再生』太郎次郎社.
佐藤学. 1997.『教師というアポリア』世織書房.
菅原浩. 2003.『魂のロゴス』アルテ.
鈴木大拙. 1972.『日本的霊性』岩波文庫.
鈴木大拙. 1990 [1942].『東洋的一』大東出版社.
沢庵. 1982.『不動智神妙録・太阿記』禅の古典 7, 講談社.
中川吉晴. 1990.「アウェアネスの教育」『自分自身への気づき』金子書房.
中川吉晴. 1992.「オルダス・ハクスレーの教育論」『教育文化』(教育文化学会) 1: 72-96.
中川吉晴. 1994.「アレクサンダー・テクニークとその教育的意味」『関西教育学会紀要』18: 157-161.
中川吉晴. 1995.「ホリスティック教育の可能性」ホリスティック教育研究会編『ホリスティック教育入門』柏樹社.
中川吉晴. 1996a.「トランスパーソナル教育学」『トランスパーソナル学』(雲母書房) 1: 52-67.
中川吉晴. 1996b.「ホリスティック教育とスピリチュアリティ」『立命館教育科学研究』7: 51-69.
中川吉晴. 1998a.「Care of the Soul と臨床教育学」『立命館教育科学研究 』13: 75-87.
中川吉晴. 1998b.「ジョン・ミラーのホリスティック教育論」『神戸親和女子大学教育専攻科紀要』3: 67-84.
中川吉晴. 1998c.「ホリスティック臨床教育学序論」『ホリスティック教育研究』(日本ホリスティック教育協会) 1: 26-39.
中川吉晴. 2000a.「解題『東洋哲学とホリスティック教育』」『ホリスティック教育研究』3: 1-12.
中川吉晴. 2000b.「クリシュナムルティ学校30周年ホリスティック教育会議」『ホリスティック教育研究』3: 50-53.
中川吉晴. 2001a.「教育者のホリスティックな自己成長」吉田敦彦・今井重孝編『日本のシュタイナー教育』せせらぎ出版.
中川吉晴. 2001b.「〈ケアリング〉から〈慈悲〉へ」『神戸親和女子大学教育専攻科紀要』6: 65-75.
中川吉晴. 2001c.「ホリスティック教育の存在論」『ホリスティック教育研究』4: 34-42.
中川吉晴. 2001d.「臨床教育学の可能性」『立命館人間科学研究』1: 107-123.
中川吉晴. 2002.「自覚の臨床教育学序説」『立命館人間科学研究』4: 19-31.
中川吉晴. 2003a.「〈教育における霊性〉について」『トランスパーソナル心理学・精神医学』4 (1): 17-25.

中川吉晴. 2003b.「ソマティックスにおける〈からだとスピリチュアリティ〉」『人間性心理学研究』21 (1): 53-63.

中川吉晴. 2003c.「東洋哲学的ホリスティック教育論の試み」中川吉晴・金田卓也編『ホリスティック教育ガイドブック』せせらぎ出版.

中川吉晴. 2003d.「ノディングスにおけるケアリングの教育」『ホリスティック教育研究』6: 1-18.

中川吉晴. 2003e.「ホリスティック臨床教育学とは何か」斎藤稔正・林信弘編『教育人間学の挑戦』高菅出版.

中川吉晴. 2004a.「感情変容の臨床教育学」『立命館人間科学研究 』7: 119-136.

中川吉晴. 2004b.「ホリスティックな感情教育」金田卓也・金香百合・平野慶次編『ピースフルな子どもたち』せせらぎ出版.

中川吉晴. 2004c.「ホリスティックな観点から見た教師教育」『教育文化』13: 18-46.

永沢哲. 2001.『野生の哲学――野口晴哉の生命宇宙』青土社.

西谷啓治. 1961.『宗教とは何か』創文社.

西平直. 1997.『魂のライフサイクル』東京大学出版会.

西平直. 2001.「東洋思想と人間形成」『教育哲学研究』84: 19-37.

西平直. 2003.「スピリチュアリティの位相――〈教育におけるスピリチュアリティ問題〉のために」皇紀夫編『臨床教育学の生成』玉川大学出版部.

野口晴哉. 1976.『健康生活の原理』全生社.

プラトン. 1966.『ソクラテスの弁明』田中美知太郎訳, 世界の名著「プラトン１」, 中央公論社.

プラトン. 1979.『国家』下, 藤沢令夫訳, 岩波文庫.

プラトン. 1998.『パイドン』岩田靖夫訳, 岩波文庫.

松岡正剛. 1984.『空海の夢』春秋社.

村本詔司. 1994.『魂の探究――古代ギリシャの心理学』大日本図書.

森真一. 2000.『自己コントロールの檻』講談社.

矢野智司. 2000.『自己変容という物語』金子書房.

湯浅泰雄. 1994.『身体の宇宙性』岩波書店.

吉田敦彦. 1999.『ホリスティック教育論』日本評論社.

吉田敦彦. 2001.「ホリスティック教育と宗教心理」島薗進・西平直編『宗教心理の探求』東京大学出版会.

吉田敦彦. 2003.「呼びかけ、語りかけること」皇紀夫編『臨床教育学の生成』玉川大学出版部.

ローウェン, A. & ローウェン, L. 1985.『バイオエナジェティックス――心身の健康体操』石川中・野田雄三訳, 思索社.

欧文文献

Alexander F. Matthias. 1984 [1932]. *The Use of the Self.* Long Beach, CA: Centerline Press.

Anderson, Walter Truett. 1983. *The Upstart Spring: Esalen and the American Awakening*. Reading, MA: Addison-Wesley.（アンダーソン『エスリンとアメリカの覚醒』伊東博訳, 誠信書房, 1998）

Armstrong, Thomas. 1985. *The Radiant Child*. Wheaton, IL: The Theosophical Publishing House.（アームストロング『光を放つ子どもたち』中川吉晴訳, 日本教文社, 1996）

ASCD. 1998/1999. *Educational Leadership: The Spirit of Education*, edited by M. Scherer. 56 (4), Alexandria, VA: ASCD.

Assagioli, Robert. 1971 [1965]. *Psychosynthesis.* New York: The Viking Press.（アサジョーリ『サイコシンセシス』国谷誠朗・平松園枝訳, 誠信書房, 1997）

Aurobindo, Sri & The Mother. 1956. *Sri Aurobindo and The Mother on Education.* Pondicherry, India: Sri Aurobindo Ashram.

Baker, Elsworth F. 1967. *Man in the Trap.* New York: Avon Books.

Bennet, John. G. et al. 1984. *The Spiritual Hunger of the Modern Child.* Charles Town, WV: Claymont Communications.

Bennett-Goleman, Tara. 2001. *Emotional Alchemy.* New York: Harmony Books.

Bodian, Stephan. 1991. *Timeless Visions, Healing Voices*. Freedom, CA: The Crossing Press.

Boorstein, Seymour. 1997. *Clinical Studies in Transpersonal Psychotherapy.* Albany, NY: State University of New York Press.

Brooks, Charles V. W. 1982 [1974]. *Sensory Awareness*. Santa Barbara, CA: Ross-Erikson.（ブルックス『センサリー・アウェアネス』伊東博訳, 誠信書房, 1986）

Brown, Richard C. 1991. "Buddhist-Inspired Early Childhood Education at the Naropa Institute." *Holistic Education Review*, 4 (4): 16-20.

Brown, Richard C. 1998/1999. "The Teacher as Contemplative Observer." *Educational Leadership: The Spirit of Education*, 56 (4): 70-73.

Brown, Richard C. 2002. "Taming Our Emotions: Tibetan Buddhism and Teacher Education." In *Nurturing Our Wholeness*, edited by J. Miller & Y. Nakagawa. Brandon, VT: Foundation for Educational Renewal.

Buber, Martin. 1965. *Between Man and Man*, translated by R. G. Smith. New York: Macmillan.（ブーバー『教育論・政治論』山本誠作他訳, みすず書房, 1970）

Burkhard, Gudrun. 1997 [1992]. *Taking Charge: Your Life Patterns and Their Mean-*

ing, translated by C. v. Arnim. Edinburgh, UK: Floris Books.

Cajete, Gregory A. 1994. *Look to the Mountain: An Ecology of Indigenous Education.* Durango, CO: Kivaki Press.

Chang, Chung-yuan. 1975. *Tao: A New Way of Thinking.* New York: Harper & Row. (張鍾元『老子の思想』上野浩道訳, 講談社学術文庫, 1987)

Chaudhuri, Haridas. 1977. *The Evolution of Integral Consciousness.* Wheaton, IL: The Theosophical Publishing House.

Cole, Ardra, & Knowles, J. Gary. 2000. *Researching Teaching: Exploring Teacher Development through Reflexive Inquiry.* Boston: Allyn and Bacon.

Cole, Ardra, Elijah, Rosebud, & Knowles, J. Gary, eds. 1998. *The Heart of the Matter: Teacher Educators and Teacher Education Reform.* San Francisco: Gaddo Gap Press.

Coles, Robert. 1990. *The Spiritual Life of Children.* Boston: Houghton Mifflin. (コールズ『子どもの神秘生活』桜内篤子訳, 工作舎, 1997)

Connelly, F. Michael, & Clandinin, D. Jean. 1988. *Teachers as Curriculum Planners.* New York: Teachers College Press & Toronto: OISE Press.

Cortright, Brant. 1997. *Psychotherapy and Spirit.* Albany, NY: State University of New York Press.

Dallaire, Michael. 2001. *Contemplation in Liberation: A Method for Spiritual Education in the Schools.* Lampeter, UK: The Edwin Mellen Press.

Deikman, Arthur J. 1982. *The Observing Self.* Boston: Beacon Press.

Dewey, John. 1984 [1932]. "Introduction." In *The Use of the Self,* by F. M. Alexander. Long Beach, CA: Centerline Press.

Elias, Maurice J. et al. 1997. *Promoting Social and Emotional Learning.* Alexandria, VA: ASCD. (イライアス他『社会性と感情の教育』小泉令三編訳, 北大路書房, 1999)

Elias, Norbert. 1976. *Über den Prozeß der Zivilisation*, 2 Band, Frankfurt am Main: Suhrkamp. (エリアス『文明化の過程』下, 波田節夫他訳, 法政大学出版局, 1978)

Elkins, David N. 1998. *Beyond Religion.* Wheaton, IL: The Theosophical Publishing House. (エルキンス『スピリチュアル・リボリューション』大野純一訳, コスモス・ライブラリー, 2001)

Emerson, Ralph Waldo. 1966. *Emerson on Education*, edited by H. M. Jones. New York: Teachers College Press. (エマソン『人間教育論』市村尚久訳, 明治図書, 1971)

Epstein, Mark. 1995. *Thoughts Without a Thinker: Psychotherapy from a Buddhist Perspective.* New York: HarperCollins.

Feldenkrais, Moshe. 1977 [1972]. *Awareness Through Movement.* New York: Harper &

Row.（フェルデンクライス『フェルデンクライス身体訓練法』安井武訳, 大和書房, 1982）
Ferrucci, Piero. 1982. *What We May Be*. Los Angeles: Jeremy P. Tarcher.（フェルッチ『内なる可能性』国谷誠朗・平松園枝訳, 誠信書房, 1994）
Ferrucci, Piero. 1990. *Inevitable Grace*. Los Angeles: Jeremy P. Tarcher.（フェルッチ『人間性の最高表現』上下, 平松園枝・手塚郁恵訳, 誠信書房, 1999）
Flake, Carol L., ed. 1993. *Holistic Education: Principles, Perspectives and Practices*. Brandon, VT: Holistic Education Press.
Fromm, Erich. 1981 [1976]. *To Have or To Be?* New York: Bantam.（フロム『生きるということ』佐野哲郎訳, 紀伊国屋書店, 1977）
Gardner, Howard. 1999. *Intelligence Reframed*. New York: Basic Books.（ガードナー『ＭＩ――個性を生かす多重知能の理論』松村暢隆訳, 新曜社, 2001）
Geldard, Richard G. 1993. *The Esoteric Emerson*. Hudson, NY: Lindisfarne Press.（ジェルダード『エマソン――魂の探求』澤西康史訳, 日本教文社, 1996）
Gendlin, Eugene T. 1981 [1978]. *Focusing* (2nd rev. ed.). New York: Bantam.（ジェンドリン『フォーカシング』村瀬孝雄・都留春夫・村山正治訳, 福村出版, 1982）
Glazer, Steven, ed. 1999. *The Heart of Learning: Spirituality in Education*. New York: Tarcher/Putnam.
Goldenberg, Naomi. R. 1993 [1990]. *Resurrecting the Body*. New York: Crossroad.
Goldstein, Joseph, & Kornfield, Jack. 1987. *Seeking the Heart of Wisdom: The Path of Insight Meditation*. Boston: Shambhala.
Goleman, Daniel. 1995. *Emotional Intelligence*. New York: Bantam.（ゴールマン『ＥＱ』土屋京子訳, 講談社, 1996）
Goleman, Daniel & The Dalai Lama. 2003. *Destructive Emotions*. London: Bloomsbury. (ゴールマン, ダライ・ラマ『なぜ人は破壊的な感情を持つのか』加藤洋子訳, アーティストハウス, 2003)
Gurdjieff, G. I. 1973. *Views from the Real World*. New York: Dutton.（グルジェフ『グルジェフ・弟子たちに語る』前田樹子訳, めるくまーる, 1985）
Gurdjieff, G. I. 1992. *Beelzebub's Tales to His Grandson*. New York: Viking Arkana.（グルジェフ『ベルゼバブの孫への話』浅井雅志訳, 平河出版社, 1990）
Hare, Sally Z., Jackson, Marcy, & Jackson, Rick. 2001. "Teacher Formation." In *Education as Transformation*, edited by V. H. Kazanjian & P. L. Laurence. New York: Peter Lang.
Hart, Tobin. 2001. *From Information to Transformation: Education for the Evolution of Consciousness*. New York: Peter Lang.
Hart, Tobin. 2003. *The Spiritual World of Children*. Makawao, HI: Inner Ocean Publi-

cations.

Harvey, Andrew. 2000. *The Direct Path.* New York: Broadway Books.

Helminski, Kabir. 1999. *The Knowing Heart: A Sufi Path of Transformation*. Boston: Shambhala.

Hendricks, Gay & Fadiman, James. 1976. *Transpersonal Education.* Englewood Cliffs, NJ: Prentice-Hall.

Hendricks, Gay & Roberts, Thomas B. 1977. *The Second Centering Book*. Englewood Cliffs, NJ: Prentice-Hall.

His Holiness the XIV Dalai Lama. 1999. "Education and the Human Heart." In *The Heart of Learning,* edited by S. Glazer. New York: Tarcher/Putnam.

Hoffman, Edward. 1992. *Visions of Innocence: Spiritual and Inspirational Experiences of Childhood.* Boston: Shambhala.

Hunt, David E. 1992. *The Renewal of Personal Energy*. Toronto: OISE Press.

Hunt, David E. & Miller, John P., eds. 1999. *Orbit: Education and the Soul.* Vol. 30, No. 2, Toronto: OISE/UT

Huxley, Aldous. 1965. "Human Potentialities." In *Science and Human Affairs*, edited by R. E. Farson. Palo Alto, CA: Science and Behavior Books.

Huxley, Aldous. 1966 [1937]. *Ends and Means.* London: Chatto & Windus.（ハクスレー『目的と手段』抄訳, 菊池亘訳, 南雲堂, 1959）

Huxley, Aldous. 1968a [1954, 1956]. *The Doors of Perception* and *Heaven and Hell.* London: Chatto & Windus.（ハクスレー『知覚の扉・天国と地獄』今村光一訳, 河出書房新社, 1984,『知覚の扉』河村錠一郎訳, 平凡社, 1995）

Huxley, Aldous. 1968b [1946]. *The Perennial Philosophy*. London: Chatto & Windus.（ハクスレー『永遠の哲学』中村保男訳, 平河出版社, 1988）

Huxley, Aldous. 1969. "Education on the Nonverbal Level." In *The Healthy Personality,* edited by H. Chiang & A. H. Maslow. New York: Van Nostrand Reinhold.

Huxley, Aldous. 1972 [1962]. *Island*. London: Chatto & Windus.（ハクスレー『島』片桐ユズル訳, 人文書院, 1980）

Huxley, Aldous. 1975a [1956]. *Adonis and the Alphabet.* London: Chatto & Windus.（ハクスリー『ハクスリーの教育論』抄訳, 横山貞子訳, 人文書院, 1986）

Huxley, Aldous. 1975b [1954]. "Foreword." In *The First and Last Freedom*, by J. Krishnamurti. San Francisco: HarperCollins.

Huxley, Aldous. 1978a. "End-Gaining and Means-Whereby." In *More Talk of Alexander*, edited by W. Barlow. London: Victor Gollancz.

Huxley, Aldous. 1978b. *The Human Situation*. London: Chatto & Windus.（ハクスレー

『ハクスレーの集中講義』片桐ユズル訳, 人文書院, 1983)
Huxley, Aldous. 1992. *Huxley and God: Essays*, edited by J. H. Bridgeman. San Francisco: HarperCollins.
Huxley, Laura A. 1991 [1968]. *This Timeless Moment.* San Francisco: Mercury House.
Huxley, Laura A. 1994 [1963]. *You Are Not the Target.* New York: Farrar, Straus and Company.
Huxley, Laura & Ferrucci, Piero. 1992 [1987]. *The Child of Your Dreams.* Rochester, VT: Destiny Books. (ハクスレー, フェルッチ『未来のママとパパへ』中川吉晴訳, ヴォイス, 1995)
Izutsu, Toshihiko. 1984. *Sufism and Taoism.* Berkeley & Los Angeles: University of California Press.
Jaeger, Werner. 1957. *Paideia: The Ideals of Greek Culture*, Vol. 2, translated by G. Highet. Oxford: Basil Blackwell.
Johnson, Aostre N. 1999. "A Postmodern Perspective on Education and Spirituality." *Encounter*, 12 (2): 41-48.
Johnson, Don Hanlon. 1992 [1983]. *Body.* Berkeley, CA: North Atlantic Books & Somatic Resources.
Johnson, Don Hanlon. 1994. *Body, Spirit and Democracy.* Berkeley, CA: North Atlantic Books.
Johnson, Don Hanlon, ed. 1995. *Bone, Breath & Gesture*. Berkeley, CA: North Atlantic Books & San Francisco: California Institute of Integral Studies.
Jonas, Hans. 1963. *The Gnostic Religion* (2nd ed.). Boston: Beacon Press. (ヨナス『グノーシスの宗教』秋山さと子・入江良平訳, 人文書院, 1986)
Kane, Jeffrey. 1996. "Soulful Education (or Let's Get Real)." *Holistic Education Review*, 9 (3): 2-3.
Kazanjian, Victor H., Jr., & Laurence, Peter L., eds. 2000. *Education as Transformation: Religious Pluralism, Spirituality, and a New Vision for Higher Education in America.* New York: Peter Lang.
Kessler, Rachael. 1997. "Social and Emotional Learning." *Holistic Education Review*, 10 (4): 4-15.
Kessler, Rachael. 2000. *The Soul of Education.* Alexandria, VA: ASCD.
Kesson, Kathleen. 1994. "Recollections: An Introduction to the Spiritual Dimensions of Curriculum." *Holistic Education Review*, 7 (3): 2-6.
Kesson, Kathleen. 2002. "Contemplative Spirituality, Currere, and Social Transformation." In *Educational Yearning,* edited by T. Oldenski & D. Carlson. New York:

Peter Lang.

Koestler, Arthur. 1978. *Janus*. New York: Random House.（ケストラー『ホロン革命』田中三彦・吉岡佳子訳, 工作舎, 1983）

Krishnamurti, Jidu. 1975 [1954]. *The First and Last Freedom*. San Francisco: Harper-Collins.（クリシュナムルティ『自我の終焉』根木宏・山口圭三郎訳, 篠崎書林, 1980）

Krishnamurti, Jidu. 1970 [1964]. *Think on These Things*. New York: HarperCollins.（クリシュナムルティ『子どもたちとの対話』藤仲孝司訳, 平河出版社, 1992）

Krishnamurti, Jidu. 1974. *Krishnamurti on Education*. New York: Harper & Row.（クリシュナムルティ『英知の教育』大野純一訳, 春秋社, 1988）

Krishnamurti, Jidu. 1976. *Krishnamurti's Notebook*. New York: Harper & Row.（クリシュナムルティ『クリシュナムルティの神秘体験』おおえまさのり監訳, 中田周作訳, めるくまーる, 1985）

Krishnamurti, Jidu. 1979. *Meditations*. San Francisco: Harper & Row.（クリシュナムルティ『瞑想』中川吉晴訳, UNIO, 1995）

Krishnamurti, Jidu. 1981. *Letters to the Schools*, Vol. 1 (2nd ed.). Den Haag, Netherlands: Mirananda.（クリシュナムルティ『学校への手紙』古庄高訳, UNIO, 1997）

Lantieri, Linda, ed. 2001. *Schools with Spirit: Nurturing the Inner Lives of Children and Teachers*. Boston: Beacon Press.

Lantieri, Linda & Patti, Janet. 1996. *Waging Peace in Our Schools*. Boston: Beacon Press.

Lemkow, Anna F. 1990. *The Wholeness Principle*. Wheaton, IL: The Theosophical Publishing House.

Leonard, George B. & Murphy, Michael. 1995. *The Life We Are Given*. New York: G. P. Putnam's Sons.

Lerner, Michael. 1996. *The Politics of Meaning*. Reading, MA: Perseus Books.

Lerner, Michael. 2000. *Spirit Matters*. Charlottesville, VA: Hampton Roads.

Levin, David Michael. 1985. *The Body's Recollection of Being*. London: Routledge & Kegan Paul.

Levin, David Michael. 1988. *The Opening of Vision*. London & New York: Routledge.

Levine, Stephne. 1982. *Who Dies?* New York: Doubleday.（レヴァイン『めざめて生き、めざめて死ぬ』菅靖彦・飯塚和恵訳, 春秋社, 1999）

Lievegoed, Bernard C. J. 1997 [1976]. *Phases: The Spiritual Rhythms of Adult Life*, translated by H. S. Lake. London: Rudolf Steiner Press.

Lowen, Alexander. 1969 [1967]. *The Betrayal of the Body*. New York: Macmillan.（ローウェン『引き裂かれた心と体』池見酉次郎監, 新里里春・岡秀樹訳, 創元社, 1978）

Lowen, Alexander. 1973 [1972]. *Depression and the Body*. Harmondsworth, UK: Penguin Books.（ローエン『甦る生命エネルギー』中川吉晴・国永史子訳, 春秋社, 1995）

Lowen, Alexander. 1976 [1975]. *Bioenergetics*. Harmondsworth, UK: Penguin Books.（ローエン『バイオエナジェティックス』菅靖彦・国永史子訳, 春秋社, 1994）

Lowen, Alexander. 1990. *The Spirituality of the Body*. New York: Macmillan.（ローエン『からだのスピリチュアリティ』村本詔司・国永史子訳, 春秋社, 1994）

Luvmour, Josett & Sambhava. 1993. *Natural Learning Rhythms* (rev. ed.). Berkeley, CA: Celestial Arts.

Mann, John & Short, Lar. 1990. *The Body of Light*. New York: Globe Press.

Marshak, David. 1997. *The Common Vision*. New York: Peter Lang.

Martin, Jane Roland. 1992. *The Schoolhome*. Cambridge, MA: Harvard University Press.

Maslow, Abraham H. 1964. *Religions, Values, and Peak-Experiences*. New York: The Viking Press.（マスロー『創造的人間』佐藤三郎・佐藤全弘訳, 誠信書房, 1972）

Maslow, Abraham H. 1971. *The Farther Reaches of Human Nature*. New York: The Viking Press.（マズロー『人間性の最高価値』上田吉一訳, 誠信書房, 1973）

Mezirow, Jack, & Associates. 1990. *Fostering Critical Reflection in Adulthood*. San Francisco: Jossey-Bass.

Miller, Alice. 1983. *Am Anfang war Erziehung*. Frankfurt am Main: Suhrkamp.（ミラー『魂の殺人』山下公子訳, 新曜社, 1983）

Miller, John P. 1981. *The Compassionate Teacher*. Englewood Cliffs, NJ: Prentice-Hall.

Miller, John P. 1983. *The Educational Spectrum*. New York: Longman.

Miller, John P. 1993. *The Holistic Teacher*. Toronto: OISE Press.（ミラー『ホリスティックな教師たち』中川吉晴・吉田敦彦・桜井みどり訳, 学研, 1997）

Miller, John P. 1994. *The Contemplative Practitioner*. Toronto: OISE Press.

Miller, John P. 1996 [1988]. *The Holistic Curriculum* (2nd ed.). Toronto: OISE Press.（ミラー『ホリスティック教育』吉田敦彦・中川吉晴・手塚郁恵訳, 春秋社, 1994）

Miller, John P. 2000. *Education and the Soul*. Albany, NY: State University of New York Press.

Miller, John P. & Nakagawa, Yoshiharu, eds. 2002. *Nurturing Our Wholeness: Perspectives on Spirituality in Education*. Brandon, VT: Foundation for Educational Renewal.

Miller, John P., & Nozawa, Aya. 2002. "Meditating Teachers: A Qualitative Study." *Journal of In-Service Education*, 28 (1): 179-192.

Miller, Ron, ed. 1991. *New Directions in Education: Selections from Holistic Education Review.* Brandon, VT: Holistic Education Press.

Miller, Ron. 1992. "Defining a Common Vision: The Holistic Education Movement in the U. S." In *Orbit, Special Issue: Holistic Education in Practice*, 23 (2): 20–21, Toronto: OISE Press.

Miller, Ron. 1997 [1990]. *What Are Schools For?: Holistic Education in American Culture* (3rd rev. ed.). Brandon, VT: Holistic Education Press.

Miller, Ron. 1999. "Holistic Education for an Emerging Culture." In *The Heart of Learning*, edited by S. Glazer. New York: Jeremy P. Tarcher/Putnam.

Miller, Ron. 2000. *Caring for New Life: Essays on Holistic Education*. Brandon, VT: Foundation for Educational Renewal.

Mindell, Arnold. 1982. *Dreambody.* Boston: Sigo.（ミンデル『ドリームボディ』藤見幸雄監訳, 誠信書房, 2002）

Mindell, Arnold. 1995. *Sitting in the Fire*. Portland: Lao Tse Press.（ミンデル『紛争の心理学』永沢哲監修, 青木聡訳, 2001）

Moffett, James. 1994. *The Universal Schoolhouse*. San Francisco: Jossey-Bass.

Moore, Thomas. 1992. *Care of the Soul.* New York: HarperCollins.（ムーア『失われた心　生かされる心』抄訳, 南博監訳, 経済界, 1994）

Moore, Thomas. 1994. *Meditation*. New York: HarperCollins.（ムーア『メディテーション』川合あさ子訳, 時事通信社, 1997）

Moore, Thomas. 1996a. *The Education of the Heart*. New York: HarperCollins.

Moore, Thomas. 1996b. *The Re-Enchantment of Everyday Life*. New York: HarperCollins.

Moore, Thomas. 2002. *The Soul's Religion*. New York: HarperCollins.

Murphy, Michael. 1992. *The Future of the Body*. Los Angeles: Jeremy P. Tarcher.

Murphy, Michael, & Donovan, Steven. 1999. *The Physical and Psychological Effects of Meditation* (2nd ed.), edited by E. Taylor. Sausalito, CA: Institute of Noetic Sciences.

Nakagawa, Yoshiharu. 2000a. *Eastern Philosophy and Holistic Education.* Ph. D. dissertation, University of Toronto.

Nakagawa, Yoshiharu. 2000b. *Education for Awakening: An Eastern Approach to Holistic Education.* Brandon, VT: Foundation for Educational Renewal.

Nakagawa, Yoshiharu. 2002. "Aldous Huxley: A Quest for the Perennial Education." In *Nurturing Our Wholeness,* edited by J. Miller & Y. Nakagawa. Brandon, VT: Foundation for Educational Renewal.

Naranjo, Claudio. 1994. *The End of Patriarchy and the Dawning of a Tri-une Society.* Oakland, CA: Amber Lotus.

Needleman, Jacob. 1986 [1982]. *The Heart of Philosophy*. San Francisco: Harper & Row.

Nhat Hanh, Thich. 1975. *The Miracle of Mindfulness.* Boston: Beacon Press. (ナット・ハン『マインドフルネスの奇跡』仙田典子訳, 壮神社, 1995)

Nhat Hanh, Thich. 1990. *Transformation & Healing: The Sutra on the Four Establishments of Mindfulness*. Berkeley, CA: Parallax Press.

Nhat Hanh, Thich. 1991. *Peace is Every Step*. New York: Bantam. (ナット・ハン『微笑みを生きる』池田久子訳, 春秋社, 1995)

Nhat Hanh, Thich. 1998. *The Heart of the Buddha's Teaching.* Berkeley, CA: Parallax Press.

Nhat Hanh, Thich. 2001. *Anger*. New York: Riverhead Books.

Noddings, Nel. 1984. *Caring*. Berkeley & Los Angeles: University of California Press. (ノディングス『ケアリング』立山善康他訳, 晃洋書房, 1997)

Noddings, Nel. 1992. *The Challenge to Care in Schools*. New York: Teachers College Press.

Noddings, Nel. 1993. *Educating for Intelligent Belief or Unbelief.* New York: Teachers College Press.

Ornstein, Robert E. 1972. *The Psychology of Consciousness.* San Francisco: W. H. Freeman and Co. (オーンスタイン『意識の心理』北村晴朗・加藤孝義訳, 産業能率大学出版部, 1976)

Osho. 1975. *And the Flowers Showered*. Pune, India: Rebel Publishing House. (オショー『そして花が降りそそぐ』プラバヒ訳, 市民出版社, 2001)

Osho. 1976 [1973]. *Meditation: The Art of Ecstasy*. Pune, India: Tao Publishing House. (ラジニーシ『瞑想——祝祭の芸術』ヴィラーゴ訳, めるくまーる, 1981)

Ouspenski, P. D. 1987 [1950]. *In Search of the Miraculous*. London: Arkana. (ウスペンスキー『奇蹟を求めて』浅井雅志訳, 平河出版社, 1981)

Ouspenski, P. D. 1991 [1950]. *The Psychology of Man's Possible Evolution*. London: Arkana. (ウスペンスキー『人間に可能な進化の心理学』前田樹子訳, めるくまーる, 1991)

Palmer, Parker J. 1993 [1983]. *To Know as We Are Known: Education as a Spiritual Journey*. San Francisco: HarperCollins.

Palmer, Parker J. 1998. *The Courage to Teach: Exploring the Inner Landscape of a Teacher's Life.* San Francisco: Jossey-Bass. (パーマー『大学教師の自己改善——教

える勇気』吉永契一郎訳, 玉川大学出版部, 2000)

Palmer, Parker J. 1998/1999. "Evoking the Spirit in Public Education." *Educational Leadership: The Spirit of Education*, 56 (4): 6-11.

Palmer, Parker J. 2000. *Let Your Life Speak*. San Francisco: Jossey-Bass.

Palmer, Parker J., with Jackson, Marcy, Jackson, Rick, & Sluyter, David. 2001. "The Courage to Teach: A Program for Teacher Renewal." In *Schools with Spirit*, edited by L. Lantieri. Boston: Beacon Press.

Pierrakos, John. C. 1990. *Core Energetics*. Mendocino, CA: Life Rhythm.

Ram Dass. 1978. *Journey of Awakening*. New York: Bantam. (ラム・ダス『覚醒への旅』萩原茂久訳, 平河出版社, 1980)

Ram Dass & Gorman, Paul. 1985. *How Can I Help?* New York: Alfred A. Knopf. (ラム・ダス, ゴーマン『ハウ・キャナイ・ヘルプ』吾妻典子訳, 平河出版社, 1994)

Ramana Maharshi. 1988 [1972]. *The Spiritual Teaching of Ramana Maharshi*. Boston: Shambhala. (ラマナ・マハリシ『ラマナ・マハリシの教え』山尾三省訳, めるくまーる, 1982)

Reich, Wilhelm. 1983 [1950]. *Children of the Future*. New York: Farrar Straus Giroux. (ライヒ『未来の子どもたち』幾島幸子訳, 思索社, 1986)

Reich, Wilhelm. 1987 [1945]. *Character Analysis*. New York: Farrar, Straus and Giroux. (ライヒ『性格分析』小此木啓吾訳, 岩崎学術出版社, 1966)

Roberts, Bernadette. 1989. *What Is Self?* Austin, TX: Mary Botsford Goens.

Roberts, Bernadette. 1993 [1984]. *The Experience of No-Self* (rev. ed.). Albany, NY: State University of New York Press. (ロバーツ『自己喪失の体験』雨宮一郎・志賀ミチ訳, 紀伊國屋書店, 1989)

Robinson, Edward. 1977. *The Original Vision: A Study of the Religious Experience of Childhood*. Oxford: The Religious Experience Research Unit, Manchester College.

Rozman, Deborah. 1989 [1976]. *Meditation for Children*. Boulder Creek, CA: Aslan Publishing.

Schön, Donald A. 1983. *The Reflective Practitioner*. New York: Basic Books. (ショーン『専門家の知恵』抄訳, 佐藤学・秋田喜代美訳, ゆみる出版, 2001)

Schumacher, E. F. 1977. *A Guide for the Perplexed*. Toronto: Fitzhenry & Whiteside. (シュマッハー『混迷の時代を超えて』小島慶三・斎藤志郎訳, 佑学社, 1980)

Schuon, Frithjof. 1993. *The Transcendent Unity of Religions*. Wheaton, IL: The Theosophical Publishing House.

Selby, David. 1996. "Relational Modes of Knowing." In *A Colloquium on Environment, Ethics, and Education*, edited by B. Jickling. Whitehorse, Canada: Yukon College.

Selby, David. 2002. "The Signature of the Whole." In *Expanding the Boundaries of Transformative Learning*, edited by E. O' Sullivan, et al. New York: Palgrave.（本論文の訳ではないが，内容的に重なるものとして以下がある。セルビー「ウェブ（網目）を越えて」浅野・セルビー編『グローバル教育からの提案』日本評論社, 2002）

Sloan, Douglas. 1993 [1983]. *Insight-Imagination*. Brandon, VT: Resource Center for Redesigning Education.（スローン『洞察＝想像力』市村尚久・早川操監訳, 東信堂, 2000）

Smith, Huston. 1992 [1976]. *Forgotten Truth*. San Francisco: HarperCollins.（スミス『忘れられた真理』菅原浩訳, アルテ, 2003）

Smuts, Jan Christiaan. 1961 [1926]. *Holism and Evolution*. New York: The Viking Press.

Snauwaert, Dale & Kane, Jeffrey. 2000. "Defining the 'Spiritual' in Spirituality and Education." *Encounter,* 13 (4): 2-3.

Spretnak, Charlene. 1993 [1991]. *States of Grace.* San Francisco: HarperCollins.

Steiner, Rudolf. 1972 [1956]. *Die geistig-seelischen Grundkräfte der Erziehungskunst.* Dornach: Rudolf Steiner Verlag.（シュタイナー『オックスフォード教育講座』新田義之訳, イザラ書房, 2001）

Steiner, Rudolf. 1975. *Allgemeine Menschenkunde als Grundlage der Pädagogik.* Dornach: Rudolf Steiner Verlag.（シュタイナー『教育の基礎としての一般人間学』高橋巖訳, 筑摩書房, 1989）

Swimme, Brian & Berry, Thomas. 1992. *The Universe Story*. San Francisco: HarperCollins.

Tart, Charles T. 1983 [1975]. *States of Consciousness.* El Cerrito, CA: Psychological Processes.

Tart, Charles T. 1987 [1986]. *Waking Up.* Boston: Shambhala.（タート『覚醒のメカニズム』大野純一監訳, 吉田豊訳, コスモス・ライブラリー, 2001）

Tart, Charles T. 1994. *Living the Mindful Life*. Boston: Shambhala.

Teasdale, Wayne. 1999. *The Mystic Heart*. Novato, CA: New World Library.

Trungpa, Chögyam. 1973. *Cutting Through Spiritual Materialism*. Boston: Shambhala.（トゥルンパ『タントラへの道』風砂子・デ・アンジェリス訳, めるくまーる, 1981）

Trungpa, Chögyam. 1985 [1969]. *Meditation in Action*. Boston: Shambhala.（トゥルンパ『仏教と瞑想』日生明樹訳, UNIO, 1996）

Trungpa, Chögyam. 1988 [1976]. *The Myth of Freedom and the Way of Meditation.* Boston: Shambhala.（トゥルンパ『タントラ』高橋ユリ子・市川道子訳, めるくまーる, 1983）

Walsh, Roger. 1999. *Essential Spirituality*. New York: John Wiley & Sons.

Walsh, Roger N. & Vaughan, Frances. 1980. "What Is a Person?" In *Beyond Ego*, edited by R. N. Walsh & F. Vaughan. Los Angeles: Jeremy P. Tarcher.（ウォルシュ，ヴォーン編『トランスパーソナル宣言』吉福伸逸他訳，春秋社，1986）

Welwood, John. 2000. *Toward a Psychology of Awakening*. Boston: Shambhala.

Wiedemann, Frederic. 1986. *Between Two Worlds*. Wheaton, IL: The Theosophical Publishing House.（ヴィーダマン『魂のプロセス』高野雅司訳，コスモス・ライブラリー，1999）

Wilber, Ken. 1985 [1979]. *No Boundary*. Boston: Shambhala.（ウィルバー『無境界』吉福伸逸訳，平河出版社，1986）

Wilber, Ken. 1993 [1977]. *The Spectrum of Consciousness* (2nd ed.). Wheaton, IL: The Theosophical Publishing House.（ウィルバー『意識のスペクトル』上下，吉福伸逸・菅靖彦訳，春秋社，1985）

Wilber, Ken. 1995. *Sex, Ecology, Spirituality*. Boston: Shambhala.（ウィルバー『進化の構造』1・2，松永太郎訳，春秋社，1998）

Wilber, Ken. 1996a. *A Brief History of Everything*. Boston: Shambhala.（ウィルバー『万物の歴史』大野純一訳，春秋社，1996）

Wilber, Ken. 1996b [1983]. *Eye to Eye*. Boston: Shambhala.（ウィルバー『眼には眼を』吉福伸逸・プラブッダ・菅靖彦・田中三彦訳，青土社，1987）

Wilber, Ken. 1996c [1980]. *The Atman Project* (2nd ed.). Wheaton, IL: The Theosophical Publishing House.（ウィルバー『アートマン・プロジェクト』吉福伸逸・プラブッダ・菅靖彦訳，春秋社，1986）

Wilber, Ken. 1997. *The Eye of Spirit*. Boston: Shambhala.（ウィルバー『統合心理学への道』松永太郎訳，春秋社，2004）

Wilber, Ken. 1998. *The Marriage of Sense and Soul*. New York: Random House.（ウィルバー『科学と宗教の統合』吉田豊訳，春秋社，2000）

Wilber, Ken. 1999. *One Taste: The Journals of Ken Wilber*. Boston: Shambhala.（ウィルバー『ワン・テイスト』上下，青木聡訳，コスモス・ライブラリー，2002）

Wilber, Ken. 2000. *A Theory of Everything*. Boston: Shambhala.（ウィルバー『万物の理論』岡野守也訳，トランスビュー，2002）

著者紹介　中川　吉晴（なかがわ・よしはる）

1959年、岡山県倉敷市生まれ。同志社大学大学院博士課程満期退学、トロント大学大学院オンタリオ教育研究所博士課程修了（Ph.D.）。立命館大学文学部教授をへて同志社大学社会学部教授。専門はホリスティック教育。現在、日本トランスパーソナル心理学／精神医学会会長、日本ホリスティック教育／ケア学会副会長。著書『ホリスティック教育講義』（出版館ブック・クラブ）、『気づきのホリスティック・アプローチ』（駿河台出版社）、*Education for Awakening: An Eastern Approach to Holistic Education* (Foundation for Educational Renewal、改訂版がInformation Age Publishingより刊行予定)、共編『ケアの根源を求めて』（晃洋書房）、共著『進化するマインドフルネス』（創元社）ほか。翻訳、ミラー『魂にみちた教育』（監訳、晃洋書房）、クリシュナムルティ『瞑想』（UNIO）、ローエン『うつと身体』（共訳、春秋社）、カンダ、ファーマン『ソーシャルワークにおけるスピリチュアリティとは何か』（共監訳、ミネルヴァ書房）、ハリファックス『死にゆく人と共にあること』（共訳、春秋社）ほか。

ホリスティック臨床教育学　－教育・心理療法・スピリチュアリティ－

2005年３月31日　第１刷発行
2024年５月１日　第２刷発行

著　者　中川吉晴
発行者　岩本恵三
発行所　せせらぎ出版
〒530-0043　大阪市北区天満1-6-8　六甲天満ビル10階
TEL. 06-6357-6916　FAX. 06-6357-9279
印刷・製本所　株式会社デジタル・オンデマンド出版センター

 ISBN978-4-88416-138-5
“The Holistic Clinical Pedagogy: Education, Psychotherapy, Spirituality”

せせらぎ出版ホームページ　https://www.seseragi-s.com
メール　info@seseragi-s.com